Шри Дайя Мата
(1914—2010)
Третий президент и духовная глава общества Self-Realization Fellowship/Yogoda Satsanga Society of India

Только любовь

Как жить духовной жизнью в изменчивом мире

Шри Дайя Мата

История этой книги берет начало в 1971 году, когда вышла в свет тоненькая брошюра *Qualities of a Devotee* (рус. «Качества духовного искателя»), содержавшая всего несколько лекций президента Self-Realization Fellowship Шри Дайя Маты, с которыми она выступила в 1960-х годах. Данный сборник охватывает период с 1955 по 1975 годы и включает в себя ее избранные выступления в Индии и Америке, в том числе лекции перед большими аудиториями и короткие неформальные беседы. В него также включены исполненные искренности ответы Шри Дайя Маты на вопросы, которые ей задавали на *сатсангах* (собраниях богоискателей, где ведущий говорит экспромтом на ту или иную духовную тему). Многие ее выступления прежде уже публиковались в журнале *Self-Realization* (рус. «Самореализация»), основанном Шри Йоганандой в 1925 году. Несмотря на то, что большинство из них были адресованы монахам ордена Самореализации и последователям учений Парамахансы Йогананды, они стали вдохновляющим источником духовного руководства для людей разных религий и профессий. Поэтому в 1976 году общество Self-Realization Fellowship выпустило первый сборник выступлений Шри Дайя Маты. Второй сборник, *Finding the Joy Within You* (рус. «Как найти радость внутри себя»), был издан в 1990 году.

Название англоязычного оригинала, издаваемого
обществом Self-Realization Fellowship, Лос-Анджелес, Калифорния:

*Only Love:
Living the Spiritual Life in a Changing World*

ISBN: 978-0-87612-216-7

Перевод на русский язык: Self-Realization Fellowship

Copyright © 2024 Self-Realization Fellowship

Все права защищены. Без предварительного разрешения Self-Realization Fellowship перепечатка (за исключением кратких цитат для рецензий) и распространение книги «Только любовь. Как жить духовной жизнью в изменчивом мире» *(Only Love: Living the Spiritual Life in a Changing World)* в любой форме — электронной, механической (или любой другой, существующей сегодня или в будущем), включая фотокопирование, звуковую запись или хранение ее в информационных и принимающих системах — является нарушением авторских прав и преследуется по закону. За справками обращайтесь по адресу: Self-Realization Fellowship, 3880 San Rafael Avenue, Los Angeles, California 90065-3219, USA

 Авторизовано Международным издательским советом
Self-Realization Fellowship

Название общества Self-Realization Fellowship и его эмблема, помещенная выше, присутствуют на всех книгах, аудио- и видеозаписях, а также других публикациях SRF, удостоверяя, что читатель имеет дело с материалами организации, которая основана Парамахансой Йоганандой и передает его учения точно и достоверно.

Первое издание на русском языке, 2024 год
First edition in Russian, 2024
Издание 2024 года
This printing 2024

ISBN: 978-1-68568-193-7

1293-J8039

Посвящается моему глубоко почитаемому Гурудэве

ПАРАМАХАНСЕ ЙОГАНАНДЕ,

без чьих благословений сия последовательница не смогла бы найти божественную любовь, — совершенную, всепоглощающую любовь Того, Кто есть наш Единый Отец, Мать, Друг и Возлюбленный

Содержание

Список иллюстраций .... *xv*
Предисловие .... *xvii*
Вступление .... *xx*

Почему нам нужно искать Бога? **1**
   Как найти Бога? *4*
   Дары медитации *9*
   Бог — общий знаменатель всей жизни *11*

Как расширить горизонты сознания **18**
   Опыт общения с Богом сплотит весь мир *23*
   Приближенность к миру ослепляет человека *26*
   Не ждите, пока жизнь заставит вас искать Бога *28*

Наше божественное предназначение **30**
   Человеку предназначено познать Бога *32*

Качества духовного искателя **35**
   Неустанная мысль о Боге помогает справиться
     с проблемами *37*
   Работайте над собой *39*
   Правильное умонастроение становится
     христоподобным *42*
   Все мы немножко сумасшедшие *45*
   Воспринимайте истину умом, а постигайте —
     душой *47*

Бог очень застенчив и трудноуловим 49
Наши основные желания созвучны нашей душе 51

О взаимопонимании между людьми **56**
*Отсутствие общения ведет к росту
взаимного непонимания* 59

Как изменить окружающих **62**
Кто ответственен за поведение подростков? 67
Духовное значение человеческих отношений 76

Чему мы можем научиться у других **80**
Будьте уравновешенны 83
Вы должны понять, чего ожидает от вас Господь 86
Укрепитесь в Единственном Неизменном 89

Почему так важно любить Бога **90**
Уделяйте время Богу 92

Как одухотворить свою жизнь **95**
Погружайтесь умом в медитацию 97
Учитесь черпать силы из Высшего Источника 98
Ценность сбалансированной жизни 101
Истина проста 103

Смотрите на жизнь глазами мудрости **105**

О правильном умонастроении **116**
Да будет воля Твоя 118
Будьте Божьим инструментом 119

Духовные возможности Нового года **122**
Свет Бога рассеивает тьму 124

Придайте силу своим достойным решениям 125
*Постройте свою жизнь на прочном
   фундаменте медитации*.................... 128
Практикуйте Божье Присутствие............................ 129
Ежедневно делайте все, что в ваших силах 131
Моя молитва за всех вас.................................... 132

Секрет прощения 135
Стремитесь познать душу, вместилище любви 137

Время молиться и вверить себя Богу 141
*Искреннее воззвание к Богу — самая
   естественная молитва* 143
Тело лишь одеяние души 146
Бог помогает тем, кто помогает самому себе........... 147
Магнетическая сила аффирмации 148
Мысль — самая мощная сила на свете 149

Потребность человека в Боге 152
И Бог, и человек ищут безусловной любви 154
Больше уповайте на Бога: Он способен вам помочь... 155
Живите, чтобы радовать Бога............................... 156

Как завоевать расположение Бога........................ 159
Бога очень легко познать 161
*Если вы будете ждать от Бога чудес,
   Он скроется от вас* 164
Внутреннее видение, раскрывающее загадку природы.. 166
Качества истинного карма-йога 167
Мы полностью зависим от Бога................................ 168
Никогда не бойтесь Бога..................................... 169

Напоминайте Богу, что Он ответственен за наши трудности *170*

Секрет духовного продвижения 173
Конфликт между служением и медитацией *175*
Медитация — наша первостепенная обязанность ... *178*
Изменив свое мышление, мы станем ближе к Богу *180*
Выполняйте свои обязанности с готовностью, не жалуясь *181*
Как души все мы равны *183*
Бог — единственное благо *184*

Совместима ли медитация на Бога с современной жизнью? 186
Сочетайте медитацию с правильной деятельностью *187*
Только медитация может утолить ваш духовный голод *189*
Будьте искренни в своих духовных намерениях *192*
Правильное, позитивное мышление *193*
Думайте о Боге день и ночь *195*
Значение ответстсонности *198*
Конструктивная и деструктивная чувствительность *199*
Медитация и правильное мышление *204*
Ваша истинная миссия *206*

Единственный путь к счастью 210
Самый успешный человек *211*
Шаги к Самореализации *213*
Наше Царство не от мира сего *218*

Содержание

Рай — внутри нас **221**
   Пустота, которую может заполнить только Бог *222*
   Истина, добытая изнутри, изменяет жизнь человека *226*
   Бог всегда с нами *228*

Да не будет у тебя других богов **230**
   Важность молчания *234*
   Йога учит, как изменить себя *236*
   Явление Божественной Матери *240*

Опыт общения с моим Гуру, Парамахансой Йоганандой ... **246**
   Бога можно познать только на личном опыте *247*
   Всю преданность своих учеников гуру вручает Богу .. *248*
   Опыт нирвикальпа-самадхи *249*
   Последние дни с Гуру *251*
   Следуйте садхане своего гуру *254*

Путь преданного поклонения **256**
   Поклоняйтесь Богу втайне *258*
   Блаженство — конечная цель человека *261*

Благословение от Махаватара Бабаджи **263**
   Божественный отклик Бабаджи *269*
   Пророческое видение *274*
   «Моя сущность — любовь» *278*

Дух Истины **281**
   Истина постигается на собственном опыте *284*
   Правильный способ удовлетворения желаний *285*

Есть ли у аватаров карма? **289**
   Мастер может горячиться, не испытывая гнева *290*

*Как актеры играют роли, так и аватары
выбирают себе имя и облик* 293
*Настоящая сила приходит к нам, когда
мы полностью вверяем себя Богу* 296
Рано или поздно Бог исполнит все ваши желания 297

Мы едины в Боге 301
Братство людей, отцовство Бога 305
«Где двое или трое собраны…» 307

Единственный ответ на вопросы жизни 310

Идите по жизни с Богом внутри 321

Научитесь вести себя правильно 325
*Добро и зло не могут мирно сосуществовать
в человеке* 326
*Преобразующая сила мимолетного контакта
с Богом* 328
Самообладание делает нас невозмутимыми 329
*Трудности предназначены для того, чтобы
сделать нас сильнее* 330
Самая могучая сила в мире 331

Как познать Бога 333
*Самоанализ как способ наблюдения за своим
духовным ростом* 334
Медитация преображает нашу жизнь 335
*Привязанность к Богу ослабляет материальные
привязанности* 337
Бог — наш вечный попутчик 339

Вручите свои проблемы Богу 341

Жаждите Бога всем сердцем 343

О духовных целях общества Self-Realization Fellowship .. 346

Собрание духовных советов.. 357
Бог — самое драгоценное сокровище............................. 357
Бог есть решение всех проблем 359
Психологическое сражение между добром и злом........ 360
Самореализация обретается во внутренней тишине . 362
*У нас не так уж много времени, чтобы тратить
    его впустую*.. 364
Горите жаждой по Богу 369
*Божественная любовь делает каждую душу
    уникальной*... 371
Позвольте Богу помочь вам нести вашу ношу 372
Рассчитывайте только на Бога...................................... 374
Дайте Богу шанс 376
Как ускорить свое духовное развитие 378
*Божественная любовь побуждает к
    правильной деятельности* 379
Иллюзия смертного сознания.. 381
Служить Богу — это привилегия 382
Наши цели в новом году.. 384
Любовь связывает нас воедино... 385
Божественная Мать как воспитатель 386
Как проявить в себе все самое лучшее............................. 388
Сила духовного распознания 390
Следите за своими мыслями и действиями 392
Образец духовной жизни 394
Секрет счастливой жизни 396
Любовный роман с Богом.. 398

Иллюстрации

Фронтиспис: Шри Дайя Мата

С Парамахансой Йоганандой, Энсинитас, 1939 год 22
В Главном международном центре SRF, Лос-Анджелес, 1969 год 25
На Международной ассамблее SRF, Лос-Анджелес, 1975 год 66
Прибытие в Ранчи, 1967 год 68
Медитация во время Рам Дхуна, Ранчи, 1968 год 107
Обед, организованный для местных детей, Дакшинешвар, Индия, 1961 год 108
На *сатсанге*, Дакшинешвар, 1973 год 109
С Ананда Матой и Мриналини Матой, Мумбаи 110
В школе YSS, Ранчи, 1972 год 162
Знакомство со змеей, Варанаси, 1961 год 162
Санньяса, Ранчи, 1968 год 163
Дайя Мата благословляет младенца, Индия, 1961 год 163
С Джагадгуру из Говардан-мата, 1958 год 214
В состоянии *самадхи*, Ранчи, 1967 год 215
В пещере Махаватара Бабаджи, Гималаи, 1963 год 266
Письмо от Парамахансы Йогананды 267
Любимая фотография Парамахансы Йогананды 272
На *сатсанге*, Париж, 1969 год 273

Медитация на церемонии инициации в *Крийя-йогу*,
 Лос-Анджелес 273
После церемонии *санньясы*, Лос-Анджелес, 1965 год 312
В Пальпаре, Западная Бенгалия, 1973 год 313
Празднование Холи, Ранчи, март 1973 года 314
Ребенок приобщается к традициям Холи у ног Матаджи,
 Ранчи 314
Утешая пожилого богоискателя, Калькутта, 1968 год 315
На пляже ашрама SRF, Энсинитас 365
В Пахалгаме, Кашмир, 1961 год 366

Предисловие

*Чакраварти В. Нарасимхана,
помощника Генерального секретаря ООН по
координации политики и межучрежденческим
вопросам*

В 1967 году в мои руки попала «Автобиография йога». Это было мое первое знакомство с Парамахансой Йоганандой и движением Self-Realization Fellowship[1]. С тех пор я внимательно наблюдаю за работой этого общества. Мне посчастливилось встретить Шри Дайя Мату и ее уважаемых коллег несколько раз. Я также имел возможность посетить Центр SRF в Энсинитасе, штат Калифорния, где многие годы жил Парамаханса Йогананда.

Как я уже сказал, для меня было счастьем увидеться со Шри Дайя Матой, ибо каждый, кто находился в ее присутствии, непременно чувствовал ее

---

[1] Букв. «Содружество Самореализации»; произносится как [сэлф риалиээйшн феллоушип]; сокр. SRF [эс-эр-эф]. Парамаханса Йогананда объяснил, что название общества означает «союз с Богом через Самореализацию (осознание своего истинного „Я") и братскую дружбу со всеми искателями Истины».

ауру божественного покоя и безмятежности. Учения Парамахансы Йогананды привлекли Шри Дайя Мату, когда она была еще совсем молодой; вне всякого сомнения, божественный свет озарения, исходивший от ее Гуру, зажег в ней интерес, несмотря на ее юный возраст. Она стала одной из первых учениц Шри Йоганандаджи при его жизни, а позже — его достойной духовной преемницей[2], продолжившей распространять его послание не только в Америке и в моей родной Индии, но и в других частях света.

Это послание о мире и внутреннем покое, а также о всестороннем развитии личности сегодня актуально как никогда. Мы живем в беспокойное время, и темп мировых изменений внушает большую тревогу. Даже в наиболее развитых странах люди чувствуют себя незащищенными на индивидуальном уровне, а в странах третьего мира мы видим невообразимую нищету и страдания. Чтобы разрешить эти проблемы, нам нужна новая доктрина взаимозависимости и мировой солидарности. Это требует значительных изменений в умонастроении не только на уровне правительств, действующих через международные организации (в том числе через ООН,

---

[2] После кончины Шри Дайя Маты в 2010 году духовной преемницей Парамахансы Йогананды на посту президента Self-Realization Fellowship стала Шри Мриналини Мата, которая также является одной из его ближайших учениц.

где я работаю вот уже более девятнадцати лет), но и — что еще более важно — на уровне рядового человека. Сегодня мы нуждаемся в развитии сбалансированных индивидуумов больше, чем когда-либо, и Самореализация является простым и надежным способом достижения этой цели.

Когда космонавты впервые увидели Землю с поверхности Луны, они были поражены ее красотой. Они увидели Землю не как страны, континенты или регионы, населенные людьми разных национальностей и разного цвета кожи, но как единое целое. Если мы не способны видеть нашу планету как единое целое, то это оттого, что у нас заземленное мышление. Мы легко сможем преодолеть это ограничение, если будем мыслить широко и смотреть на мир поверх разделяющих нас барьеров предубеждений; если будем следовать учениям великих мудрецов и святых, которые призывают нас практиковать любовь, сострадание и терпимость.

Вот почему послание Шри Дайя Маты так важно и актуально в наш век сомнения и скептицизма. Выступления, опубликованные в данной книге, — это голос надежды и веры, провозглашающий не только единство всего человечества, но и единство человека с Богом.

Нью-Йорк,
14 января 1976 года

Вступление

Читая или слушая слова Шри Дайя Маты, мы знакомимся с человеком, который влюблен. Излучаемая ею любовь выходит за рамки всякой ограниченности, охватывая всех и каждого. Ее любовь — наивысшее выражение душевной жажды по Богу и радостной удовлетворенности в Нем. Неформальные беседы Матаджи, собранные в этой книге, дают нам возможность заглянуть в сферу обширного духовного сознания, в которой душа исполнена божественной любви.

Дайя Мата родилась в Солт-Лейк-Сити, штат Юта. С ранних лет она испытывала глубокую тягу к Богу. Она впервые услышала об Индии, когда была еще школьницей и училась во втором классе. Тогда она испытала загадочное внутреннее пробуждение; к ней пришла абсолютная уверенность в том, что Индия таит в себе ключ к разгадке ее жизни. В тот день она прибежала из школы домой и радостно воскликнула: «Когда я вырасту, я не выйду замуж! Я поеду в Индию!» Слова ребенка оказались пророческими.

Когда Дайя Мате было пятнадцать лет, ей подарили Бхагавад-Гиту, «Песнь Господню». Это священное писание тронуло ее до глубины души, ибо открыло ей, что Бог любит всех Своих детей, даря им понимание и сострадание. Она увидела, что к Нему можно стать ближе, что Его можно познать. Его детей писание называет божественными существами, которые посредством собственных усилий могут обрести свое духовное наследие и единство с Богом. Дайя Мата приняла твердое решение, что так или иначе посвятит свою жизнь поискам Бога. Она ходила от одного религиозного учителя к другому, но никак не могла найти ответ на вопрос: «А где же тот, кто *любит* Бога? Где же тот, кто *познал* Его?» С грустью она поняла, что в ее поиске ей недостает одного важного элемента — руководства того, кто на самом деле познал Бога.

В 1931 году, когда Дайя Мате было семнадцать лет, она впервые встретила Парамахансу Йогананду[3], который приехал в Солт-Лейк-Сити, чтобы провести серию занятий по йоге. Вспоминая свое первое впечатление о нем, она говорила: «Как я могу вам это описать? Когда я увидела его там, на сцене, я вся замерла. Он говорил о духовном потенциале силы

---

[3] Парамаханса Йогананда, основатель общества Yogoda Satsanga Society of India (действует с 1917 года), проживал в США с 1920 года. Именно тогда он был приглашен на Конгресс религиозных либералов в Бостоне в качестве делегата от Индии. В последующие годы он выступал с лекциями в разных городах страны и основал в Лос-Анджелесе Главный международный центр своего общества, которое за пределами Индии известно как Self-Realization Fellowship.

воли и о любви к Богу. Я никогда прежде не слышала, чтобы кто-то говорил о Боге таким образом. Я была зачарована. В одно мгновение поняв, что он познал Бога и сможет показать мне дорогу к Нему, я сказала себе: „Я последую за ним"».

В тысячной толпе, казалось, у нее не было шанса познакомиться с Гуру. Но, как говорится, не было бы счастья, да несчастье помогло. В то время Дайя Мата страдала серьезным заболеванием крови. Из-за этой болезни, которую врачи признали неизлечимой, Дайя Мата в конце концов была вынуждена оставить учебу в школе. Однако она стала регулярно посещать занятия Парамахансаджи, и бинты на ее опухшем лице привлекли внимание великого Гуру. На одном из своих последних занятий в городе он даровал ей божественное исцеление, предсказав, что через семь дней от ее болезни не останется и следа. Так оно и случилось. Но для Дайя Маты еще большим счастьем — большим, чем чудесное исцеление — стала возможность познакомиться с Божьим человеком. Она была чрезвычайно робкой, и поэтому последующие годы очень дивилась тому, откуда в ней взялась сила и смелость на первой же встрече сказать ему: «Я очень хочу поступить в ваш ашрам и посвятить свою жизнь поискам Бога!» Гуру пристально посмотрел на нее и сказал: «Так оно и будет».

Но для того чтобы это свершилось, требовалось чудо: ее семья была против. Дайя Мата была еще совсем юной, и все члены семьи, за исключением понимающей матери, твердо воспротивились ее намерению покинуть дом и следовать чуждой им религии. На одной из своих лекций в Солт-Лейк-Сити Парамаханса Йогананда сказал, что, если верующий глубоко и искренне взывает к Богу с твердой решимостью получить ответ, Бог ответит. И Дайя Мата проявила эту решимость. Ночью, когда все легли спать, она уединилась в гостиной. Из ее глаз ручьем текли слезы: она изливала свою душу Господу. Через несколько часов на нее снизошел глубокий покой, и слезы ее исчезли: она внутренне почувствовала, что Бог услышал ее молитву. Всего две недели спустя все двери для нее были открыты, и она поступила в ашрам Парамахансы Йогананды в Лос-Анджелесе.

Время, проведенное у ног Гуру, пролетело быстро. Хотя она и была глубоко счастлива, ранние годы обучения в ашраме были не из легких. Парамахансаджи с любовью, но строго воспитывал молодую *челу*[4], превращая ее в примерную духовную ученицу. Позже он сказал Дайя Мате, что в те годы воспитывал ее так же строго, как его воспитывал в свое время гуру Свами Шри Юктешвар. Это было необходимо, поскольку в будущем ей предстояло унаследовать мантию духовного лидера и организатора, которую Шри Юктешвар

---

[4] *Чела* на языке хинди означает «ученик».

ранее передал Парамахансаджи.

Со временем Гуру возлагал на Дайя Мату все больше и больше обязанностей. За несколько лет до своего *махасамадхи*[5] Парамахансаджи попросил ее возглавить административную работу в Главном международном центре SRF; сам же он удалился в уединенную обитель, где большую часть времени проводил за написанием своих трудов. По мере того как расширялась международная деятельность общества, количество духовных и административных обязанностей Дайя Маты неуклонно возрастало.

И вот пришел тот день, когда Гуру поведал своей ученице, что скоро покинет свое земное тело. Потрясенная, Дайя Мата спросила, смогут ли они справляться с делами организации без него. Нежным голосом он ответил: «Помни: когда я уйду, только любовь сможет занять мое место. День и ночь опьяняй себя любовью Бога, чтобы ты не знала ничего, кроме Него одного; и дари эту любовь всем». Эти слова стали путеводной звездой ее жизни.

Парамахансаджи вошел в *махасамадхи* 7 марта 1952 года. Три года спустя, после кончины первого преемника Мастера, святоподобного Раджарси Джанакананды, Шри Дайя Мата стала третьим

---

[5] Сознательный выход из тела, совершаемый познавшей Бога душой в момент физической смерти.

президентом общества, основанного ее Гурудэвой. Как духовный преемник Парамахансы Йогананды и истинная «Мать Сострадания» (таков буквальный перевод ее монашеского имени), она неукоснительно следила за воплощением в жизнь его идеалов и пожеланий относительно работы Self-Realization Fellowship/Yogoda Satsanga Society of India, духовно направляла последователей его учений и обучала избравших монашескую жизнь учеников, которые проживают в ашрамах SRF/YSS.

Посвятив более пятидесяти пяти лет своей жизни служению на посту президента и духовного лидера Self-Realization Fellowship/Yogoda Satsanga Society of India, Шри Дайя Мата мирно скончалась 30 ноября 2010 года в возрасте девяноста шести лет. Достижения Дайя Маты как одного из первопроходцев во всемирном распространении древних духовных традиций Индии были освещены на страницах *New York Times, Los Angeles Times, The Times of India* и других известных газет и журналов в Соединенных Штатах, Индии и других странах.

Хотя ее жизнь и была посвящена в первую очередь работе общества Self-Realization Fellowship и его духовным последователям, все богоискатели мира, какую бы веру они ни исповедовали, были для нее частью ее духовной семьи. Вот что сказала монахиня католического ордена Сестер Милосердия после знакомства с Дайя Матой и посещения нескольких ее выступлений: «Для меня, члена религиозного ордена, Шри Дайя Мата являет собой блистательный пример жизни, посвященной служению Богу и своему ближнему. Слушая ее, я вспомнила великого предтечу Христа, Иоанна Крестителя, который сказал о себе: „Я глас вопиющего в пустыне: исправьте путь Господу". Для нее нет католиков, протестантов или индуистов — есть только дети Единого Отца, Бога. И каждого из них она принимает с добродушием, каждый из них занимает особое место в ее сердце. Я, католическая монахиня, почувствовала в ней столько доброты, энтузиазма и воодушевления! Она относилась ко мне как к родному человеку. Для меня она всегда будет идеалом надлежащего духовного служения… Она лучится Богом».

На пути к Богу важны не правила, а духовный настрой; это чуть ли не волшебный элемент, преобразующий жизнь богоискателя. Библейские истины и предписания останутся просто словами, если они не станут частью мышления и действий человека. Ими нужно жить. Книга «Только любовь» — прекрасная иллюстрация того, каким должен быть божественный поиск. Она закладывает основу для жизни, сонастроенной с Богом — Источником, Опорой и самой Сутью человеческого существования.

Все духовные искатели, какой бы ни была их внешняя роль в этой жизни, почувствуют, что эта книга говорит с их душой. Хотя многие из выступлений, вошедших в этот сборник, были обращены к монахам и монахиням, живущим в ашрамах SRF/YSS, тем не менее выраженные в них истины универсальны.

Слова Дайя Маты, несущие свет ее собственной Самореализации, свидетельствуют о том, что поиск Бога — это радостный опыт и что обретение Бога есть обретение самой Радости.

Self-Realization Fellowship

ТОЛЬКО ЛЮБОВЬ

Почему нам нужно искать Бога?

*Джоти Мандрам-холл, Бангалор, Индия,
31 декабря 1967 года*

Почему нам нужно искать Бога? Что есть Бог? Как Его найти?

Ответ на первый вопрос очень прост. Мы должны искать Бога потому, что мы сотворены по Его образу и подобию[1], и только Его совершенство и постоянство может принести нам нескончаемое счастье.

Человеку даны разум и тело с пятью чувствами, через которые он воспринимает этот предельный мир и отождествляет себя с ним. Но человек не ум и не тело, его сущность — дух, бессмертная душа. Всякий раз, когда он пытается найти долговечное счастье посредством органов чувств, его надежды, энтузиазм и желания разбиваются о скалы разочарований и неудовлетворенности. В материальной вселенной все по своей сути эфемерно и непостоянно. То, что подвластно изменению, несет в себе

---

[1] «И сотворил Бог человека по образу Своему…» (Быт. 1:27).

семена разочарования. И корабль наших земных надежд рано или поздно садится на рифы разочарования. Именно поэтому нам нужно искать Бога: Он есть источник всей мудрости, всей любви, всего блаженства, всей удовлетворенности. Бог есть источник нашего существа, источник всей жизни, и мы сотворены по Его образу и подобию. Найдя Его, мы осознаем эту истину.

Если Бог является целью человека, как понять, что Он Собой представляет? Каждое священное писание и все великие души, когда-либо поведавшие о своем переживании Бога, говорят об определенных качествах, свойственных природе Духа. И, несмотря на это, мы все равно не можем однозначно сказать, что такое Бог. Ни одному человеку еще не удавалось описать Его полностью. Есть одна притча о соляной кукле, которая пришла на берег, чтобы измерить глубину океана. Едва ступив в воду, она растворилась в ней. Соляная кукла не смогла измерить глубину, ибо она соединилась с океаном. То же происходит и с людьми. Само естество человека состоит из качеств Духа. Как только его душа отождествляет себя с Бесконечной Сущностью, он становится единым с Богом и уже не может описать, что такое Бог. Но многие святые оставили свидетельства о том, что *переживает* человек, когда он сливается с Духом.

Все священные писания говорят, что Бог есть покой, любовь, мудрость и блаженство. Все единодушно признают, что Бог есть космический разум, вездесущий и всеведущий. Он есть Абсолют. Он есть великий космический звук *Аум*[2] (Аминь — у христиан). Он есть космический свет. Все это — атрибуты, или качества, Бесконечного. И когда верующий ищет Его всей душой, он начинает чувствовать эти разнообразные проявления Духа.

Первый признак Божьего присутствия внутри человека — это покой, неподвластный любому внешнему воздействию. Когда мечты, идеалы, надежды и устремления человека направлены на мирские цели, покой, ощущаемый после их достижения, длится недолго. Этот мир — мир контрастов: бытие состоит из наслаждения и страдания, здоровья и болезни, холода и тепла, любви и ненависти, жизни и смерти. Задача человека — вывести свое сознание за пределы

---

[2] *Аум* — основа всех звуков; универсальное слово-символ, характеризующее Бога. Ведический *Аум* стал священным словом *Хам* у тибетцев; *Амин* — у мусульман; *Аминь* — у египтян, греков, римлян, иудеев и христиан. *Аум* — звук, который пронизывает все сущее и исходит от Святого Духа (незримая Космическая Вибрация, Бог в Своей ипостаси Творца); это «Слово» в Библии, голос мироздания, свидетельствующий о Божьем присутствии в каждом атоме. *Аум* могут непосредственно слышать те, кто практикует техники медитации общества Self-Realization Fellowship.

двойственности, этой завесы *майи*[3], и отыскать Того, Кто неизменно пребывает как в мироздании, так и за его пределами.

Как найти Бога?

Следующий вопрос: как найти Бога? Он не может быть познан с помощью органов чувств. Его нельзя измерить сантиметровой линейкой интеллекта. Всякий раз, когда мы пытаемся открыть для себя Его блаженство, любовь, мудрость и радость посредством пяти чувств, мы терпим неудачу. Но когда человек учится успокаивать свое тело и ум, отключая органы чувств в глубокой медитации, вот тогда включается шестое чувство — интуиция. Бог может быть познан только интуицией. Он *хочет*, чтобы мы познали Его. Поэтому каждый человек наделен интуицией.

Теперь нам ясно, что наша первоочередная задача — успокоить свое тело и ум, чтобы услышать голос интуиции. Наш гуру, Парамаханса Йогананда, обучал нас техникам концентрации и медитации, с

---

[3] Космическая иллюзия; буквально «измеритель». *Майя* является магической силой в мироздании, делающей так, что ограничения и разделения мнимо присутствуют в Неизмеримом и Нераздельном. — Парамаханса Йогананда. Автобиография йога.

помощью которых ум и тело приводятся в состояние покоя. Это делает возможным прямое, непосредственное общение с Бесконечным. Однако в моих зарубежных поездках мне очень часто приходится слышать: «Вам повезло, вы умеете это делать! А вот у меня ничего не получается, мне Бог не отвечает». Если Бог не отвечает верующему, это оттого, что тот недостаточно сильно Его жаждет или еще не научился медитировать глубоко. Мастер[4] говорил нам: «Когда вы садитесь медитировать, вы должны освобождать свой ум от всякого беспокойства — и физического, и психологического. Вы должны отстраняться от тела и забывать о желаниях своего маленького „я". Это те существенные правила, которых должны придерживаться последователи всех духовных традиций, чтобы установить контакт с Богом. Как этого добиться? Практиковать йогические техники концентрации».

Гуру нас учил, что в своих комнатах мы должны иметь уголок, предназначенный только для

---

[4] Ближайший эквивалент слова «гуру» в английском языке. «Мастер», «Гуруджи» и «Гурудэва» — это выражающие почтение титулы, которые ученики используют для обращения к своему гуру (духовному учителю), а также в разговоре о нем. В духовном смысле «Мастер» — это тот, кто обрел власть над самим собой и получил право учить этому других.

медитации, для мысли о Боге. Он также учил нас отстраняться от всех посторонних мыслей, когда мы садимся медитировать в этом «храме». Не это ли мы вынуждены делать, когда приходит смерть? Ведь, когда она приходит, все кажущиеся важными мирские дела и хлопоты, связанные с телом, должны быть оставлены в один момент. Нет в этом мире более важной обязанности, чем обязанность перед Богом, ведь ни одно дело не может быть выполнено без той силы, которая приходит к нам от Него. Поэтому, когда вы садитесь медитировать, освобождайте свой ум от всех беспокойных мыслей. Вы сможете это сделать, когда научитесь концентрироваться.

Следующий важный момент: богоискатель должен воспитывать в себе смирение. До тех пор пока мы не научимся отстраняться от своего маленького «я», мы не сможем наполнить свое сознание мыслью о Боге. Нужно избавиться от сознания «я, мне, мое». Мы должны научиться тому смирению, о котором говорит Бхагавад-Гита[5]:

> «Ненасилие, правдивость, негневливость, самоотречение, умиротворенность, отсутствие коварства, сострадание ко всем существам, отсутствие алчности, мягкость, скромность,

---

[5] XVI:2—3.

непоколебимость, сила характера, всепрощение, терпеливость, чистоплотность, незлобивость и отсутствие самомнения — эти качества, о потомок Бхараты! — богатство всех тех, кто идет по прекрасному пути, ведущему к божественному рождению».

Смирение — это вручение своего «я», своего сердца, ума и души, Богу. Как практиковать смирение? Уподобьтесь последователям *Карма-йоги*⁶: вручайте плоды всех своих действий только Богу. Всегда удерживайте в голове мысль: «Господи, сам по себе я ничто, это Ты — Вершитель всех дел. Я лишь лампочка, Ты — Свет, горящий в ней».

Следующий шаг — развитие в себе терпения. Когда мы садимся медитировать, мы должны забывать о времени. Даже если мы медитируем лишь пять минут, эти пять минут должны быть всецело посвящены Богу. В уме не должно быть никаких мыслей, связанных с внешним миром. Мы должны погружаться внутрь себя все глубже и глубже — до тех пор, пока в нашем сознании не начнут вздыматься волны покоя, блаженства и божественной любви.

Мы также должны научиться радоваться маленьким успехам. Не ожидайте каких-то необыкновенных

---

⁶ Единение с Богом посредством праведных дел.

переживаний на первых порах. Удовлетворяйтесь малейшим проблеском Божественного — чувством покоя в глубинах вашего сознания.

Почему некоторые люди не могут глубоко медитировать? Одна из причин заключается в том, что они с нетерпением ждут радостных переживаний, и, если скорый ответ от Бога не приходит, они падают духом. Таким образом Бог испытывает нас. Он не придет, пока окончательно не убедится в том, что любовь верующего безусловна, а его желание искренне. Когда Он будет знать, что мы настроены серьезно и нас не удовлетворяют Его подарки, тогда Он подарит нам Самого Себя.

Гуруджи часто говорил: «Мы должны уподобиться упрямому дитя. Когда ребенок плачет, мать, в надежде его утешить, дает ему игрушки, а сама уходит заниматься домашними делами. Но каждый раз, когда мать приносит игрушку, упрямый ребенок бросает ее на пол и начинает плакать. На зов такого ребенка мать непременно ответит».

Так же и с Богом. Пока Божественная Мать видит, что мы удовлетворяемся Ее подарками, Она будет посылать нам «игрушки», а Сама будет держаться в стороне. Но если мы сумеем убедить Ее в нашей искренности, неизменно проявляя преданность, безусловную любовь, смирение и покорность, а также взывая к Ней: «О Божественная Мать, Твои подарки больше не удовлетворяют меня. Я жажду только Тебя!» — вот тогда Божественная Мать нам ответит.

Когда вы чем-то обеспокоены или пытаетесь медитировать второпях, главный объект вашей медитации — Бог, от Которого вы ожидаете ответа — вырывается из сетей вашей концентрации. Секрет поиска Бога кроется в том, что медитирующий должен избавиться от беспокойства и нетерпеливости.

Дары медитации

Каковы плоды глубокой медитации? Прежде всего, человек становится спокойным. Что бы ни происходило в его жизни, его сознание всегда сосредоточено на высшем «Я». Кришна учил Арджуну укореняться в том, что неизменно. Единственный неизменный принцип в мироздании — это Бог. Все остальное, будучи лишь Его сном, подвержено изменениям. Все мы кажемся такими реальными, и наши тела кажутся нам такими прочными, а мир — долговечным; и все же эта реальность — не что иное, как застывшие мысли Космического Сновидца. Как только мы отстраняемся умом от этого мира, он перестает для нас существовать. Стоит нам направить свой ум на Бесконечное, и мы начинаем воспринимать естественное состояние души как индивидуального проявления своего Космического «Я».

Бог есть мудрость, любовь, радость и покой, и, так как мы сотворены по Его образу и подобию, те же качества присущи и нам. Но кто осознает себя таким? Каждую ночь, когда мы погружаемся в сон, Необъятный Возлюбленный милосердно позволяет нам на несколько часов отстраниться от своего тела и всех связанных с ним переживаний и проблем. Но когда мы просыпаемся, мы сразу же возвращаемся в сознание предельного существа, порабощенного многочисленными ограничениями, привычками, желаниями и перепадами настроения. Пока нас сковывают все эти вещи, мы не можем познать себя как душу.

Только посредством медитации мы сможем разорвать невидимые цепи, приковывающие нас к телу. И первым доказательством живого присутствия Бога внутри нас станет нарастающее чувство внутреннего покоя.

По мере углубления наших медитаций наше сознание начинает расширяться. В нас пробуждается желание отстраниться от этой маленькой физической оболочки и узреть высшее «Я» во всех существах. Мы хотим помогать другим, в нас рождается стремление бескорыстно служить человечеству.

Если человек медитирует регулярно, со временем он начинает ощущать потайной океан любви в глубинах своего существа. Преданное поклонение Богу приводит нас к такому состоянию, когда мы познаем Его как Космическую Любовь, выражающую Себя через все человеческие проявления любви. Без любви, приходящей к нам от Бога, мы не смогли бы дарить свою любовь другим. Без силы, приходящей к нам от Него, мы не смогли бы ни думать, ни дышать. И даже несмотря на это, мы тянемся к этому миру как к родному и вычеркиваем из своей жизни Того Единственного, от Кого зависит каждая минута нашего существования.

Бог — общий знаменатель всей жизни

Вы можете предположить: «Значит, чтобы найти Его, мне придется оставить этот мир и поселиться где-нибудь в пещере?» Нет, это совсем не так. Куда бы в этом мире Бог нас ни поместил, мы должны притягивать Его к себе бескорыстностью, медитациями и непрестанной практикой Его присутствия в нашей жизни. Проще говоря, мы должны привести свою жизнь и все свои занятия к общему знаменателю, и этот знаменатель — Бог. Вместо того чтобы вычеркивать Его из своей жизни, мы, наоборот, должны думать о Нём как о Космическом Возлюбленном и все делать вместе с Ним: принимать пищу, спать, работать, любить своих близких.

Бога так легко любить, когда мы ищем Его в глубинах истинной преданности! Без преданной любви и медитации Его нельзя познать; но, если мы, подобно малому дитя, будем взывать к Нему из глубин нашего сознания, мы познаем Его без какого-либо труда. Каждому человеку нужно каждый день отводить хотя бы немного времени на глубокую медитацию — отстраняясь от мира, устремляться мыслью к Нему и говорить с Ним на языке своего сердца. Наш Гуру часто говорил: «Все в этой Вселенной принадлежит моему Возлюбленному. Но есть нечто, чего ищет и жаждет даже владеющий всем и вся Возлюбленный: ваша любовь. Пока вы не вернетесь к Нему, вы будете страдать; и Он будет страдать, потому что Он жаждет вашей любви».

Так что главная цель человечества — найти Бога и осознать свою свободу от земных страданий и лишений. В этой свободе кроется ощущение великой любви — блаженного союза с Космическим Возлюбленным. Такова цель жизни. И достигнуть ее можно посредством глубокой и самозабвенной медитации.

Когда вы садитесь медитировать, забывайте обо

всем. В Индии те, кто ищет Бога, ходят на места кремаций, чтобы медитировать там долго и глубоко. Эти места служат им напоминанием о пустой реальности мирской жизни, о ее незначимости — ибо каждый человек, чего бы он ни достиг в этом материальном мире, когда-нибудь превратится в горстку праха. Поэтому, когда вы садитесь медитировать, мысленно говорите себе: «Я мертв для этого мира. Я мертв для своей семьи. Я мертв для всех своих дел. Я мертв для своих чувств. Я мертв для всего предельного. Для меня существует только мой Возлюбленный». Медитируйте с таким настроем и взывайте к Нему.

Человек — венец Божьего творения, и вы наносите оскорбление и Ему, и себе, когда уделяете все свое внимание вещам этого мира. Пока вы чувствуете, что не можете найти время для Бога, вы можете быть уверены, что и у Него на вас не будет времени. Он постоянно ждет вашего приглашения, но, как часто говорил наш гуру: «Бог очень застенчив. Он не придет, пока не убедится, что вы жаждете Его». Вот почему в вашем сердце таится чувство пустоты, тщетности и безнадежности. И вы будете испытывать это чувство, вы будете страдать до тех пор, пока не пробудитесь ото сна иллюзии и не осознаете, что без Него вы просто не можете существовать. И лишь когда вы поймете, что только Он может удовлетворить желания вашего сердца, вы начнете ощущать нарастающее чувство Его сладостного присутствия.

В Гите[7] Господь Кришна говорит, что даже недолгая практика медитации спасет человека от ужасных страданий в этом мире. Поэтому медитация должна стать неотъемлемой частью жизни — как еда. Человек неустанно заботится о своем теле: кормит его, одевает, дает ему отдых. Но как же он неправ, если забывает о своем высшем «Я»! Человек не тело, тем не менее он тратит уйму времени, сил, денег и энтузиазма на этот телесный домик, в котором живет всего несколько десятков лет. Как это оскорбительно для души!

Поэтому неудивительно, что человек столько страдает. Он заслужил свои страдания, и он продолжит страдать до тех пор, пока не стряхнет с себя этот сон-наваждение. Человек был послан на землю не для того, чтобы родиться, вырасти, произвести потомство и умереть. Так живут животные. Человеку дарован высший разум, способность распознавать и право свободного выбора. Ни одно другое Божье создание не обладает такими качествами. Глупо пренебрегать или злоупотреблять ими. Мы не животные,

---

[7] II:40.

мы — духовные существа, образ и подобие Бога, и мы будем страдать до тех пор, пока не проявим эти божественные качества, которыми нас наделил Бог.

Господь Кришна сказал своему возлюбленному ученику Арджуне: «Выбирайся из Моего океана страданий»[8]. Человек все еще пытается доказать себе, что этот мир не является океаном страданий, но ему это никогда не удастся. Иногда мы бываем уверены, что поймали птицу счастья, но уже в следующий момент она вырывается из наших рук. Не лучше ли сосредоточиться на райской птице души, живущей в клетке нашего тела? Питайте ее каждый день той единственной пищей, которая ей нужна для жизни, — преданной медитацией. Говорите себе: «Я буду несмотря ни на что отводить хотя бы час в день на то, чтобы питать тебя, моя душа. Этот час принадлежит мне; мир подождет».

Шри Юктешвар, гуру Парамахансаджи, очень любил песнопение, в котором Бог говорит с верующим, все еще пребывающим во сне земных иллюзий:

Проснись, святой, проснись!
Ты не медитировал, умом ты заплутал,

---

[8] «Для тех, кто поклоняется Мне, Я вскоре становлюсь Спасителем, вызволяющим их из моря рождений и смертей» (Бхагавад-Гита XII:7. Перевод Парамахансы Йогананды из книги «Бхагавадгита: Беседы Бога с Арджуной»).

Расточил ты время на праздные слова.
Проснись, святой, проснись!
К дверям твоим крадется смерть —
Душой своей спастись
Ты можешь не успеть.
Проснись, святой, проснись![9]

Поэтому непрестанно молитесь: «О душа, пробудись ото сна. Довольно спать, проснись! Довольно спать, проснись!»

Говорят, что разница между святым и грешником лишь в том, что святой, проходя через те же самые испытания, никогда не сдавался. Постоянно произносите в уме имя Господа — не рассеянно, но как учил Гуруджи: «Мысленно произнося Его имя, устремляйтесь к Нему всем сердцем и умом». Беспрестанно нашептывайте Космическому Возлюбленному: «Придет ли тот день, когда, произнеся Твое Имя, я запылаю пламенем любви?»

Когда придет этот день, жизнь богоискателя обретет новый смысл. Она превратится в радостный душевный опыт. Везде и всюду он будет зреть отражение своего Возлюбленного Господа, и во времена испытаний он сумеет, как говорил Гурудэва, «стоять непоколебимо посреди крушения миров». И он

---

[9] Из сборника Парамахансы Йогананды *Cosmic Chants*.

осознает: «Я есть душа. Огонь не может меня сжечь, меч не может меня пронзить, вода не может меня поглотить. Я есть Он».

Жить такой жизнью — значит обрести свободу, в которой ничто не сможет вас поработить. Что бы с вами ни случалось, вы будете знать, что ваш Возлюбленный Господь всегда вас любит и оберегает.

Как расширить горизонты сознания

*Ашрам Self-Realization Fellowship,
Энсинитас, Калифорния,
18 мая 1963 года*

Человек постоянно стремится открыть что-то новое. Он исследует непознанное и всеми материальными путями устремляется все дальше и дальше — в Бесконечное: он совершает полеты вокруг Земли и в дальний космос и проникает в глубины океана. Он развивает свой ум с помощью прикладных наук и таких замечательных изобретений, как компьютер. Каждый день открываются новые перспективы, буквально вынуждающие человека расширять горизонты сознания, чтобы он мог идти в ногу со своими собственными достижениями. Современному человеку приходится задействовать куда больше умственных способностей, чем его предкам, не правда ли?

Духовная природа человека также претерпевает изменения: она расширяется. Все глубже человек исследует ту высшую Тайну, Которую называют Богом,

Брахманом, Аллахом и другими священными именами, — разумную, исполненную любви и радости космическую Сущность; нашего Творца и Хранителя всей жизни. Духовные искатели нашего времени не удовлетворяются слепой верой — они хотят реального духовного опыта.

Эта тенденция лишний раз убеждает меня в том, как важна деятельность основанного Парамахансой Йоганандой общества Self-Realization Fellowship — причем не только для Запада, но и для всего мира в целом. Это подтверждается повсеместным живым интересом к его «Автобиографии йога» и *Урокам SRF*[1].

Последователям пути Самореализации отведена особая роль в этой работе и в мире вообще. Их наивысшая обязанность — стать живым воплощением Истины ради спасения себя и просветления других. Не падайте духом, если временами вы чувствуете, что не продвигаетесь вперед на этом пути. Делайте еще большее усилие! Парамахансаджи постоянно твердил нам о том, как важно изменить себя, найдя свое истинное «Я». Если наши храмы наполнятся

---

[1] Учения Парамахансы Йогананды, высылаемые по почте искренним искателям Истины по всему миру. Эти уроки содержат техники йогической медитации, которым обучал Парамаханса Йогананда. Кроме того, они разъясняют принцип действия универсальных законов жизни и то, каким образом человек может задействовать их на свое благо.

миллионами людей, которые при этом не будут духовно прогрессировать, такая организация не тронет сердце нашего Гуру. Он не был заинтересован в большом количестве последователей — для него было важно, чтобы они искренне искали Бога. Гуру хотел лишь одного: помочь каждому, кто приходил к нему, осознать божественную связь души с Богом. Эта связь уже существует, и роль настоящего гуру заключается в том, чтобы помочь верующему осознать свое единство с Богом, Творцом его души и всего мироздания.

Когда я думаю об этих высших принципах, я загораюсь огромным желанием продолжать дело нашего Гуру, а также день и ночь находить упоение в сознании Бога. Он есть единственная реальность, единственное Неизменное и Вечное в этом мире.

Пусть вы очаруете всех людей и весь мир будет у ваших ног, что с того? Пусть вы даже завладеете всем, чем только можно завладеть в этом мире, что тогда? Все, чего мы ищем во внешнем мире, со временем приводит в пресыщению. А после пресыщения приходит скука. Единственное переживание, которое способно принести нам полное удовлетворение и которое никогда не пресытит нас и не наскучит нам, — это общение с Господом, радость Которого нескончаема и всегда нова.

Люди уже чувствуют потребность в Боге, и рано или поздно они обратятся к Нему. Чем больше мы страдаем на этой земле, тем глубже мы осознаем, что не можем без Него жить. Я помню 1939 год, когда по миру начало разноситься эхо ненависти и войны. Внутренне я сильно страдала. Нет ничего более бессмысленного и болезненного, чем война. У меня было ощущение, что все раны людей кровоточат внутри меня. Все чуткие души, сочувствующие другим, ощущают подобные вещи. Всякий раз, когда на пути между ашрамом в Энсинитасе и Центром «Маунт-Вашингтон»[2] мы видели на обочине «голосующих» молодых ребят в военной форме, я только и думала о том, что каждый из них — чей-то ребенок. Однажды Гуруджи повернулся ко мне и увидел боль на моем лице. Он прочитал мои мысли. В машине было место, и он попросил шофера остановиться. У дороги стояли двое ребят, совсем еще юных, и Гуруджи спросил их: «Вас подвезти?» Никогда не забуду, как любезен он был с ними. Тогда мне стало легче.

В те военные годы Парамахансаджи говорил: «Может показаться, что мир пятится назад и готов разрушить себя ненавистью. Но знайте наверняка:

---

[2] Так часто называют Главный международный центр общества Self-Realization Fellowship.

Дайя Мата и Парамаханса Йогананда. Ашрам SRF в Энсинитасе, Калифорния, 1939 год

«С тех пор как я впервые увидела моего Гуру, Парамахансу Йогананду, почти сорок лет назад, я была счастлива возложить к стопам Господа мое сердце, мой ум, мою душу, мою смертную оболочку в надежде на то, что Он найдет применение жизни, которую я Ему отдала. Все эти годы были наполнены сладостной душевной удовлетворенностью: я словно не отрываясь пила из фонтана Божественной Любви. В этом нет моей заслуги: это благословение нашего Гуру, — благословение, которым он одарил всех, кто готов принять этот дар».

мир движется по восходящей, непрестанно эволюционируя и становясь все лучше».

Белое можно различить на черном фоне. Точно так же добро становится видимым на фоне зла. Свет Бога становится ярче в кромешной тьме. Не то же ли самое происходило во времена Христа? Бхагавад-Гита[3] говорит нам, что, когда в мире воцаряется мрак невежества, Господь, дабы восстановить праведность, посылает на землю одного из Своих святых, который показывает человеку, как возвысить свое сознание.

Опыт общения с Богом сплотит весь мир

Self-Realization Fellowship проповедует любовь и уважение ко всем религиям, расам и народам. Поскольку Бог один, Его дети должны быть едины. Индивидуальному осознанию своего истинного «Я» и последующему мировому единству будет способствовать не столько наша вера в Бога, сколько личный опыт общения с Ним. Бога совсем не интересует, какого цвета наши тела — черного, белого, красного или желтого. Все, что Он хочет — это увидеть, как мы, сотворенные по Его образу и подобию существа, примем Его в Его разноцветных облачениях. Разве

[3] IV:7—8.

вы не видите, что между нами нет разницы? Что цвет кожи, национальность и религия не затрагивают саму душу — образ Бога внутри каждого человека?

Мы должны бороться с предрассудками, которые стесняют ум и сознание и печалят Бога, пребывающего внутри нас. И при этом мы можем возложить на Бога часть ответственности за нашу близорукость. Мы можем сказать Ему: «Господи, ведь это Ты заложил в умах людей мысль о разделении. Если бы Ты не посеял эту мысль, люди бы так не думали. А человек не более чем часть Твоего сна, в котором Ты зришь этот мир». Все исходит от Бога. В высшем смысле, даже силы зла являются Его орудием. Зло, или *майя*, — это космическая иллюзия, тени которой, подобно кинофильму, превращают Свет Бога в бесчисленные индивидуальные образы. Без *майи* не было бы этого мира. В этом метафизическом смысле зло есть любая разновидность тьмы, которая скрывает или искажает совершенный Свет Божьего присутствия повсюду в мироздании.

С какой целью создавался этот мир? Парамахансаджи учил, что это Божья лила, божественный спектакль. Не придавайте ему слишком большого значения. Не погружайтесь в *лилу* с головой, дабы не забыть Того, Кто поставил этот спектакль, — саму Субстанцию этого мира.

Сатсанга (духовное собрание) в Главном международном центре Self-Realization Fellowship накануне турне Дайя Маты по европейским центрам SRF. Лос-Анджелес, август 1969 года

«*Как и многие другие люди в этом деловом мире, я никогда не имела возможности быть полностью свободной ото всех дел. Но я с самого начала приняла решение, что каждая свободная минута моей жизни будет наполнена Богом*».

Приближенность к миру ослепляет человека

Если вы закроете один глаз и поднесете монетку ко второму, вы не сможете видеть мир: маленький предмет лишит вас зрения. Если вы уберете монетку, вы увидите, как огромен этот мир. И так же с Богом. Когда вы полностью отождествляете себя с этим миром, он лишает вас зрения и вы не видите Бога. Поглощенные беспокойством, страхом, чувством неопределенности и незащищенности, вы даже и вообразить себе не можете, что Бог существует.

И только когда вы отставляете «монетку» этого мира, у вас появляется возможность видеть безграничность Бога в мироздании и за его пределами. Вы должны все время держать Бога в своем поле зрения — это самое главное. Если вы отведете Ему первое место в своей жизни, все остальное встанет на свои места само собой.

Именно поэтому Христос сказал: «Ищите Царства Божия, и это все приложится вам»[4]. Парамахансаджи снова и снова акцентировал свое внимание на важности этих слов. Каждый человек чувствует в своем сердце некую нужду. Мы нуждаемся в Боге. Нам нужно держаться за что-то неизменное — то, что

---

[4] Лк. 12:31.

будет придавать нам силы для борьбы со всеми проблемами и испытаниями, которые мы к себе притягиваем. Никогда и никого не вините в том, что с вами происходит. Вините себя — но не наказывайте, ибо это неправильно. И никогда себя не жалейте — это тоже неправильно. Всегда помните: вы Божье дитя, и осознать это можно только путем медитации.

Медитация служит постоянным напоминанием о том, кто мы есть на самом деле. Когда мы садимся медитировать, мы утверждаем: «Я душа, единая с Богом». Когда вы практикуете методы медитации, которым обучает SRF, вы стараетесь вспомнить свою истинную природу. Чем больше вы медитируете и чем выше становится ваш навык медитации, тем больше благ вы от этого получаете; тем больше вы вспоминаете и начинаете проявлять божественные черты, которые являются вашим наследием. Важность и ценность медитации кроется в том, что в конечном итоге она непременно дает человеку осознание истинной природы его души.

Недостаточно ходить в церковь, недостаточно слушать прекрасные проповеди в храмах Self-Realization Fellowship. Да, проповеди полезны и важны; если у вас есть возможность, приходите на богослужения регулярно. Но помимо всего этого вы должны ежедневно практиковать Божье присутствие и общаться с Ним в глубокой медитации; вы должны ежедневно вручать свои проблемы Ему.

Не ждите, пока жизнь заставит вас искать Бога

Я не знаю, как можно жить без общения с Богом. Очень вероятно, что мир однажды так настрадается, что будет просто вынужден думать о Боге. Но даже и это во благо: в конце концов, неважно, *что* нас заставляет склониться перед Богом — главное, что теперь мы с Ним.

Поэтому не впадайте в отчаяние, когда с вами что-то случается. Никогда не сдавайтесь — ни при каких обстоятельствах. Всегда думайте: «Господи, я верю, что ни одно испытание или страдание не приходит ко мне без Твоей санкции. Я знаю, что Ты благословил меня, наделив меня силой справиться со всеми невзгодами». Даже когда ваши испытания кажутся вам нестерпимыми, помните: Бог всего-навсего растягивает эластичную ленту вашего сознания, потенциал которого безграничен.

С такой верой и смирением человек учится проходить через все переживания, держа в голове одну фундаментальную мысль: «Ты, Господи, только Ты!» Явственно ощущая себя частицей Бога, истинный богоискатель вручает каждое свое переживание Ему.

Занимается ли он мирскими делами, работает ли в офисе, выражает ли свою любовь мужу, жене или детям, он осознает, что все это — Бог; что все *от* Бога и *для* Бога.

Когда у человека вырабатывается такое возвышенное отношение к Богу, когда он видит Бога в своих взаимоотношениях с мужем, женой, детьми, братьями и сестрами и знает, что в каждом из этих взаимоотношений можно узреть еще одну грань Бога, он начинает ощущать, что он живет, движется и существует в Божественном Возлюбленном.

В этом и состоит смысл жизни, цель каждого человека. Если, проходя через все жизненные перипетии, мы будем удерживать в голове мысль о Боге, мы вновь осознаем себя и каждого, кто нас окружает, частичкой Бесконечного Целого. Вот тогда мы обретем свободу.

Наше божественное предназначение

Индия, дата и место неизвестны

У каждого человека есть божественный потенциал, который ему предназначено реализовать. Однако мало кто понимает, в чем заключается цель существования, и лишь совсем немногие искренне стремятся достичь этой цели. Жизнь обычного человека растрачивается на удовлетворение потребностей своего тела и исполнение текущих обязанностей. Поэтому обычный человек живет и умирает, так и не узнав, откуда он пришел, почему здесь находится и куда уйдет.

Великие священные писания говорят, что человек — венец Божьего творения и что он сотворен по Божьему образу и подобию. Но разве физическое тело, предрасположенное к болезням и бессильное перед смертью, — это образ Божий? Разве ум, окутанный *майей* и склонный к перемене эмоций и настроения, — это образ Божий? Не может так выглядеть образ Великой Силы, сотворившей и поддерживающей сложные механизмы Вселенной! Где же тогда кроется этот божественный образ?

Человек — триединое существо. У него есть тело, но сам человек — не тело, которое имеет потребности, подвержено страданиям и в конце концов умирает. Человек наделен умом, но сам человек не есть ум, одурманенный космической иллюзией. Истинная сущность человека — *атман*, бессмертная душа, которая незримо обитает в храме смертного тела. *Атман* есть образ Бога внутри человека, — совершеннейший образ, отмеченный божественными качествами любви, мудрости и вечной радости.

Слепо то Божье дитя, которое позволяет себе осквернять божественный образ внутри себя, так зачерняя его несовершенством своего телесного сознания, что его невозможно узнать. Живя подобным образом, человек идет против своей истинной природы. Поэтому он никогда не находит окончательного удовлетворения; поэтому в его сердце всегда живет жажда, которая гонит его на поиски вечно ускользающего, неизвестного «чего-то еще».

«Что-то еще», искомое человеком, — это Бог, скрывающийся за биением его сердца; это Любовь, обретающая форму любви к семье, друзьям и близким; это Радость, разжигающая пламя счастья; это всеведущая Мудрость, стоящая за мыслями маленького человеческого разума. Эта Божественная Сила, даровавшая человеку жизнь, — самая близкая из всех близких, и она может наполнить жизнь человека смыслом и удовлетворением.

Человеку предназначено познать Бога

Итак, божественное предназначение человека — найти Бога и осознать, что Его образ живет в храме смертного тела и ума. Найдя Его через осознание своего «Я», атмана, мы увидим Космического Возлюбленного во всех проявлениях природы и в Его бесформенной Сущности, *Сат-Чит-Ананде* — вечном, всегда сознательном и всегда новом Блаженстве. И когда образ Бога внутри пробудится к экстатическому осознанию того, что он есть отражение всемогущего, всеведущего, вездесущего Господа, сможет ли человек возжелать чего-то еще? Какой другой любви может возжелать его сердце? Какое достижение станет для него недосягаемым? Какая радость обойдет его стороной? Человек должен осознать, что он есть чистое отражение Источника полного удовлетворения, любви и радости.

Раджа-йога[1] — это древняя наука, которая учит человека познанию своего высшего «Я» и воссоединению этого индивидуального образа

---

[1] «Царственный», или высший путь к единению с Богом. *Раджа-йога* включает в себя квинтэссенцию всех видов йоги. В ней делается акцент на технику научной медитации как на высшее средство познания Бога.

Бога с Космическим Духом. В медитации мы, дети Космического Творца, вновь обретаем свое забытое наследие. Когда мы восстанавливаем нашу истинную связь с Отцом, мы получаем возможность иметь все то же, что есть у Него. В основе всех наших желаний и устремлений лежит счастье; именно это сокровище мы ищем. Тот, кто преданно следует пути медитации, начинает осознавать такую истину: «Из Радости я пришел. В Радости я живу, развиваюсь и пребываю. И в этой священной Радости я вновь растворюсь».

Тот, кто хочет познать эту Радость, должен стремиться реализовать свой божественный потенциал здесь, на земле. Он должен посвятить себя поиску своей истинной природы и воссоединить связь своего высшего «Я» с Духом. Ему вовсе не нужно убегать от своих мирских обязанностей, но из двадцати четырех часов в сутки он наверняка может выкроить на поиски Бога хотя бы один час.

Если духовное усилие человека отмечено глубиной и постоянством, тогда даже несколько минут ежедневной практики йогических техник медитации, которым обучали наши великие Гуру[2], помогут искреннему искателю достичь наивысшего благосло-

---

[2] Линия просветленных Гуру общества Self-Realization Fellowship/Yogoda Satsanga Society of India: Махаватар Бабаджи, Лахири Махасайя, Свами Шри Юктешвар и Парамаханса Йогананда.

вения. По мере того как мы приближаемся к Богу и все отчетливее проявляем свою истинную природу, наша жизнь начинает меняться сама собой. Даже на испытания мы начинаем смотреть как на тень Божьей руки, простертой в благословении. Все наши действия начинают мотивироваться все большей целеустремленностью и направленностью. И, что важнее всего, покой и радость становятся центром нашего существования, — внутренним центром блаженства, вокруг которого вращаются наши мысли и жизненные переживания.

Рано или поздно мы должны будем вернуться к Источнику нашего существования. К чему продлевать нашу ссылку в иллюзию? Кришна говорил своему возлюбленному ученику Арджуне: «Выбирайся из Моего океана страданий!» Так давайте же «выберемся» из него, следуя по стопам Великих. Устремитесь к цели своего существования прямо сейчас! Ищите Самореализации, ищите Бога, и вы достигнете своей цели!

Качества духовного искателя

*Главный международный центр SRF,
Лос-Анджелес, Калифорния,
19 февраля 1965 года*

Первое, что требуется на духовном пути, — это искренняя жажда по Богу. Без этой жажды познать Его невозможно. В любом начинании для достижения успеха требуется движущая сила. В духовном поиске этой силой служит неугасающая тоска по Богу.

Но даже такая жажда сама по себе недостаточна — мы должны идти дальше. Как только у человека возникает жажда по Богу, ее нужно подпитывать преданностью и посвящением себя Богу, духовному пути и учителю, которого ему посылает Господь. Если искатель стремится к Богу искренне, он находит и путь, и своего гуру, который вдохновляет его на этом пути. Вот почему второе необходимое требование — верность и посвящение себя Богу и тому гуру, чей духовный путь вы выбираете.

Третье требование крайне важное. По мере продвижения на духовном пути мы должны стремиться вдохновлять своим поведением тех, кто пал духом, а не приумножать их пессимизм и отчаяние. Это не значит, что мы должны привлекать к себе внимание. Но мы должны сознательно проявлять в своей жизни те духовные качества, которые взращиваем в своем сердце. Делая это, мы сможем своим примером воодушевлять других на их пути к Богу.

Четвертое требование: духовный искатель должен непрестанно стремиться к смирению, потому что смирение подобно долине, куда стекают воды Божьей благодати. Самомнение и сознание «я-мне-мое» подобны высокой горе в пустыне. На ее вершине не задерживается вода — она собирается в долинах. Точно так же воды милосердия, прощения и благодати собираются только в долине смирения — там, где духовный искатель ставит Бога на первое место, а себя — на последнее. Есть такое индийское выражение: «Когда это „я" умрет, тогда я узнаю, кто есть я».

Пятое требование: духовный искатель должен ежедневно отводить время на медитацию. Если вы возомнили, что ваша работа важнее ежедневных усилий в медитации, вы обманываете не столько Бога, сколько себя. Такое ошибочное мышление является самым большим испытанием, через которое проходит богоискатель. В самом начале вы, возможно, не почувствуете никаких ощутимых результатов в медитации, и поэтому по-прежнему будете склонны отдавать предпочтение своей деятельности в материальном мире. Но только когда вы переживете горький опыт физических, психологических и душевных страданий, вы начнете осознавать, что вы допустили большую ошибку, не поставив Бога на первое место в своей жизни.

Неустанная мысль о Боге помогает справиться с проблемами

Когда бы мы ни приходили к Парамахансаджи с проблемами и жалобами, будь то критические замечания или желание разрешить какой-либо конфликт, он не задерживался на этих вопросах. И я не припомню — за исключением только одного случая, — чтобы он сидел и говорил со мной о моих проблемах. Мы, ученики, никогда не ходили к нему за консультациями, потому что заранее знали его ответ. «Просто удерживай свой ум здесь, — говорил он, указывая на точку между бровями, центр Христа и духовного сознания[1]. — Концентрируй все свое внимание здесь, удерживая в своем сознании мысль о Боге». Кому-то могло показаться, что он не давал

---

[1] Духовное око; центр духовного восприятия и интуитивной мудрости.

нам то, чего мы искали, поскольку от гуру в такие моменты ожидают услышать длинную лекцию о духовности, сущности Бога и ценности добродетелей. Но он обычно давал нам этот простой и действенный совет. Восприимчивому человеку этого было достаточно. Таким образом он учил нас, что, когда мы уравновешиваем свой ум, мы неизменно находим пути разрешения всех наших проблем.

Мастер был величественно прост, как и все великие души, любящие Бога. Лишь одно он просил нас усвоить: на первом месте в нашей жизни должен стоять Бог. В своем сознании мы должны постоянно удерживать слова Христа: «Ищите же прежде Царства Божия и правды Его, и это все приложится вам»[2]. Это наставление адресовано не только монахам и монахиням, но всему человечеству. Поразмыслив над этой истиной, мы сумеем понять ее смысл. Если у нас болит живот или возникают проблемы в семье или на работе, мы просто должны сосредоточить свой ум на Боге. Сначала мысленно укрепитесь в Нем, и уже в этом состоянии сознания старайтесь решать свои проблемы. Вы будете удивлены тому, как быстро и эффективно это срабатывает. Я это знаю, потому что все эти годы я живу и

---

[2] Мф. 6:33.

исполняю свои обязанности только таким образом.

Работайте над собой

Иногда неофитов так воодушевляет избранный ими духовный путь, что они хотят поведать об этом всем вокруг, чтобы те тоже изменились! Они так уверены, что делают праведное дело и сами изменились к лучшему, что хотят обратить в свою веру весь мир. Но это в основном поверхностный энтузиазм. В первую очередь они должны стараться изменить себя. Это трудное дело, потому что мы так глубоко увязли в своих привычках, что даже не отдаем себе в этом отчета. Мы узники, находящиеся в плену у своих собственных мыслей, эмоций и переменчивого настроения.

Совсем нелегко изменить привычки, которые вы взращивали в себе всю свою жизнь — иногда тридцать или сорок лет. Попытайтесь для начала изменить хотя бы одну пустяковую привычку, и вы увидите, как это трудно. Прикажите себе перестать много говорить; прикажите себе не сплетничать, не осуждать других, не завидовать. Предприняв попытку, вы, возможно, скажете себе: «Похоже, измениться практически невозможно. Неужели нет никакой надежды?» Конечно же, есть. Но, если вы, вместо того чтобы работать над своими недостатками, будете пытаться изменить обстоятельства и окружающих вас людей, эта надежда никогда не воплотится в жизнь. Я очень прошу вас усвоить это. Наши уста рано или поздно умолкнут, но вечная истина, сокрытая в этих советах, будет актуальна всегда.

Искренний поиск Бога, медитация и самодисциплина — вот как можно изменить себя. Другого пути нет. Требуется объединенная сила этих трех условий, чтобы преодолеть плохие привычки и разорвать спрятанные глубоко в подсознании кандалы, которые делают нас узниками этих ограниченных тел и умов.

Вот почему духовным искателям нужно соблюдать определенные правила. Им необходима строгая дисциплина. Вы думаете, это легко — познать Владыку всей Вселенной? Вы думаете, это так просто — общаться с Ним, в то время как ум полон негатива, неприятия, сплетен, ненависти и недостатка веры, — чего угодно, но только не мысли о Нем? Это невозможно! Без медитации и самодисциплины, устраняющих эти препятствия, вы не сможете познать Господа.

Бог может быть познан только при полной самоотдаче. Здесь недостаточно быть рядовым учеником. Не следуйте стандартам, установленным этим миром. Я помню слова, которые Гуруджи сказал нам, своим ученикам: «Мне не нужны рядовые ученики на этом пути. Вот почему я так требователен к вам. Я хочу посмотреть, у кого из вас хватит мужества пройти весь путь к Богу».

Его последние слова, адресованные лично мне, я храню в памяти как сокровище. Они были произнесены за три дня до его *махасамадхи*. Мы спускались в лифте здесь, в Центре «Маунт-Вашингтон». «Бедное дитя, — сказал он. — Я был так строг с тобой в этой жизни![3] Я учил тебя так же строго, как мой гуру учил меня. Но я знал, что ты выдержишь. Помни: он меня ругал, потому что любил меня». А затем пророчески добавил: «Но скоро меня здесь не будет, чтобы тебя поучать».

«Мастер, — ответила я, — всякий раз, когда ваша покорная ученица будет нуждаться в поучениях, прошу вас, поучайте меня — на протяжении всей вечности. Я знаю, что вы сможете направлять меня, даже когда покинете свое тело. Прошу вас, никогда не переставайте поучать меня».

---

[3] Отсылка к предыдущим инкарнациям, в которых гуру и *чела* также были вместе. Парамахансаджи знал, что Дайя Мате предназначалось сыграть выдающуюся роль в этой жизни, и он одухотворял ее и укреплял ее характер, чтобы она могла справиться со своими обязанностями. Объяснение законов реинкарнации дается в примечании на стр. 67. — Прим. изд.

У меня нет желания потакать этому маленькому физическому и умственному «я». Я ищу свободы, и это то, чего я желаю всем вам.

Правильное умонастроение становится христоподобным

«Когда это „я" умрет, тогда я узнаю, кто есть я». Правильное умонастроение духовного искателя становится христоподобным. Никто не мог оскорбить Иисуса, никто не мог сокрушить его любовь или вызвать у него гнев, потому что его сознание было укреплено не в маленьком «я», а в высшем «Я» — в Боге. Поэтому он ни на кого и ни на что не обижался.

Допустим, весь мир нас в чем-то несправедливо обвиняет. Но если наш ум укреплен в Боге, нам уже неважно, что думает мир. Это вовсе не значит, что нужно отвергать мир, но вы должны быть полностью погружены в Единое Сознание (вероятно, каждому из вас уже доводилось его чувствовать хотя бы мельком), чтобы испытывать сострадание к людям и понимать их. И, более того, осознавать одну-единственную вещь: «Если весь мир хвалит меня, а Божьей похвалы я не чувствую, нет мне покоя. Но если весь мир хулит меня, а я все равно чувствую силу стоящего за мной Господа — я божественно удовлетворен».

Именно в этом осознании заключается суть духовной жизни. И пока я жива, я буду «тянуть» мое сознание и сознание каждого из вас обратно к этой Единой Цели. Я хочу воочию увидеть, как послание нашего Гурудэвы, Парамахансы Йогананды, приносит всем утешение: ульи организации должны быть полны меда боголюбивых душ.

Каждый человек хочет быть свободным. Как только вы осознаете, что в этой жизни вы на самом деле узник, вы станете жаждать свободы. Я родилась с этим страстным желанием, и я не позволяла никому и ничему чинить препятствия на моем пути к свободе. Я знала, что если я ее не обрету, то винить мне некого. Сегодня ничто не может встать между мной и Богом. Люди могут попытаться остановить меня или подумать, что способны повлиять на меня и заставить покинуть этот путь, но им никогда не удастся этого сделать. Почему? Потому что я знаю, чего хочу. Я никогда не пыталась себя обмануть, и я никогда не имела иллюзий в отношении соблазнов этого мира. Бог — прежде всего.

Обретая такой умственный настрой, духовный искатель сильно облегчает себе жизнь. Он становится устойчивым и непоколебимым. Он чувствует истинное родство со всеми людьми, и все в его жизни движется в правильном направлении.

Искать в первую очередь Бога — не значит отрекаться от мира. Благословенны те, кто это делает. Где бы духовный искатель ни находился, он может поставить Бога на первое место, и тогда все его дела и взаимоотношения с людьми наладятся сами собой. В конце концов, есть только один источник любви, а не несколько. Есть только одна Динамо-машина, генерирующая мудрость, любовь и радость, — не три или четыре. Их единый источник — Бог.

Когда верующий обретает более тесную связь с Богом, он осознает, что является всего лишь инструментом, частью этого могучего Источника. Всех и вся он видит частью единого Источника. В результате этого он начинает вести себя корректно по отношению к окружающим. У него уже не возникает желания что-либо требовать от людей. Ему уже не хочется хватать, урывать или выпрашивать у других любовь, доброту и понимание. Наоборот, ему хочется одаривать всех. Он знает божественный закон: что ты даёшь, то и получаешь. И этот закон работает с научной точностью.

Когда вы сеете добро, вы пожинаете добро. Но если многие годы вы были добры к человеку, а он приносит вам одну лишь боль, знайте: в прошлых инкарнациях вы посеяли семена неприязни, которые сейчас приносят заслуженные плоды. Вы должны быть терпеливы. Семена, которые вы сеете сейчас, принесут плоды в свое время — надо лишь подождать. Вы не можете посадить семя сегодня и ожидать, что уже завтра вырастет фруктовое дерево. Дерево вырастет и принесет плоды в свое время. Сажайте семена хороших привычек и сейте в мире добро уже сегодня, и в свое время они принесут достойные плоды. Если сегодня вы пожали кислые плоды, не печальтесь и не жалейте себя. Вы сами посадили семена, принесшие кислые плоды. Примите случившееся, что называется, по-мужски: проявите мужество и терпение. Примите это с верой в Бога.

Все мы немножко сумасшедшие

Как говорил Парамахансаджи, наша проблема в том, что все мы немножко сумасшедшие и не понимаем этого, потому что люди проводят время в кругу себе подобных. Ни один человек не может быть полностью сбалансированным, пока он не познает Бога. В этом мире полностью гармоничен и уравновешен только тот, кто достиг Самореализации. Именно к этому мы и стремимся.

Многие люди неуравновешенны психически, но еще больше тех, кто неуравновешен эмоционально. Они эмоционально нездоровы, эмоционально незрелы. Вы не можете этого отрицать. Я считаю, что эмоциональный недуг — это главная проблема человечества. Первый его симптом выражается в том, что в своих проблемах люди постоянно винят внешние обстоятельства или других людей. «Вот если бы он не сделал этого, а она не сказала того, я бы сегодня так не страдал». Какая нелепость! Мастер настоятельно просил нас усвоить: такое мышление несостоятельно.

Не вините других в том, кто вы есть. Вы сами создали свое текущее положение. Утверждение «Человек — хозяин своей судьбы» полностью соответствует действительности. Вы творец своей судьбы. Наша трудность в том, что в своем невежестве мы не знаем, как обрести власть над своими человеческими слабостями; таким образом, мы создаем модели поведения, которые и приносят нам сегодня неблагоприятные последствия. Осознание этой истины — признак зрелого мышления. Оно благоприятствует нашему эмоциональному росту. Я особо это подчеркиваю, потому что правильное отношение к своим проблемам — это именно то, что необходимо каждому человеку.

Все мы должны «повзрослеть», то есть осознать свое истинное «Я» и вести себя соответствующим образом, мысля: «Я не слабонервный индивидуум. Я не боязливый, жалобно плачущий человек. Я не слабое существо. Я — частица Бога». Гуруджи говорит нам, что, регулярно медитируя и следуя духовным правилам, которые он обозначил, мы постигнем, кто мы есть на самом деле. Мы сможем это познать только тогда, когда полностью осознаем Бога, и когда наше сознание соединится с Его Сознанием.

Воспринимайте истину умом, а постигайте — душой

Если вы хотите в себе что-то изменить, вы должны сначала воспринять определенную истину умом, а затем уже постичь ее душой. Допустим, вы хотите развить в себе любовь к Богу. Напишите на листе бумаги слово или изречение, пробуждающее в вас это чувство. Прикрепите лист на дверь или поместите его на другом видном месте, чтобы он всегда был у вас перед глазами. Всякий раз, когда вы видите это напоминание, старайтесь не только понять смысл написанного, но и почувствовать его. Размышляйте над ним и дайте проявиться чувству. Мастер часто говорил: «Вы должны „взбивать эфир" своей любовью к Богу, своей жаждой по Нему». Взывайте к Богу так, чтобы вы чувствовали, что ваша молитва «взбивает эфир».

Например, сейчас мы пели одно из духовных песнопений Гуруджи — «Дверца сердца моего». Когда я закончила петь вслух, я на этом не остановилась.

После этого нужно переходить к пению шепотом, а затем — к мысленному пению. Когда я заканчиваю, я не теряю своей концентрации. Я погружаюсь все глубже и глубже в ту мысль, которую пела: «Господи, приди — хоть на миг ко мне приди». Мое сердце плачет. Мой ум отстраняется от всего, и я, выражаясь словами Гуруджи, «взбиваю эфир» одной лишь этой мыслью. Слова нужно повторять снова и снова, с нарастающим чувством, чтобы их смысл стал частью вашего сознания. Вы сможете этого достичь, только если будете направлять на эту мысль сто процентов своего внимания. Если же ваше внимание на девяносто девять процентов обращено к Богу, но при этом вы вскользь думаете об окружающих или в вашем сознании появляется мимолетная мысль о работе, вы не сумеете получить Божественный ответ.

Гуру часто говорил нам: «Бог не придет к вам, если вы не направите на Него сто процентов своего внимания». Если, делая *Крийю*[4], вы отвлекаетесь на разные мысли и при этом думаете, что прогрессируете,

---

[4] Йогическая техника медитации, практикуемая членами общества Self-Realization Fellowship. *Крийя-йога* — священная духовная наука, появившаяся в Индии несколько тысячелетий назад. Она включает в себя определенные техники медитации, посредством которых можно познать Бога. *Крийя-йога*, возрожденная в наше время Махаватаром Бабаджи (см. стр. 263), является *дикшей* (духовным посвящением), которая дается Гуру-наставниками Self-Realization Fellowship.

вы ошибаетесь. Кто-то может заключить: «Сегодня я сделал сто *крий* — должно быть, я быстро продвигаюсь... На этой неделе я сделал тысячу *крий* — наверняка я уже близок к духовному совершенству». Глупости! Такому богоискателю недостает правильного подхода. Он как тетушка нашего Гуруджи: сорок лет она ежедневно молилась на четках, а ум ее где-то блуждал. Неудивительно, что потом она пожаловалась, что Бог ей не отвечает! Если вы хотите обрести Бога в этой жизни, вы должны быть серьезны в своих намерениях. Вы *можете* преуспеть в этом устремлении — надо лишь прикладывать соответствующие усилия.

Бог очень застенчив и трудноуловим

Бога очень трудно познать. Он управляет не только этой вселенной, но и миллионами других. И если вы не ищете Его всей душой, не думайте, что у Него найдется для вас время. Мастер говорил: чтобы привлечь это незримое Сознание, этот потаенный любящий Разум, пронизывающий все мироздание, мы должны «доить» тишину в глубокой медитации.

А это не так уж и легко. Бог очень застенчив и трудноуловим; Он всегда прячется, а вы всегда отвлекаетесь. Слишком часто ваш ум занят непродуктивными мыслями: «Это важно, а это нет»; «Это лицо мне нравится, а вот то не очень»; «Этот человек так добр ко мне, а тот настроен недоброжелательно»; «Нет, вы только посмотрите, что этот человек делает! А тот — что натворил!» Где же ваш однонаправленный ум? Как же вы найдете Бога в таких мысленных дебрях? Когда ваши глаза закроются навсегда и вы испустите последний вздох, вы останетесь точно такими же, как и сейчас — и никакого духовного прогресса. И тогда вы скажете: «Возлюбленный Господь, я растратил свое время. Я не хотел этого делать. Я был так близко к вратам бесконечной внутренней удовлетворенности — но упустил свою бесценную возможность».

Вся трагедия в том, что для нас другие вещи бывают важнее Бога, потому что мы боимся упустить что-то в этом мире. Это большое заблуждение. Мы боимся, что, полностью посвятив себя Богу, мы потеряем нечто важное. «Хм, так я упущу все, что предлагает мне жизнь, — рассуждает ум. — А мне так много хочется! Я хочу любви, я хочу власти, я хочу стать знаменитым, я хочу творить великие дела в этом мире». Вот как мы размышляем. И трудно с этим не согласиться, ведь все человечество преследует эти цели. Но совсем не здравым способом! Мы пытаемся достичь всего этого не тем путем.

Наши основные желания созвучны нашей душе

Почему мы хотим славы? Почему мы хотим власти? Почему мы хотим любви? Почему мы хотим радости? Мы жаждем всего этого, потому что эти желания — часть нашей истинной природы, природы души. Полное осознание этого было частью пережитого мною духовного опыта, откровения, которое пришло мне в Индии, во время медитации в пещере Бабаджи[5]. Душа бессмертна. А что есть слава, как не осуществление врождённого желания продолжать жить в памяти всего мира? И почему бы душе не хотеть оставить на земле имя и достижения одной из своих инкарнаций, для того чтобы другие могли прочитать о ней через тысячи лет? Душа всемогуща, она едина со всемогуществом Бога. Почему бы ей не хотеть выразить свой потенциал? Душа есть любовь и радость. Поэтому, естественно, мы желаем их так, как желаем всего жизненно необходимого.

Теперь вы понимаете, что желание преследовать эти цели созвучно нашей природе. Заблуждение заключается в том, что мы хотим осуществить эти цели в мире, который сам по себе есть не что иное, как мимолётный сон. Этот мир — иллюзия, обман. Я вижу это абсолютно ясно. Зачем носиться по волнам

---

[5] См. стр. 269.

памяти и забвения, жизни и смерти? Зачем растрачивать свое время таким образом? И для чего? С какой целью? Что бы человек ни искал, он найдет это в Боге. Наша проблема в том, что мы не верим в божественное обещание, не верим в то, что, если прежде всего мы будем искать Бога, все остальное приложится нам. Но я в это верила всю свою жизнь. Я знаю, что это правда. Я это познала. Цепляйтесь за эту истину, когда вас начинают одолевать сомнения, и крепко держитесь за нее. Просите Бога явить вам эту истину. Если вы будете делать то, что от вас требуется, Бог вам ее явит. И это потрясающее переживание!

Всякий раз, когда вы впадаете в иллюзию или искушение любого рода, или когда вы проходите через испытание, мысленно говорите: «Прежде всего я ищу Тебя, мой Господь. И я знаю, что все остальное мне приложится». Верьте в это. Вы должны начать с веры, и придет время, когда вы воскликнете: «Боже мой! Я *чувствую*, что я получил все, чего я желал. И я ничего не упустил!»

Большинство людей не желают искать Бога из-за страха, что они должны от чего-то отказаться. Но от чего вы отказываетесь? На самом деле ни от чего. Вы находите осуществление всех желаний в своей душе. Вы чувствуете божественную любовь в своем сердце. Вы осознаете всю мудрость в себе самом. Вы ощущаете небесную силу внутри. Вы уже больше ничего не ищете, ибо у вас не осталось неосуществленных желаний.

Разве все общавшиеся с Богом великие святые — начиная с Кришны, Будды и Иисуса и заканчивая нашими просветленными Мастерами[6] — не доказали своей жизнью, что все, чего они желали, они получили от Бога, и что они бы скорее умерли, чем отказались от Него? Большинство людей мыслит иначе. Они бы скорее умерли, чем отказались от мира. И с каким отчаянием они хватаются за этот мир и за все, что в нем есть! Но обретя Бога, вы уже будете *знать*, что вы скорее умрете, чем откажетесь от Него. В этом вся разница. Те, кто Его познал, убеждены, что «все остальное» им приложилось. Они знают и чувствуют, что все — от Бога. Этот мир никогда не сможет принести той внутренней удовлетворенности, которую дает Бог. И никакая человеческая любовь не принесет той вечной радости, которую мы находим в Боге.

В жизни всегда будут разочарования, потому что природа души — совершенство, а на земле все грубо и ограниченно. Здесь вы обнаруживаете свою неспособность убедить других в своих чувствах, неспособность других принять то, чем вы хотите их одарить, неспособность объяснить словами все то,

---

[6] Линия Гуру-наставников общества Self-Realization Fellowship.

что желает выразить ваша душа.

Чего бы мы ни искали, все это есть в Боге. Держитесь за эту мысль какое-то время — хотя бы следующие полгода. Говорите себе: «Подумать только! Я найду Бога, и все остальное мне приложится!» Медитируйте на эту мысль. Каждый раз, когда вы впадаете в искушение или падаете духом, или отвлекаетесь, говорите Ему: «Господи, Я вручаю Тебе свою жизнь. Ты должен исполнить Свое обещание». И вы увидите, что Бог держит Свое слово. Дело в том, что у вас должны быть реальные взаимоотношения с Богом; не успокаивайтесь, пока вы их не установите. Вы можете к этому прийти, следуя упомянутым мною правилам, которые Мастер дает в своих учениях.

Человек будет чувствовать необъяснимую тоску и ощущение пустоты до тех пор, пока он не вернется к Богу. Вы можете объехать целый мир, вы можете исследовать всю Вселенную, вы можете обрести весь опыт, какой только может предложить мироздание; но вы так и будете оставаться «заблудшей душой», пока не вернетесь к Нему.

Как бы вы ни старались наполнить свое сердце человеческой любовью, оно все равно никогда не получит полного удовлетворения; вам всегда будет чего-то не хватать. И это вполне объяснимо. Христос сказал: «Царство Мое не от мира сего»[7]. И ваше Царство тоже не от мира сего. Вы обманываете себя, думая, что можете построить счастье и осуществить свои надежды в этом мире; все они будут разбиты о скалы разочарования. То, что я вам говорю, — истина. И в глубине души вы это знаете.

Для того чтобы установить реальные отношения с Богом, вы должны прилагать усилия со своей стороны, — спокойные, размеренные усилия, благодаря которым ум сможет погружаться внутрь себя все глубже и глубже. Придет время, когда вы сможете «взбивать эфир» одной лишь мыслью: «Ты, Господи, Ты моя Любовь, только Ты, только Ты, только Ты!» Ум будет полностью погружаться в это осознание. Душа начнет раскрываться, радость и любовь к Богу наполнят все ваше существо, и нахлынет огромная волна осознания, что только Господь реален. В этот момент, в присутствии Бога, вы осознаете, что перед вами — Истина. Бог — Единственная Реальность.

Все сказанное сегодня можно заключить одной фразой из Бхагавад-Гиты: «Кто видит Меня везде и все видит во Мне, тот никогда не теряет из виду Меня, и Я никогда не теряю из виду его»[8].

---

[7] Ин. 18:36.
[8] VI:30 (Перевод Парамахансы Йогананды из книги «Бхагавадгита: Беседы Бога с Арджуной»).

О взаимопонимании между людьми

Главный международный центр SRF,
Лос-Анджелес, Калифорния,
14 декабря 1965 года

Мы всегда должны вести себя как Божьи дети, потому что это наша истинная сущность. Как бы с нами ни поступали окружающие, мы должны отвечать им прощением и состраданием. Практикуя это, мы сможем изменить их отношение к нам. Мы должны быть искренни, протягивая руку любви и дружбы всем людям. И даже если по этой руке бьют, ее нужно протягивать снова. Если человек продолжает отталкивать вас, отдалитесь от него на какое-то время, но мысленно продолжайте посылать ему любовь. И при возможности всегда будьте готовы вновь протянуть ему руку дружбы.

Похвалу и порицание следует принимать без эмоций. Хоть нам и бывает трудно ладить с людьми, которые нас критикуют, все же не стоит игнорировать критику — если она конструктивна. Иногда нет ничего плохого в том, чтобы попытаться объясниться и предпринять все возможные усилия для достижения взаимопонимания. Но пускаться в длительные объяснения, которые больше похожи на оправдания, — пустая трата времени. В таких случаях лучше просто хранить молчание.

Самая лучшая позиция — это божественное смирение, о котором говорил святой Франциск Ассизский: «Принимайте критику и обвинения молча и безответно, даже если они ложны и несправедливы». Даже если нас оболгали и мы чувствуем, что это было несправедливо, мы духовно облагораживаемся, когда принимаем обвинения без спора и жажды возмездия. Вручите это Богу. Тот, кто хочет познать Господа, должен стремиться радовать прежде всего Его, а не человека.

Объясниться лучше или промолчать, зависит от конкретной ситуации. Но ни при каких обстоятельствах нельзя желать возмездия. Бог рассудит. Его законы справедливы, поэтому нам, в некотором смысле, даже защищать себя не надо.

Всегда найдутся те, кто будет нас хвалить и понимать, и те, кто будет нас хулить и обвинять. И то и другое мы должны принимать спокойно. Наша работа — стремиться в меру сил жить по правде. Если мы вдруг осознали, что совершили ошибку, нужно тут же попросить прощения у Бога, а затем исправиться.

Нет смысла пытаться утаить от Бога наши прегрешения: Он и так о них знает. Мы можем довериться Богу, рассказав Ему о своих провинностях и попросив у него помощи, чтобы исправиться. Вездесущность Господа делает Его нашим постоянным божественным попутчиком, с которым мы можем свободно делиться своими чувствами. Он видит нас такими, какие мы есть. Как же мы можем быть заносчивыми, зная, что без Него мы — ничто? Когда мы это осознаем, вот тогда и начнется наша упорная внутренняя борьба за достижение совершенства в Его глазах. Человек, удовлетворенный самим собой, перестает расти духовно. Эгоистическое самодовольство — самое большое прегрешение против своего высшего «Я». Тот, кто перестает стремиться к самосовершенствованию, духовно деградирует.

Давайте будем признавать свои ошибки всякий раз, когда их совершаем. Давайте не будем думать, что мы всегда правы. Иначе мы не будем честны перед собой. Если мы в чем-то убеждены, это не делает нас автоматически правыми. Если кто-то показывает нам, что мы неправы, мы должны быть готовы изменить себя. Это позволяет нам расти и добиваться взаимопонимания с людьми. Ни к чему долгие объяснения на предмет того, почему мы совершили ошибку. Нам нужно просто сказать: «Прости, я просто не так это понял».

Отсутствие общения ведет к росту взаимного непонимания

Когда нас кто-то не понимает и при этом еще сердится, находясь под воздействием эмоций, никакие слова не помогут облегчить положение. Лучше всего подождать, пока наш «оппонент» успокоится, и после уже можно попытаться наладить с ним диалог. Когда люди перестают говорить друг с другом, взаимное непонимание между ними растет. Пока есть общение — не спор, а именно диалог, — остается надежда на развитие взаимопонимания и гармоничных отношений.

Очень важно быть непредвзятым. Наш гурудэва, Парамаханса Йогананда, требовал этого от всех, кто желал учиться у него. Те, кто хотел находиться рядом с ним, должны были обладать здравым смыслом и открытостью в мышлении.

В общении с людьми мы всегда должны следить за нашими мотивами. Если под предлогом поиска взаимопонимания мы руководствуемся мотивом навязать свои идеи, тогда наш мотив нечист; следовательно, он не принесет ничего хорошего. Мы всегда должны искренне стремиться понять других и отставлять на время свою точку зрения, чтобы отождествиться с мышлением другого человека. Мы должны это делать, если хотим поладить с окружающими. Если мы ищем правды, а не оправдания собственным убеждениям, мы должны быть способны отставлять в сторону свои чувства и идеи и смотреть на проблему глазами другого человека. Мы должны давать ему возможность высказаться. Только после того, как мы выслушаем чужую точку зрения и непредвзято проанализируем ее, мы можем представить свое мнение. Другими словами, должен быть справедливый взаимообмен идеями. Тогда обе стороны смогут увидеть ошибки в своем мышлении и обнаружить, что правда зарыта ни там и ни здесь, а где-то посередине.

Проблема большинства из нас заключается в том, что мы первым делом высказываем свою точку зрения и пытаемся убедить в своей правоте другую сторону, не давая ей шанса высказать свое мнение. Когда у нас возникают трудности в общении с человеком, мы всегда должны проявлять к нему уважение и давать ему возможность высказаться. Каким бы он ни был грубым и эмоциональным, не перебивайте его. Дайте ему сказать все, что он думает. А затем отвечайте спокойно и по-доброму. Даже если случится так, что он будет говорить самые неприятные вещи о вас, слушайте уважительно, при этом внутренне говоря Богу: «Неужели это так? Я хочу знать правду. И, если я действительно такой, Ты должен мне помочь, Господи. Помоги мне преодолеть в себе этот недостаток и изменить себя». Но если этот человек настолько агрессивен, что переступает все границы и оскорбляет духовные принципы, а не просто вашу личную гордость и эго, тогда ваш долг — дать ему отпор и быть твердым как сталь. Оскорблять духовные принципы — значит оскорблять Бога, и мы никогда не должны потворствовать этому. Иисус никогда не защищал себя, но если кто-то осквернял праведность, он был твёрд и словом, и делом.

Будучи Божьими детьми, в этом мире мы обязаны стремиться понять себя, окружающих, жизнь и — самое главное — Бога. Мир станет лучше только тогда, когда ум и сердце человека будут ведомы пониманием. Прежде чем у народов мира появится надежда на взаимное понимание, индивидуумы должны научиться ладить друг с другом.

Как изменить окружающих

*Ашрам Self-Realization Fellowship,
Голливуд, Калифорния,
19 мая 1965 года*

Поведение окружающих не должно лишать нас внутреннего покоя. Когда человека кто-то раздражает, ему трудно сохранять спокойствие и молчать; но ни один из нас не сможет успешно идти по жизни, если мы будем говорить каждому, кто нам досаждает, как правильно себя вести. Непрошеный совет порождает серьезное возмущение. Мы не должны навязывать окружающим свое мнение, если у нас его никто не спрашивал.

Одна из самых частых ошибок неофитов заключается в том, что, едва загоревшись желанием искать Бога, они уже хотят изменить весь мир. Они начинают «духовную революцию» в своей семье, всеми силами стремясь обратить в свою веру жену, мужа, детей. Прекрасно иметь такое рвение, но оно почти всегда порождает антагонизм. Такого рода энтузиастам Парамахансаджи говорил: «Сначала измените себя. Преобразив себя, вы преобразите тысячи других». Пока человек сам не попросит руководства в чем-либо, не нужно его поучать. Никому не нравятся навязанные советы. Когда человек захочет получить чей-то совет, он сам его попросит. И он захочет получить его от того, с кем он живет, или от того, кого он любит и уважает, — и только в том случае, если увидит благотворные изменения в жизни этого человека. Но пока эти изменения существуют только на словах, сомневающийся будет сопротивляться.

Станьте образцовым носителем тех качеств, которые вы хотите видеть в других. Если вы склонны раздражаться или грубить в ответ; если вы незаслуженно ругаете детей; если вы слабонервны и вас легко расстроить; если вы кричите и говорите резкие слова, — измените себя! Это самый лучший способ изменить окружающих вас людей. Сделать это нелегко, но вполне возможно. Вы должны направить все свои усилия на то, чтобы стать уважаемым человеком, примером для других; человеком, чье слово имело бы вес. Ваши высказывания должны быть ведомы мудростью и пониманием, а не злобой, нервозностью, ревностью или желанием отомстить обидчику.

Однажды в Индии ко мне подошел один преуспевающий фабрикант и пожаловался:

— Я просто в отчаянии. У меня проблемы с женой и моими работниками. Я всегда говорю им резкие слова. Что мне делать?

Я ответила:

— Вы хотите услышать правду или только то, что ожидаете услышать?

— Я хочу услышать правду.

— Хорошо, — сказала я. — Вы должны начать с себя. В семье и на работе вы имеете репутацию тирана. Как результат, другие вам подчиняются не потому, что они вас любят и уважают, а потому, что вы всегда держите наготове свой кнут. Вот почему вы не получаете от людей должной продуктивности и дружелюбия. Вам нужно научиться отвлекаться от своих проблем и не быть таким напряженным. Каждый день отводите время для отдыха и мысли о Боге. Представьте, что через минуту вас уже не будет на этой земле, — представьте, что вы уже умерли. (Кстати, это очень интересный эксперимент. Вы вдруг понимаете, что все ваши обязанности вам уже не принадлежат. Вы также осознаете, что Богу стоило бы уделять больше времени.)

Затем я добавила:

— Если хотите, приходите на ежедневную *сатсангу*[1]; можете медитировать вместе с нами, пока

---

[1] Букв. «дружба с истиной». *Сатсангой* обычно называют собрание искателей истины, на котором ведущий экспромтом говорит о Боге или на какую-либо духовную тему.

я еще здесь. Он стал приходить каждый день; мы медитировали и говорили о Боге.

Через два года, когда я снова посетила Индию, один из его работников поведал мне: «Он теперь другой человек — куда более спокойный и терпеливый. На работе появилось возросшее чувство покоя и гармонии, и мы даже успеваем больше — ведь мы уже не пребываем в постоянном волнении и напряжении». Это прекрасный пример того, чему учит наш Гуру на духовном пути Self-Realization Fellowship.

Пока вы нервничаете и пребываете в напряжении в присутствии своих близких, они будут вести себя и реагировать на вас точно так же. Иначе и быть не может. Поэтому, если вы хотите изменить положение дел в своей семье, в первую очередь должны измениться вы сами. Но не стоит ожидать, что семья преобразится за один день. Такое случается крайне редко; изменения — медленный процесс, протекающий естественным образом. Даже если их не будет, не падайте духом и не переживайте. Гуруджи часто говорил: «Бог дал каждому человеку бесценный дар — возможность уединяться в своих мыслях. Пребывая в них, он может безмолвно развивать тесные, исполненные понимания отношения с Богом, и со временем это начнет отражаться на всей его жизни — включая взаимоотношения с семьей,

Выступление Матаджи на Всемирной Ассамблее Self-Realization Fellowship. Лос-Анджелес, 1975 год

«Наш Гурудэва Парамаханса Йогананда постоянно пребывал в сознании божественной любви, и это то, что свело нас всех вместе. Прочной, но нежной нитью этой любви он связал всех нас в благоухающую гирлянду преданности и любви, чтобы возложить ее к стопам Того, Кто есть Источник всей Любви, Высший Возлюбленный наших душ».

обществом и миром в целом». Даже если ваши близкие не меняются ощутимым образом, ваше внутреннее преображение сделает вас менее чувствительным к недостойному поведению других людей.

Кто ответственен за поведение подростков?

Очень часто ко мне приходят родители, обеспокоенные растущей пропастью между ними и их детьми. Современные проблемы молодежи являются следствием многих причин; общую картину можно составить, только если рассматривать их в совокупности. С метафизической точки зрения, здесь сказывается влияние *кармы* (опыта прошлых жизней[2]). Вновь рожденные дети могли проходить через трагедии последних тридцати лет: войны, восстания, насилие на расовой почве. Средства массовой

---

[2] Согласно доктрине реинкарнации, изложенной в индуистских писаниях, человеческие существа, ведомые ложной надеждой на обретение счастья и совершенства на этой земле, попадают в сети бесчисленных мирских желаний. Дабы удовлетворить их, людям приходится раз за разом рождаться в этом мире — до тех пор, пока они не усвоят главный урок бытия: только Бог может удовлетворить желание человека быть счастливым.

Реинкарнация также необходима для исполнения божественного закона причины и следствия — кармы. Семена хороших и плохих деяний человека непременно взойдут в этой или одной из следующих жизней. Об этом говорил апостол Павел в послании к Галатам (6:7): «Не обманывайтесь: Бог поругаем не бывает. Что посеет человек, то и пожнет».

Дайю Мату встречают в Главном управлении YSS. Ранчи, Индия, 1967 год

«Если, проходя через все жизненные испытания, мы будем удерживать в голове мысль о Боге, мы вновь осознаем себя и каждого, кто нас окружает, частичкой Бесконечного Целого».

информации также оказывают большое влияние. К какой бы группе общества вы ни относились, смотря телевизор, вы можете попасть под влияние любой другой группы, а «компания сильнее силы воли», как говорил наш *парамгуру*[3], Свами Шри Юктешвар.

Не забывайте и про всеобщую атмосферу вседозволенности, которая царит в нашем обществе, и снижение духовно-нравственных стандартов, что видно по нашей прессе и индустрии развлечений. Все, что питает низшие инстинкты в человеке, неизбежно пробуждает в нем грубые животные качества. Но давайте отставим общие соображения и подробнее остановимся на основных истинах, касающихся отношений между родителями и детьми.

Нам не следует винить только подростков за все сложные ситуации, с которыми они сталкиваются сегодня. Мы должны обратить свой взор на родителей и родителей их родителей. Прежде всего, зачастую сами родители — недисциплинированные люди, которые не могут быть хорошим примером для своих детей. Я не имею в виду, что родители должны быть ханжами. Они должны проявлять понимание, а в нужное время и твердость, избегая при этом суровой дисциплины, продиктованной их эмоциями.

---

[3] Гуру чьего-либо гуру.

Если родитель будет стараться понять своих детей, ему не нужно будет принимать позицию «Я твой отец (твоя мать), и ты должен меня слушаться». С детьми это не пройдет.

Родитель должен не только любить своего ребенка, но и научиться быть ему другом. И такие отношения должны закладываться в раннем возрасте. Если с самого начала родители не устанавливают тесную связь со своими детьми, между ними не будет хороших взаимоотношений, когда те вырастут.

Детей нельзя забрасывать подарками в попытке удовлетворить все их желания. Они должны заработать желаемое, чтобы знать ему цену. Если они не научатся этому дома, рано или поздно их этому научит жизнь — и, возможно, в не самых благоприятных обстоятельствах. В детях нужно развивать чувство ответственности за свои желания.

В некоторых семьях мать готовит, моет посуду, делает всю домашнюю работу, а у детей нет обязанностей — что неправильно. Это должно быть в порядке вещей, когда дети исполняют маленькие обязанности согласно их возрасту и умению. В каждом ребенке следует развивать чувство ответственности и самоуважения как полноправного и трудоспособного члена семьи.

Очень важно, чтобы родители понимали точку

зрения ребенка и старались смотреть на мир его глазами. Тогда родители смогут помочь ребенку смотреть на вещи под правильным углом. И никогда — никогда! — родитель не должен ругать или шлепать ребенка в порыве ярости или на эмоциях. Ребенок не будет реагировать на такое воспитание. Он будет уважать родителя, который относится к нему мудро, с любовью, с пониманием.

Прежде чем установить рамки дозволенного для своего ребенка, родители должны тщательно обдумать свое решение. Тогда, если они скажут «нет», их слово будет иметь вес. Ребенок не должен думать, что вскоре его родители забудут о своих словах, и он вновь сможет делать то, что ему заблагорассудится. Дети умнее, чем вы думаете. Нельзя давать им повод полагать, что, если они выждут удобный момент, один из родителей сжалится и ослабит свое требование к послушанию. Ребенок достаточно умен и знает, что может сойти ему с рук. Такова человеческая природа.

Успешный родитель первым делом размышляет: «Будет ли то, что я ему сейчас скажу, моим собственным мнением и проявлением властности или же правильным решением, основанным на благоразумии и справедливости?» Объявив ребенку свое решение после таких раздумий, он должен заставить его подчиниться. Ребенок отнесется к этому решению с уважением, если увидит, что оно вынесено справедливо и с пониманием. А его любовь и уважение вызовут в нем желание доставлять своим родителям удовольствие.

В наши дни во многих детях живет дух неповиновения, так как их не учат уважать родительскую волю и права других людей. Сколько родителей еще несколько лет назад верили в то, что ребенок — это маленький взрослый, которому нужно дать полную свободу самовыражения... Боже мой! Для чего же тогда Господь создавал родителей? Если бы Он не хотел давать ребенку материнское и отцовское руководство, родители бы несли яйца и, дождавшись, когда дети вылупятся, уходили бы прочь, предоставляя детей самим себе, как это делают черепахи. Но Бог хочет, чтобы родители брали на себя ответственность за своих отпрысков и их развитие. Семейные пары, принесшие в этот мир ребенка, не имеют права пренебрегать своими обязанностями.

Я считаю, что ребенка нужно воодушевлять на посещение воскресной школы, при этом ни к чему его не обязывая. Пытаться навязать ребенку какие-то конкретные верования неправильно. Прежде у него должен проявиться интерес к духовным вещам. Эта склонность разовьется, если с раннего возраста в нем поощряются духовные настроения:

любовь к Богу, вера в Бога и чувство родства с Ним. Парамахансаджи учил, что родители и дети должны регулярно отводить время на совместную молитву и медитацию. Таким образом родительский пример вдохновит ребенка на установление личных отношений с Богом. Но семейные собрания для молитвы и медитации не должны быть слишком долгими, поскольку дети непоседливы и не способны управлять своим умом. Им трудно усидеть на одном месте в течение долгого времени. Было бы прекрасно читать или рассказывать им истории, развивающие чувство нравственности, укрепляющие веру и обучающие правильному поведению и любви к Богу. Таков идеал воспитания в Индии. Самые ранние наставления, которые там получает чувствительный и восприимчивый ум ребенка, — это благородные и вдохновляющие истории из священных писаний.

Воспитывайте детей так, чтобы у них не складывалось впечатление, что Бог их накажет, если они сделают что-то неправильно. Они должны научиться любить Бога, а не бояться Его, и поступать правильно из любви к Нему. Их также следует ознакомить с азами кармического закона: «Что вы посеете, мои хорошие, то и пожнете. Если вы будете говорить неправду, другие люди будут поступать с вами нечестно и не будут доверять вам. Если вы что-то украдете или отберете, у вас также что-то украдут или отберут. Но если вы бескорыстны, другие будут щедры по отношению к вам. Если вы будете относиться ко всем с любовью, все будут любить вас».

Это родительская обязанность — развивать мышление детей и раскрывать их сердца, формировать правильное отношение к жизни, к своим эмоциональным проблемам и — когда они станут постарше — к сексу. Пока они этому учатся, у них должно быть чувство, что родители всегда будут любить и понимать их, что бы они ни натворили. Ребенок не должен чувствовать, что ему придется идти к кому-то за пониманием, которого он не находит в своих родителях.

Мудрый родитель никогда не будет поражен, переполнен эмоциями, смятен или шокирован тем, что ребенок ему расскажет. Надо вести себя так, чтобы ребенок помнил: «Я могу прийти к отцу и к матери с любой проблемой, потому что знаю, что они всегда меня поймут».

Как-то ко мне пришел один юноша и сказал: «Мне не удается поговорить ни с матерью, ни с отцом. Всякий раз, когда я пытаюсь обсудить с ними свои проблемы — а они у меня серьезные, — мои родители либо не хотят слушать, либо ругают меня, либо ставят ультиматум. Они не дают мне возможности высказаться, поэтому я решил молчать. Я с ними не говорю. Они не знают, о чем я думаю и какие у меня проблемы. Они или слишком заняты, или не хотят слышать об этом, или им не хватает на меня терпения».

Это одна из самых больших ошибок родителей: они не уделяют время тому, чтобы понять проблемы и интересы своих детей. Вместо этого они рассуждают так: «Неужели ему недостаточно того, что я обеспечиваю его жильем и хорошей одеждой, даю ему свою машину по субботам, разрешаю проводить время с приятелями, а также даю ему все, что он пожелает, включая ежегодные путешествия?» Нет, этого недостаточно. Все эти вещи не могут заменить понимания и дружеского общения.

Каждому родителю хочется, чтобы однажды его ребенок сказал: «Я благодарен своим родителям. Они были строги со мной, но я всегда знал, что они меня любят и к ним можно прийти с любым вопросом, получив от них понимание, руководство и терпение». Но для того чтобы стать такой матерью или таким отцом, родитель должен быть готов к самодисциплине. Он должен стать примером для своих детей — в физическом, нравственном, интеллектуальном и духовном плане. Он должен взращивать в себе мудрость, терпение и понимание, а также полностью контролировать себя при общении с ребенком. Таким образом он сможет исполнить ту духовную обязанность, которую он на себя взял, явив дитя на этот свет.

Духовное значение человеческих отношений

Бог создал человеческие отношения с единственной целью: чтобы мы учились друг у друга. Каждый человек в каком-то смысле является нашим «гуру», нашим учителем. Дети учат и дисциплинируют нас: нам приходится учиться безграничному терпению, нам приходится учиться преодолевать себя и выходить за рамки своего эгоизма, чтобы помогать им строить судьбу. Мы, в свою очередь, являемся их «гуру», поскольку это наша обязанность — воспитывать, обучать и подготавливать детей к самостоятельной жизни.

Эти взаимоотношения способствуют расширению нашей любви и ее очищению. Я считаю, что в конечном итоге людей меняет только любовь. Если вы общаетесь с ребенком, мужем или любым другим человеком, проявляя в своем сознании любовь и бесконечное понимание, тогда, что бы они ни говорили и ни делали, как бы больно они вас ни ранили, в конце концов вы непременно победите. Но вы должны иметь терпение, чтобы совершать новые попытки.

Воплотите в себе те качества, которые вы желаете

видеть в других. Искусство жить — великая вещь. Парамахансаджи рассказывал нам: «Когда я пришел к моему гуру, Свами Шри Юктешвару, он сказал мне: „Научись вести себя правильно"». В той же степени это относится и к вам: вы должны научиться вести себя правильно. В этом и заключается смысл религии как науки. Когда вы научитесь вести себя правильно, вы познаете Бога, потому что в каждый момент своей жизни вы будете знать, что вы душа, а не смертное тело и ум. Душа постоянно впитывает в себя божественный нектар Божьего присутствия. Вы не смертное существо — вы существо божественное, поэтому учитесь вести себя соответствующим образом.

Этого можно добиться, только если превратить религию в ежедневное практическое занятие, как этому учит Self-Realization Fellowship. Религия существует не для того, чтобы вспоминать о ней по воскресеньям, а в остальные дни недели отодвигать на задний план. Наш Гуру говорил: «Меня не интересуют рядовые прихожане. Если бы я захотел, у меня было бы тысячи таких по всему миру. Я пришел для того, чтобы выбрать из толпы искателей те души, которые глубоко и искренне хотят познать Бога». Он не имел в виду, что каждый должен стать монахом. Он говорил: «Превратите свое сердце в уединенную обитель, куда вы можете молча удаляться для поклонения Богу». В этой уединенной обители поставьте Бога на первое место.

Как же это прекрасно, когда Он становится Возлюбленным вашей души, Другом вашей души, Отцом, Матерью, Союзником и Гуру-наставником вашей души! Жизнь становится вознаграждением, а ваши отношения с окружающими — радостным переживанием. И вы любите своих детей, мужа и жену более совершенной, Божественной любовью, и проявляете больше понимания и сострадания по отношению к ним. Господь укрепляет связь между людьми, между человеческими сердцами и освобождает все земные отношения от рабства эгоистических привязанностей, которые склонны ограничивать и подавлять любовь. Ничто так не подавляет любовь, как чувство собственности. «Поскольку ты мой, ты должен это делать, и я имею право так обращаться с тобой». Такой подход зачастую наносит смертельный удар по человеческим отношениям.

Я думаю, что нам нужен закон, обязывающий тех, кто собирается вступить в брак и завести детей, ходить в специальную школу, где бы они учились искусству вести себя правильно. Когда индивидуум подготовлен духовно и психологически, а также располагает знаниями о природе человека и умении ладить с окружающими, тогда появляется потенциал для создания счастливой, гармоничной и духовной семейной жизни. В таких светлых взаимоотношениях душа расцветает.

Отношения рушатся, когда люди перестают уважать друг друга: когда муж перестает уважать жену, жена — мужа, дети — родителей и наоборот. Человеческие отношения изживают себя, когда в них нет элемента дружбы. Без дружбы любовь между мужем и женой, а также родителями и детьми вскоре умирает. Дружба дает человеку личную свободу для выражения себя и своей неповторимой индивидуальности.

Если между двумя душами есть полное взаимопонимание и общение, значит, это настоящая дружба и настоящая любовь. Если люди умеют сохранять дружбу и уважение в своих супружеских, родительских и других взаимоотношениях, они никогда не будут оказывать друг на друга давления и тем самым ранить себя.

Вы можете сказать: «Да, было бы идеально, если бы мой муж (жена, ребенок) был таким!» Но почему бы вам не начать с себя? Делайте все, что в ваших силах, а в остальном положитесь на Бога.

Выход всегда только один: начинать нужно с себя.

Чему мы можем научиться у других

*Главный международный центр SRF,
Лос-Анджелес, Калифорния,
4 декабря 1964 года*

Самое полезное, что мы можем сделать для других на духовном плане, — это самим стать поистине понимающими, добрыми и любящими. Наилучший способ изменить окружающих — изменить в первую очередь себя. Когда мы становимся более спокойными, уравновешенными и любящими, это автоматически передается другим.

Есть много способов духовно измениться, и самый эффективный из них — медитация. Человек должен стремиться установить личные отношения с Богом, чтобы в его сознании Бог был не просто словом или некой Сущностью, живущей где-то далеко, но ощутимой реальностью, исполненной любви. В этих отношениях духовный искатель живет с чувством защищенности и ощущает такой покой, такую радость и такую любовь, что его реакция на все происходящее исходит из внутреннего состояния удовлетворенности.

Мы реагируем на людей положительно или отрицательно в зависимости от исходящих от них вибраций. Но нас не должна удовлетворять эта человеческая реакция: на земле мы находимся для того, чтобы осознать, что мы души, сотворенные по Божьему образу и подобию.

Нам легко проявлять в себе все самое лучшее, когда мы встречаем человека, к которому непроизвольно чувствуем доверие. При этом нужно помнить о недопустимости фамильярности, ибо она ведет к потере уважения. Когда мы находимся в кругу тех, кого мы любим и кто любит нас, мы никогда не должны хитрить и злоупотреблять их доверием. Для того чтобы любовь стала прочной и долговечной, она должна сопровождаться уважением. Без уважения настоящая любовь постепенно угаснет. Уважать — значит помнить, что человек — это душа, сотворенная по образу Божьему.

Но что делать, когда мы оказываемся в компании тех, кого не воспринимаем положительно? Допустим, кто-то обижен или сердится на вас. Если вы обладаете самодисциплиной, уравновешенностью и проницательностью, вы не будете подливать масла в огонь. Вы не будете терять самообладание и внутреннее спокойствие только потому, что их потерял кто-то другой. Мне вспомнился один случай, произошедший со мной здесь, в Центре «Маунт-Вашингтон», когда я еще только начинала обучаться у нашего гуру Парамахансы Йогананды.

В те годы мебель в наших комнатах была более чем скромной: ящики из-под апельсинов (в них мы хранили одежду), твердая деревянная кровать (впрочем, такие же у нас и сейчас), голые половицы, простенький стул и больше ничего. Одна женщина, которая уже какое-то время у нас жила, взялась обновить мебель в комнатах учениц — во всех, кроме моей. Меня это не задело. В конце концов, я пришла сюда не за материальными удобствами: они у меня уже были, когда я жила в миру. Но для Гуруджи это исключение не прошло незамеченным, ведь он тут же реагировал на любую несправедливость. Гурудэва никогда не говорил плохо о людях, но, дабы я поняла, что происходит, он сказал: «Она тебе просто завидует».

Парамахансаджи учил нас, как надо вести себя с теми, кто нас не любит: «Как бы они с вами ни обращались, продолжайте их любить». И я практиковала это при любом удобном случае. Я заняла такую позицию: в этом мире мне не нужно ничего, кроме Бога и моего Гуру. Следовательно, эта женщина не может меня ранить. Поскольку мне от нее ничего не было нужно, ее поведение не противоречило ни одному моему желанию. Все, в чем я нуждалась, я получала от моего возлюбленного Бога и моего Гуру. И всякий раз, когда я медитировала, я мысленно окружала эту женщину любовью и духовным светом.

Прошло какое-то время, и однажды она почувствовала себя одинокой. Те, кого она когда-то превозносила, обнаружили, что с ней очень трудно ладить, и отстранились от нее. В один их тех дней мы с ней случайно встретились в холле. Она со мной заговорила, и я сказала ей что-то утешающее. Позже она захотела встретиться, чтобы поговорить. В разговоре она излила мне свою душу. А напоследок сказала: «Когда ты сюда пришла, я тебя невзлюбила за то, что во мне не было того духовного энтузиазма, что был в тебе. Но, несмотря на то, что я была недобра к тебе, ты одарила меня пониманием и истинной дружбой». Когда она это сказала, я поняла, как сильно люди меняются, если мы несмотря ни на что продолжаем дарить им любовь. В своей жизни я наблюдала это еще много-много раз.

Будьте уравновешенны

Пусть вас не беспокоит, как с вами обращаются окружающие, — вас должно беспокоить только то, как вы сами себя ведете. Этому идеалу учили Христос, Парамаханса Йогананда и все великие святые. В любой жизненной ситуации мы должны быть уравновешенны, и неважно, общаемся мы с теми, кто нас любит, или же с теми, кто к нам недобр. Именно это подразумевал Господь Кришна, когда восхвалял уравновешенность как основополагающую добродетель: «О Арджуна! Тот человек, которого это (соприкосновение чувств с объектами) не может поколебать, кто спокоен как в страдании, так и в наслаждении, — только тот достоин бессмертия»[1]. Он не говорил: «Будь уравновешенным, когда люди к тебе добры и любят тебя». Это легкая задача. Он учил, что мы должны оставаться уравновешенными в любых обстоятельствах. Практикуя это, вы добьетесь положительных результатов.

Гурудэва был подобен безупречно чистому зеркалу, на котором нет ни единого пятнышка. Любой, кто стоял перед этим зеркалом, видел себя таким, какой он есть, — без всяких искажений и надуманных качеств. Он видел свое маленькое «я», свое эго, в поразительных деталях. Парамахансаджи знал слабости каждого из нас. И он не уклонялся от обязанности

---

[1] Бхагавад-Гита II:15 (Перевод Парамахансы Йогананды из книги «Бхагавадгита: Беседы Бога с Арджуной»).

воспитывать своих учеников! Не то чтобы эта обязанность приносила ему удовольствие; помню, однажды он мне сказал: «Мне не нравится дисциплинировать. В следующей жизни я не буду никого дисциплинировать. Но это обязанность гуру — выявлять недостатки в тех, кто ищет его духовной помощи, и, ради их же исцеления, вскрывать скальпелем интуитивной мудрости их психологические фурункулы».

Таким же образом действует и самодисциплина. Она учит нас использовать проницательность — умение делать то, что следует и когда следует. Однако мы не можем избавиться от своих слабостей, если мы о них даже не знаем. А когда мы о них знаем, мы зачастую не желаем преодолевать их. Но когда наше желание улучшить себя становится глубоко искренним, Бог приводит нас к божественному другу — такому, как наш Гуру, — который указывает нам на наши недостатки и помогает их исправить. Наше ежедневное общение с другими людьми также может пролить свет на наши недостатки. Вы сможете распознать свои нежелательные черты, если станете анализировать свою реакцию на других людей и на их поведение.

Каждый человек сам притягивает к себе свою текущую обстановку, включая людей, которые его окружают. Тот опыт, который он приобретает в результате этого общения, существенно необходим для его духовного роста. Если богоискатель будет реагировать на окружающих его людей и обстоятельства позитивно, он извлечет полезные для себя уроки, а если негативно — причинит себе вред. Выбор всегда за нами, потому что нам дана свобода воли. А в высшем смысле, мы оказались там, где сейчас находимся, по Божьей воле, которая проявляется в исполнении Его космических законов в ответ на наши собственные действия.

Вы должны понять, чего ожидает от вас Господь

Чтобы усвоить ценные уроки в жизни, необходимо стремиться понять, чего ожидает от вас Господь в каждой конкретной ситуации. Если ваша окружающая среда такова, что вы постоянно раздражены, теряете над собой контроль и реагируете желанием отплатить, отомстить и нанести вред, это означает, что вы еще не выучили урок, который вам преподносит такая обстановка. Посредством самодисциплины вы должны развить в себе такой самоконтроль, при котором вы всегда будете оставаться уравновешенным. Это не так трудно сделать, если вы будете больше полагаться на Бога. Только когда вы окрепнете духовно и вас уже не будут выводить из равновесия люди или события, вы сможете дарить другим любовь и понимание, — не раньше.

Гуруджи говорил: «Если вы вспыльчивы, прикусите язык и удалитесь от человека или обстоятельства, вызвавшего у вас потерю самообладания, и не возвращайтесь, пока не успокоитесь». Когда человек выходит из себя, он ничего этим не добивается. Я постоянно убеждаюсь в том, что с помощью благоразумия, доброты и понимания я могу достучаться до каждого. Было время, когда я содрогалась от резких слов и вспыльчивости людей. Заметив эту чувствительность, Гуруджи стал намеренно отпускать колкие замечания в мой адрес. Я сильно обижалась на это, ведь я так уважала моего Гуру и то, что он говорит. Помню, я его спросила: «Мастер, зачем вы это делаете?» Он объяснил: «Потому что ты слишком чувствительна к словам и поведению других людей. Это не значит, что ты должна быть грубой, но ты должна быть сильной. Всякий раз, когда кто-то говорит тебе что-то неприятное, ты отступаешь, уходишь в себя — а это слабость». Он воспитывал меня точно так же, как его воспитывал его гуру. Гурудэва всегда был прав. Он видел, что я не нуждалась в мягкости — я и так всегда была мягкой. Он старался укрепить во мне духовный стержень, неодолимую внутреннюю силу.

Как-то раз, несколькими годами позже, он резко отчитал меня перед группой учеников. Меня это совсем не задело. Когда я вышла из комнаты, чтобы выполнить его поручение, он повернулся к остальным ученикам и сказал: «Видели, как она среагировала? И вот так уже несколько лет. Что и каким бы тоном я ни сказал, она всегда сохраняет равновесие ума. Все вы можете у нее поучиться». Когда мне рассказали об этом через несколько лет, мою душу переполнила огромная радость и благодарность. Для меня не было слов важнее этих, ведь тогда я всеми силами старалась сохранять равновесие ума в любых обстоятельствах. Как велик наш Гуру! Когда я думаю о том, что он для меня сделал, все мое существо наполняется любовью и благодарностью.

Я увидела, что, благодаря его строгому обучению, мне стало легче оставаться внутренне неуязвимой. Вы проходите через подобное обучение каждый день. Люди и события повседневной жизни преподают вам эти уроки, хотя вы этого и не осознаете. Каждое жизненное переживание — благоприятная возможность для внутреннего роста. Однако вы часто реагируете на подобные переживания негативно.

Все те, кто хочет добиться успеха на духовном пути, должны подстегнуть себя и подняться на уровень выше среднего. Если вы этого не сделаете, вы не будете расти. Если вы сердитесь, жаждете мести, критикуете окружающих; если вы ищете недостатки в других, а себя при этом оправдываете, — вы находитесь в духовном застое. Наш долг — исправить себя.

Укрепитесь в Единственном Неизменном

Неважно, что люди говорят о нас или делают нам, если в результате мы извлекаем из нашего опыта положительный урок. Все мы родились в этом мире для того, чтобы познать себя как душу. Но как мы можем познать свое истинное «Я», если мы еще не обрели контроль над своим маленьким «я», своей плотью и своим эмоциональным, капризным и неуравновешенным умом? Достичь этого можно путем самодисциплины, глубокой медитации и преданной любви к Богу. Он должен стать Путеводной Звездой нашей жизни, и наш ум должен быть устремлен к этой единственной Цели. Сознание человека всегда к чему-то устремлено. Это может быть секс, деньги или собственность. Человек должен быть на чем-то сосредоточен, будь это объект, чувство или душа. Выбор за нами. И что же мы выберем? Каждый должен укрепиться в Единственном Неизменном. Такова мудрость, которой учит Господь Кришна в Бхагавад-Гите. Укрепитесь в Боге, и вы легко справитесь с любыми жизненными проблемами.

Почему так важно любить Бога

*Ежегодное собрание членов общества Yogoda Satsanga Society of India, Калькутта,
25 сентября 1961 года*

Дорогие друзья! Мне хотелось бы сказать несколько слов о самом важном компоненте жизни, который так много значит для меня. Я буду говорить о божественной любви, любви к Богу. Все в этом мире ищут любви; каждое сердце жаждет ее. Все ее формы — любовь между членами семьи, любовь между друзьями, между супругами, между влюбленными — исходят из одного источника — Бога. Любовь, которую мы получаем во всех формах человеческих отношений, — это проявление Единой Любви, которая есть Бог.

Вот почему мы должны искать Бога. Все мы жаждем радости и любви, которые в их чистейшем проявлении можно найти только в Боге. Но прежде мы начинаем искать их в миру. И только пройдя через многочисленные испытания жизни, испив чашу страданий и убедившись, что наши мечты лопаются как мыльные пузыри, мы начинаем постепенно тянуться к Нему. Затем мы начинаем искать Его.

Почему так важно любить Бога

В моих отношениях с Богом мне нравится думать о Нем как о Божественной Матери[1]. Отцовская любовь часто руководствуется холодным рассудком, а также принимает в расчет заслуги ребенка. Но материнская любовь безусловна, и, когда речь заходит о ее ребенке, мать становится олицетворением любви, сострадания и прощения. Бога Отца мы воспринимаем как Всемогущего Законодателя и Судью. Но к материнскому аспекту Бога мы можем обратиться как дитя, зная, что мать всегда будет любить нас, вне зависимости от наших заслуг.

Многие люди приходят ко мне с одинаковыми вопросами: «Как нам добиться ответа от Бога? Как нам обрести покой?» Рядового человека так волнуют его проблемы и обязанности, что он не знает внутреннего покоя. Его ум постоянно занят работой и поиском материальных удовольствий; у него нет времени для Господа. Но человек не сможет найти ни Бога, ни покоя, пока не научится обращать свой ум к Нему в глубокой медитации.

Научные техники медитации, такие как

---

[1] Индуистские писания учат, что Бог имманентен и в то же время трансцендентен; Он Существо и личное, и безличное. Он может восприниматься как Абсолют или как одно из Его непреходящих качеств, таких как любовь, мудрость, блаженство, свет; или как *ишта* (божество); или как Небесный Отец, Божественная Мать, Божественный Друг.

Крийя-йога Лахири Махасайи[2], фокусируют и успокаивают ум, и он уподобляется спокойным водам прозрачного озера, в котором можно разглядеть лунное отражение Бога. В состоянии этого абсолютного покоя медитирующий забывает о своем иллюзорном отождествлении с телом и умом и осознает, что он — бессмертное высшее «Я», сотворенное по образу и подобию Бога. И чем чаще он испытывает это состояние великого покоя и блаженства, тем дольше он хочет в нем пребывать. По мере углубления своей медитации он находит внутри себя бездонное море покоя, блаженства и божественной любви.

Уделяйте время Богу

Каждый день Бог дарует нам двадцать четыре часа, и внушительную часть этого времени мы

---

[2] Именно ему Махаватар Бабаджи передал священное знание *Крийя-йоги*, предписав ему обучать этой божественной науке духовных искателей. Когда Парамаханса Йоганандаджи был еще младенцем, Лахири Махасайя благословил его и посадил к себе на колени, сказав его матери: «Маленькая мать, твой сын станет йогом. Подобно духовному паровозу, он перевезет множество душ в царство Божие». Предсказание сбылось, когда Махаватар Бабаджи выбрал Парамахансу Йогананду для распространения *Крийя-йоги* на Западе и по всему миру, поручив просветленному ученику Лахири Махасайи, Свами Шри Юктешвару, духовно подготовить Йоганандаджи для этой миссии. Эти четыре великих аватара составляют линию Гуру-наставников общества Self-Realization Fellowship/Yogoda Satsanga Society of India.

тратим попусту. Почему бы нам не уделять какое-то время Богу? Мы оправдываем себя тем, что очень заняты своими заботами и обязанностями и у нас нет времени на медитацию. А что, если Бог скажет, что у Него нет времени на нас? Тогда в один момент все наши так называемые важные дела будут отменены.

Бога легко найти, если мы ищем Его с помощью *бхакти*, преданной любви. Чем бы мы ни были заняты, наш ум не должен отстраняться от Бога. Непрестанно говорите с Ним на языке своего сердца. Помните: это Его любовь приходит к нам через все человеческие формы. Так давайте же уделять Богу столько же внимания, сколько влюбленный уделяет своей возлюбленной, постоянно думая о ней, чем бы он ни занимался.

Удерживайте свой ум на Божественной Путеводной Звезде, и, когда приходят трудности, припадайте к стопам Господа. Молитесь Ему: «Даруй мне мудрость, чтобы я узрел этот мир как космический спектакль, в котором я играю лишь временную роль. О Возлюбленный Господь, покажи мне, как я могу укрепиться в Твоем неизменном сознании, пока я прохожу через все радости и печали этой жизни». Гуруджи писал:

И в бдении, во сне, за трапезой и за работой,

Служа, мечтая, медитируя, исполняя гимны, божественно любя,

Моя душа без устали поет безмолвно:
«Боже! Боже! Боже!»

Вот так любит по-настоящему влюбленный человек. Всегда будьте погружены в мысль о Боге, говоря Ему: «Мой любимый! Мой родной!» И в этом состоянии сознания выполняйте все свои дела и обязанности.

Как одухотворить свою жизнь

*Главный международный центр SRF,
Лос-Анджелес, Калифорния,
2 мая 1963 года*

Придерживаясь четырех духовных принципов, богоискатель сможет преодолеть любые трудности, возникающие в его *садхане*[1] и в повседневной жизни.

Во-первых, необходима вера в Бога. В любом испытании уповайте на нее; она развивается, когда вы делаете Бога путеводной звездой своей жизни. Молитесь в медитации, а также всякий раз, когда думаете о своей проблеме: «Господи! Ты *есть*. Я знаю, что Ты поможешь мне пройти через это испытание». Бог знает о ваших нуждах, и для Него нет ничего невозможного. Вера — связующее звено между вашей потребностью и Его всемогуществом.

Во-вторых, в своих попытках разрешить проблему вы должны глубоко медитировать и испрашивать помощи и руководства у Бога. Он хочет вам

---

[1] Путь духовной дисциплины.

помочь, и, когда вы станете восприимчивым, Он будет вести вас.

Третье: вручите себя Богу с мыслью: «Господи, да будет воля Твоя». Подчинение Божьей воле абсолютно необходимо на духовном пути. Через что бы вы ни проходили, будь то проблемы со здоровьем или на работе, или что-то еще, молитесь, чтобы свершилась Божья воля, потому что Его воля ведома мудростью. Нам часто кажется, что без осуществления какого-то определенного желания мы не будем счастливы, и мы просим Бога помочь нам в его осуществлении; но такой подход свидетельствует о том, что мы все еще не смотрим на жизнь глазами мудрости. Мы должны позволить Богу направлять нас: это всегда будет приносить нам высшее благо. Испросив Божьего водительства в молитве, мы, со своей стороны, должны сделать все возможное для достижения положительного результата. Но при этом мы должны показать Богу, что примем Его волю во всем.

Наконец, последний из духовных принципов: расслабьтесь и не думайте о своей проблеме. Вручите ее Богу. Сделав все, что в ваших силах, перестаньте о ней беспокоиться. Вы можете так изнурить себя работой и беспокойством, что потеряете сон. Но каким спокойным становится ум, когда мы перекладываем свою ношу на плечи Бога!

Эти четыре правила помогут вам поддерживать внутренний покой и углубить отношения с Богом. Они также научат вас освобождать свой ум от всего, что вызывает беспокойство и не дает вам глубоко медитировать.

Погружайтесь умом в медитацию

Когда вы садитесь медитировать, забывайте обо всем остальном. Натренируйте себя так, чтобы во время медитации ничто не могло вас отвлечь. Умение глубоко концентрироваться приходит с регулярной практикой. В наших духовных общинах никто не может уклониться от ежедневных медитаций, регулярная практика — это железное правило. Если богоискатель не выполняет это простое требование, он не сможет развить самодисциплину, необходимую для достижения Божественной Цели.

Занимаясь повседневными обязанностями, следите за тем, чтобы вас не поглотило беспокойство мирской жизни. Мысленно повторяйте имя Господа. Стремитесь к тому, чтобы ваш ум постоянно думал о Боге. Такую духовную практику Парамахансаджи называл одухотворением мышления. Чтобы его достичь, нужно управлять своими мыслями. Например, когда у вас выдается свободная минутка, нет смысла занимать свой ум негативными мыслями. Почему бы в это время не думать о Боге и мысленно не говорить с Ним? Его присутствие приносит покой, и это так прекрасно! Сформировав такую привычку, вы уже не захотите выходить из этого состояния.

Одухотворяя свое мышление, человек постепенно одухотворяет свои действия, и любое его занятие становится своего рода медитацией. Вся жизнь человека должна быть непрерывным духовным переживанием.

Учитесь черпать силы из Высшего Источника

Материалист всегда думает о деньгах, собственности, семье, своих интересах и обязанностях, и все это сопровождается тревогами и волнениями. Духовный человек может иметь те же самые обязанности, но он их выполняет в возвышенном состоянии сознания. Одухотворяя свое мышление, он учится черпать силы из Высшего Источника. Со временем его ум укрепляется в состоянии осознания Бога, и, что бы он ни делал, куда бы ни ходил, с кем бы ни общался, это осознание уже не покидает его. Христос много раз общался с «мытарями и грешниками», чтобы помочь им, но их мысли и поступки не заземляли его сознания. Словно божественный лебедь, он плыл по водам материальной жизни, оставаясь неприкосновенным. Именно этому нас учил Гурудэва. Где бы вы ни были, внутренне всегда удерживайте ум на своей путеводной звезде — Боге.

Повседневные проблемы дают нам возможность практиковать невозмутимость. Мы должны приветствовать их, вместо того чтобы противиться им, раздражаться, расстраиваться и думать, что мы не продвигаемся духовно. Помните: очень часто богоискатель совершает рывок в своем развитии именно тогда, когда перед ним встают огромные проблемы, вынуждающие его до предела напрягать духовные мышцы внутренней силы, мужества и позитивного мышления, чтобы преодолеть атаки негатива, зла и жестокости. Когда все в нашей жизни идет гладко, мы зачастую не растем духовно. Вполне естественно, что нам дороги те дни, когда все идет как нельзя лучше. Но я много раз молилась Божественной Матери[2], чтобы Она послала мне испытания, потому что я хотела, чтобы моя любовь к Ней была безусловной. Я удовлетворена лишь тогда, когда дарю Ей совершенную любовь. Настоящий богоискатель никогда не пытается убежать от трудностей. Духовный адепт может быть

---

[2] Личный аспект Бога, олицетворяющий материнскую любовь и сострадание. См. стр. 91.

несовершенным во многих отношениях, но при этом он стремится усовершенствовать свою любовь к Богу.

Не обращайте внимания на трудности, которые встают на вашем духовном пути: они — ничто по сравнению с тем внутренним покоем, который вы найдете в медитации, когда забудете о своем теле и об этом мире. Это несравненное чувство удовлетворения, радости и совершенства божественной любви. Бог хочет, чтобы вы испытали это чувство. Каждый, кто приложит усилие, сможет осознать неземное совершенство Божьей любви. Те, кто ее испытывает, не являются Божьими избранниками — они прилагали усилия (которые должны приложить и вы), чтобы полюбить Бога и познать Его.

Вы делаете такое усилие, когда удерживаете свой ум сфокусированным на Боге. Сталкиваясь с проблемами повседневной жизни, мысленно молитесь: «О Господь, пусть море темно и звезды ушли, но милость Твоя освещает мой путь[3]. Делай со мной и моей жизнью все, что пожелаешь. Я знаю только одно: я люблю Тебя. Помоги мне усовершенствовать мою любовь к Тебе и сделать ее еще слаще». Это принесет вам

---

[3] Отрывок из духовного песнопения "Polestar of My Life" (рус. «Моя путеводная звезда»), полный текст которого приведен в книге Парамахансы Йогананды *Cosmic Chants*.

невероятную свободу и радость. Каждый человек может иметь такие взаимоотношения с Богом.

Не удовлетворяйтесь малым — жаждите любви вашего Небесного Возлюбленного, и только ее. Его любовь всепоглощающа, она утоляет все желания. Свобода души приходит тогда, когда вы начинаете осознавать себя как душу и обручаетесь с Единым Возлюбленным всего космоса — с Богом.

Ценность сбалансированной жизни

Когда вы одухотворяете свое мышление, ваш ум всегда погружен в возвышенные мысли. Но это не значит, что вы витаете в облаках и пренебрегаете своими обязанностями. Методы Гурудэвы предупреждают такое умонастроение! Я так благодарна ему за садхану, которую он нам дал и которую можно практиковать как в миру, так и в ашрамах и ретритах. Если бы все мы устремились в горы в надежде найти там Бога, нас бы ожидало огромное разочарование! Большинство искателей не имеют духовной силы для такой жизни. Единый с Богом гуру знает, какое обучение требуется каждому ученику, и он посылает его в ту среду, которая наилучшим образом способствует его духовному развитию.

Подумайте о великих святых, таких как Тереза

Авильская. Она была очень практичной и, несмотря на серьезные препятствия, основала множество монастырей. При этом она всегда была охвачена любовью к Богу, она всегда была погружена в Его любовь. А теперь подумайте о непонимании людей и трудностях, с которыми пришлось столкнуться святой Бернадетте. История последних минут ее жизни служит мне божественным вдохновением. Несмотря на предсмертные муки, она ощутила Божье Присутствие и приподнялась над своей постелью, истово шепча: «Я люблю Тебя, я люблю Тебя, я люблю Тебя». Вот что я называю совершенством. Таких отношений с Богом я желаю всем. Этого можно добиться, одухотворив свое мышление посредством методов, которые я обозначила ранее: веры в Бога, ежедневной глубокой молитвы и медитации на Бога, подчинения Божьей воле и вручения Богу своих проблем. Какая замечательная философия, не правда ли? Таков высший жизненный путь.

После медитации старайтесь удерживать в себе состояние покоя, обретенное во время практики. Внутренний покой — это первое доказательство Божьего присутствия. Очень важно сохранять в уме это состояние покоя, чтобы думать о Боге во время выполнения мирских дел. Работая, отдыхая и делая физические упражнения, как можно дольше думайте о том внутреннем ощущении Бога, которое вы пережили в медитации. Чем чаще вы будете так делать, тем естественнее будет становиться для вас это состояние. В действительности, именно в этом естественном состоянии вы должны жить, двигаться и развиваться в Боге. Но чтобы это *осознать*, нужно стремиться удерживать в себе ощущение покоя и радости, пережитое в медитации.

Гурудэва нам говорил: «Не отпускайте эту мысль, не теряйте ее. Отдыхайте с этой мыслью, работайте с этой мыслью, помогайте другим с этой мыслью, переживайте любой жизненный опыт с этой успокаивающей мыслью о Боге. Вот так нужно жить». Помните, что жизнь — это просто сон. Этот сон становится для нас реальностью, если мы не связываем весь наш жизненный опыт с Богом. Когда мы глубоко медитируем, мы выходим, выражаясь словами Гурудэвы, «за ширму» этого мира и ощущаем присутствие Божественного Режиссера, Который руководит созданием картины жизни, направляя ее и направляя нас.

Истина проста

Когда мы приходили к Парамахансаджи со своими проблемами, он не устраивал долгих дискуссий. Его ответ был кратким: «Удерживай свой ум на

Боге». Как я ему благодарна за эти слова мудрости, а также за простые духовные методы, которым он нас обучал! Ведь Бог так прост. Жизнь кажется сложной, потому что она нереальна; а Истина проста.

Когда человек строит свою жизнь на неправде, вся его жизнь уходит на то, чтобы скрыть эту неправду. Он плетет вокруг себя паутину, а потом не может из нее выбраться. Но если человек живет правдой, он открыт и в его мышлении и в жизни нет сложностей. И так же с Богом. Если человек искренне ищет Бога, он находит простой, прямой путь. Вы видите сложности только тогда, когда смотрите вовне. Когда же в поисках Бога вы смотрите внутрь себя, вы видите лишь предельную простоту, — божественную простоту, приносящую радость. Это и есть Бог. Именно такой вы должны сделать свою жизнь. И тогда вы познаете Его.

Смотрите на жизнь глазами мудрости

Главный международный центр SRF,
Лос-Анджелес, Калифорния,
25 марта 1971 года

В первые годы моего пребывания в ашраме Гьянамата[1] писала мне записки, которые я берегу как настоящее сокровище. Мне бы хотелось поделиться с вами ее мудростью. В своей жизни Гьянамата руководствовалась четырьмя принципами, с которыми она познакомила и меня. Эти принципы она рекомендовала принять во внимание всем нам:

- Несмотря ни на что, держи перед глазами лишь свою цель, сияющую перед тобой.

---

[1] Гьянамата («Мать Мудрости») была одной из первых монахинь ордена Self-Realization Fellowship. Парамаханса Йогананда часто превозносил ее святость. Она пришла в ашрам в 1932 году, когда ей было за шестьдесят. Шри Дайя Мата вступила в ашрам годом ранее, когда ей было всего семнадцать лет. Она была самой молодой ученицей, которую Парамаханса Йогананда оставлял на попечении Гьянаматы, когда отлучался из Центра «Маунт-Вашингтон». Это подарило Шри Дайя Мате возможность получать от Гьянаматы духовную поддержку и учиться на примере ее вдохновенной жизни.

- Неважно, через что мы проходим, — важно то, какими мы в итоге становимся.
- Каждый день принимай все, что происходит в твоей жизни, как опыт, ниспосланный Богом.
- Каждую ночь перед сном возвращай все в руки Божьи.

Несмотря ни на что, держи перед глазами лишь свою цель, сияющую перед тобой. Это основной принцип духовного пути, потому что поиск Бога — не что иное, как образ жизни. Недостаточно с духовным чувством ходить в церковь каждое воскресенье, а потом возвращаться домой и продолжать жить мирской жизнью, позабыв о Боге. Мы должны осознать: все, что мы видим, о чем думаем и что делаем, определяет, какие мы есть. Истинный богоискатель не должен посвящать свое время и внимание тому, что уводит его ум от Бога. Он не должен смотреть на негативную сторону жизни и тем более вовлекаться в нее. Гурудэва Парамаханса Йогананда учил нас избегать таких мыслей, занятий и развлечений, которые несовместимы с искренним желанием познать Бога. Мы всегда должны держать в уме этот идеал.

Те из вас, кто живет в миру, не должны тратить свое время на коктейль-пати или на фильмы, которые не вдохновляют и не возвышают ваше сознание

Матаджи в глубокой медитации. В тот день жители ашрама совершали ритуал Рам Дхун — непрерывное пение имени Господа на протяжении двадцати четырех часов. Ранчи, Индия, февраль 1968 года

«*И только когда мы научимся успокаивать свой ум, как нас тому учили великие святые, мы сумеем почувствовать внутри себя Божественное присутствие. Он был с нами с начала времен, Он с нами сейчас и будет с нами вечно. Держитесь за То, что неизменно*».

Благотворительный обед, организованный для местных детей, большинство из которых — выходцы из бедных семей. Йогода-Мат (Главное управление YSS), Дакшинешвар, Индия, 1961 год

«Благодаря медитации мы забываем о себе и думаем о наших отношениях с Богом, а также о служении Богу, живущему в людях».

Сатсанга в Йогода-Мат, расположенном на берегу Ганга.
Дакшинешвар, Индия, 1973 год

«Явственно ощущая себя частицей Бога, истинный богоискатель вручает каждое своё переживание Ему. Занимается ли он мирскими делами, работает ли в офисе, выражает ли свою любовь мужу, жене или детям, он осознаёт, что всё это — Бог; что всё от Бога и для Бога».

Ананда Мата (см. стр. 253), Шри Дайя Мата и Шри Мриналини Мата (на тот момент вице-президент SRF). Малабарский холм, Мумбаи, 1973 год

«Одно из самых больших удовольствий на свете — никогда ни к чему не привыкать: так мы всегда сможем находить в жизни что-то новое, захватывающее и вдохновляющее... Практикуйте этот идеал: не принимайте что-либо или кого-либо как нечто само собой разумеющееся».

или же просто вызывают низкие чувства. Никогда не делайте того, что может увести ваше сознание от главной цели — Бога. Кто-то может подумать: «Сегодня я поделаю все, что мне захочется, а когда вечером приду домой — глубоко помедитирую». Но будьте уверены, что человек, рассуждающий таким образом, не найдет Бога в этой жизни.

Каждый день мы должны стараться вести себя так, чтобы непрестанно помнить о своем родстве с Господом, ибо мы Его божественные дети. Гуруджи часто повторял такое крылатое выражение: «Не замечай зла, не слушай о зле, не говори о зле». В Индии, как и здесь, популярен образ трех обезьян, олицетворяющий мудрость: одна обезьянка держит закрытыми свои глаза, другая — уши, третья — рот. Не позволяйте органам чувств осквернять сознание, устремленное к Богу.

Неважно, через что мы проходим, — важно то, какими мы в итоге становимся. Мы никогда не должны расстраиваться или падать духом из-за собственных ошибок или неблагоприятных событий, которые с нами случаются вследствие ошибочных деяний других людей. Все мы иногда поступаем неправильно, а позже, осознав свою ошибку, испытываем чувство стыда. Но нельзя позволять воспоминаниям об ошибках отравлять нам жизнь. Мы не должны позволять чему бы то ни было отравлять наше существование, разрушать нашу веру в себя и в других людей или развивать в нас комплекс вины. С духовной точки зрения правильная реакция на любой жизненный опыт — это твердое решение извлечь урок и изменить себя к лучшему.

Недавно я нашла письмо, которое послала Мастеру, когда была еще совсем юной ученицей. Очевидно, он меня за что-то отчитал, и я ему написала: «Мастер, я обещаю, что буду делать все возможное, чтобы оставаться позитивной и не противиться вашему водительству ни в мыслях, ни на словах, ни на деле». Когда человек упрям и позитивен, он имеет склонность делать все по-своему. Такой человек думает, что он все знает. Божественная обязанность гуру — помочь ученику развить такую волю, которая будет ведома мудростью. Мастер дисциплинировал меня таким образом, чтобы я могла учиться на своих ошибках.

Тех учеников, которые не хотели отказываться от воли своего заблуждающегося эго, он предупреждал: «Если вы будете так продолжать, Божественная Мать заберет вас отсюда». Поначалу эти слова меня пугали, но уже скоро я поняла, что он просто намекал нам на справедливость Божественного Закона. И сейчас я говорю то же самое вам и всем тем, кто ищет Бога на этом пути. Вместо того чтобы упрямо следовать ложным позывам своего эго, старайтесь следовать наставлениям Гуру, иначе закон кармы заставит вас сойти с духовного пути.

Когда я сурово корила себя и страдала из-за того, что, как мне казалось, я не соответствовала ожиданиям Гурудэвы на все сто процентов, он помог мне взглянуть на ситуацию под правильным углом: «Что было, то было. Исправь себя и забудь минувшее. И больше об этом не думай». Гьянамата говорит то же самое. Проступки, совершенные вами непреднамеренно, а также неприятные вещи, которые с вами случаются, не так важны. Важно то, каким вы становитесь вследствие этого жизненного опыта. Вы сами решаете, как реагировать на те или иные обстоятельства, которые приносит вам жизнь. И только от вас зависит, станете ли вы удрученным, неуверенным, жалеющим себя человеком или же божественно понимающим, сострадательным, сильным и решительным индивидуумом, преданным своему стремлению найти Бога. Никто и ничто не может помешать вашему успеху в поиске Бога, кроме вас самих.

Каждый день принимай все, что происходит в твоей жизни, как опыт, ниспосланный Богом. Это жизненно важно. Никогда не думайте, что это люди делают вам добро или зло, — смотрите на всех как на Божий инструмент. Будьте возвышенной душой, искренним богоискателем, созерцающим все события, которые происходят с вами и с другими людьми, как Божий промысел. Знайте, что это Бог и только Бог безмолвно и с любовью присматривает за жизнью каждого из вас. Каждый день принимайте абсолютно все, что происходит в вашей жизни, как опыт, ниспосланный Богом, и тогда вы начнете осознавать Его близкое присутствие и благословение.

Каждую ночь перед сном возвращай все в руки Божьи. Никогда не оправдывайте себя тем, что ваш ум настолько занят мыслями о работе и ваших обязанностях, что вы не в состоянии думать о Боге. Это одно из основных препятствий, которые должен преодолеть каждый человек на духовном пути, — как монах, так и мирянин. Иной раз наши обязанности поглощают нас, и во время медитации нам становится очень трудно избавиться от мыслей о них. Но мы должны осознать, насколько важно это сделать.

Ночью, перед сном, — или в иной час, когда вы садитесь медитировать — мысленно возвращайте все в руки Божьи. В течение дня вы, возможно, были заняты домашней работой или работой в офисе, школьной работой или финансовыми проблемами, или же иными обязанностями. Это ваши каждодневные дела; но вечером, когда приходит время для медитации, мысленно вручайте все свои обязанности

Богу. Если вы будете делать это мысленное действие каждую ночь, со временем вы обнаружите, что во время медитации вам стало легче очищать свой ум и устремляться мыслью к Богу. И тогда вы сможете свободно общаться с Ним.

Я прошу вас взять на заметку эти четыре принципа — тогда они станут очень-очень полезными для вашего духовного роста. В этой жизни у всех нас есть возможность познать Бога, и наш успех зависит от того, как мы относимся к опыту, который нам преподносит жизнь.

О правильном умонастроении

*Ашрам Self-Realization Fellowship,
Энсинитас, Калифорния,
11 декабря 1962 года*

Господь Будда однажды сказал: «Благо святой жизни, о монахи, кроется не в обретениях и почестях, не в благонравии и умении концентрироваться, не в знании или проницательности, а в абсолютном, бесповоротном освобождении ума. Это и есть цель святой жизни, ее сущность и предназначение».

Что же такое «бесповоротное освобождение ума»? Это когда ум навсегда освобождается от цепей привычек, эмоций и привязанностей, а также руководствуется только мудростью, любовью и бескорыстием. Это означает, что эго уже не управляет вами; что вы — душа, проявляющая себя через разум — становитесь хозяином своей судьбы. Как результат, вы имеете правильное умонастроение в любой ситуации и во всех обстоятельствах.

Правильное умонастроение ведет нас к Богу. Без правильного умонастроения нам никогда не познать

Его, потому что оно является фундаментом духовной жизни. Человек должен выработать в себе правильное умонастроение, иначе, сколько бы он ни говорил о Боге, сколько бы священных писаний ни читал, сколько бы лет ни провел у ног своего гуру, он не получит пользы от духовного пути.

Неотъемлемой частью правильного умонастроения является смирение. Вы не сможете познать Бога, не умалив себя в Его глазах. Это не значит, что вы должны ходить и провозглашать, как вы малы и ничтожны, нет. Смирение предполагает, что вы остаетесь внутренне неизменным, что бы вам ни говорили и ни делали другие. Когда розу сминают в руке, она продолжает источать свой аромат. Когда люди «сминают» вас своей критикой, а также резкими и недоброжелательными словами, продолжайте дарить им добрую волю, добрые слова, добрые дела и, что важнее всего, добрые мысли. Без добрых мыслей вы не сможете искренне выразить доброту словами и действиями.

Проблема большинства людей в том, что, когда они рассержены или расстроены, они не хотят прислушиваться к чужим доводам и проявлять понимание. Слепо убежденный в своей правоте человек не принимает никаких объяснений и доводов. Он знает только одно: желаемого он не получил, а остальное неважно. Он, как говорится, срывается с цепи. А это значит, что ему пора обрести правильное умонастроение.

Да будет воля Твоя

Если что-то в этом мире может нас рассердить или вывести из себя, это означает, что мы просто не выработали в себе правильного умонастроения. Проанализировав себя, мы обнаружим, что гнев возникает в результате неисполненного желания. Да, оно может быть благородным, но все же очевиден тот факт, что гнев рождается, когда мы идем в определенном направлении и вдруг встречаем препятствие, которое не дает нашему желанию исполниться. Наше умонастроение определяет нашу реакцию. Если оно правильное, мы будем в состоянии мысленно сказать: «Господи, не моя воля, но Твоя да будет». Это приносит мгновенное освобождение от гнева, но при условии, что мы практикуем это искренне. Правильное умонастроение приходит, когда мы упорно работаем над тем, чтобы его заполучить; и оно всегда приносит покой ума.

В этом мире Бог изъявляет Свою волю через человека. Мы всегда должны стремиться быть восприимчивыми к Нему. И для этого требуется правильное умонастроение. Мы можем быть как хорошим, так и плохим инструментом Бога — это зависит от степени нашей восприимчивости и нашего настроя. Именно степень восприимчивости делает индивидуумов непохожими друг на друга.

Будьте Божьим инструментом

Шри Юктешвар говорил нашему гуру Парамахансе Йогананде: «Научись вести себя правильно». И Гурудэва наставлял нас: «Вырабатывайте в себе правильное умонастроение». Эти два наставления идентичны по своей сути. Благодаря правильному умонастроению мы развиваем свою восприимчивость, а восприимчивость, в свою очередь, делает нас проводниками Божьей воли. Электропроводка, смонтированная надлежащим образом, может проводить электричество; но какой толк в проводнике, если по нему не бежит ток? Аналогично этому, наша истинная ценность состоит в том, чтобы служить проводником, через который Бог вершит Свою волю на земле. Поэтому обязанность каждого из нас — выработать в себе правильное умонастроение и последующие восприимчивость и смирение, чтобы стать совершенным инструментом Бога.

По мере приближения Рождества, полагаю, все вы ощущаете то же, что и я: духовный подъем, прилив радости и более выраженную жажду Бога. Я не хочу впустую растрачивать время своей жизни. Вы сами знаете, сколько всего постоянно тянет нас назад и пытается остановить нас на нашем духовном пути! Мы должны постоянно оказывать сопротивление, но делать это нужно без нервов, без напряжения. Мы всегда должны использовать спокойное распознание, чтобы суметь расчистить свой путь от мирских отвлечений, уводящих нас от Бога и от правильного умонастроения, которое дает нам Бога. Секрет успеха на духовном пути кроется именно в правильном умонастроении. Когда вы его в себе выработаете, поиск Бога станет самой простой и естественной вещью на свете.

Когда вы медитируете, просите у Бога, чтобы Он даровал вам правильное умонастроение. Я всегда молюсь Богу и Гуру: «Мне неважно, как именно Вы будете меня дисциплинировать. Лишь об одном прошу вас: пусть каждое переживание учит меня правильному умонастроению. Не позволяйте мне противиться Вашему воспитанию или обижаться на Вас, и, что бы ни происходило в моей жизни, никогда не позволяйте мне сердиться, падать духом и жалеть себя». Это присуще природе эгоистичного человека. Но мы не просто человеческие существа, мы — души. Все мы Божьи дети. И мы должны вести себя соответственно. Выработайте правильное умонастроение в своих отношениях с Богом, и тогда оно будет правильным по отношению к миру.

Духовные возможности Нового года

Согласно традиции, заложенной Парамахансой Йоганандой, в новогоднюю ночь, с половины двенадцатого до половины первого, все ученики в ашрамах SRF собираются на совместную медитацию. Шри Дайя Мата провела такую медитацию в 1961 году в Главном международном центре SRF в Лос-Анджелесе. Слова, произнесенные ею на этой медитации, являют собой вдохновенное обращение ко всем богоискателям.

Гуруджи говорил, что рождение нового года — самое благоприятное время для изменения хода событий в своей жизни. Именно поэтому в канун Нового Года очень полезно заниматься интроспекцией, анализировать себя, — словом, подводить духовные итоги. Сперва нам нужно увидеть, в каких аспектах духовного пути мы продвигаемся, а в каких — терпим неудачу, а затем уже медитировать на те качества, которые мы хотим обрести в наступающем году.

Имеем ли мы склонность к злобе, жадности, зависти? Позволяем ли мы своим желаниям уводить наше внимание от Бога — единственной Реальности? Стоит отметить, что мы не должны падать духом из-за своих ошибок, даже если их много. Бог все равно нас любит, и, пока мы стараемся улучшить себя, Он нам помогает и вдохновляет нас, несмотря на наши ошибки. Когда искренний богоискатель протягивает руку, прося о помощи, Божественный Возлюбленный простирает обе Свои руки, чтобы ободрить его. Поэтому давайте протягивать Богу хотя бы одну руку и молиться о Его руководстве. Давайте примем решение сделать большее духовное усилие в наступающем году, чтобы мы смогли отставить в сторону все, что уводит нас от Бога.

Что есть зло и что есть добро? Эти два понятия относительны. То, что может быть добром для одного, может оказаться злом для другого; что одному манна, другому — яд. Один великий индийский святой сказал, что любая мысль, любое слово или действие, уводящие внимание духовного последователя от Бога и вызывающие беспокойство, уныние, гнев или ревность, есть зло, пагубное для богоискателя. Мы должны стремиться жить так, чтобы мы думали, говорили и делали только то, что возвышает наше сознание.

Легко дать резкий ответ тому, кто нам грубит; легко ревновать, когда нас игнорируют или не замечают; легко обижаться, когда мы чувствуем, что нам не дали того, что нам полагается. Но я по собственному опыту знаю, что, когда мы учимся принимать все как Божий промысел; когда благодаря медитации и постоянной практике Его Присутствия мы чувствуем, что во всех жизненных обстоятельствах мы имеем дело не с кем иным, как с Богом, — вот тогда у нас появляется возможность обойти все препятствия на пути к Самореализации.

Каждая душа сотворена по образу и подобию Бога. Его качества — кротость, мудрость, любовь, радость и блаженство — заложены в каждом из нас. Но наше маленькое «я», наше эго, делает все, чтобы мы забыли свою истинную природу. Мы познаем ее вновь, когда будем глубоко размышлять над врожденными божественными свойствами нашего существа.

Свет Бога рассеивает тьму

Все эмоции и плохие привычки, уводящие наш ум от Бога, могут быть преодолены, если заменить их позитивными мыслями о бодрости, готовности к действию, радости, самоотверженности, любви, доброте и сострадании. По мере пробуждения в вас этих качеств ваши дурные привычки — жадность, эгоистичность, гневливость, ненависть, ревность, страстность и леность — будут постепенно сходить на нет. Вы не сможете рассеять тьму в комнате, если будете жаловаться на нее или пытаться прогнать ее метлой. Есть только один способ ее рассеять: впустить в комнату свет. Аналогично этому, чтобы рассеять собственное невежество, нам не нужно постоянно думать о нем, жалеть себя или обвинять кого-то в том, что у нас внутри тьма, — нам нужно лишь впустить в себя Божий свет. «Включите» внутренний свет мудрости, и вековая тьма исчезнет.

Богоискатели, живущие в постоянном осознании Господа, обнаруживают, что Он становится их внутренним центром, а их мысли постоянно вращаются вокруг того или иного аспекта Божественного. О Нем они думают: «Мой Господь, мой Отец, моя Мать, мое Дитя, мой Друг, Возлюбленный, Любовь моя, Родной мой». Чем больше усилий будет прилагать человек, чтобы удержать в себе это осознание, тем скорее он обнаружит в себе образ Божий, живущий внутри каждого из нас.

Придайте силу своим достойным решениям

Удерживайте в своем сердце духовное желание и глубоко молитесь Богу, чтобы оно осуществилось. Молитесь непрестанно — не просто несколько часов или один день, а каждый день. Постоянно прокручивайте в голове эту молитву — даже во время выполнения своих повседневных дел. Если вы проявляете неослабевающую веру и жаждете довести это желание до осуществления, вы обнаружите, что Бог вам отвечает. Он никогда не подводит тех, кто предан Ему; но вы должны быть упорны. Если вы не получаете сиюминутного ответа, не сдавайтесь, продолжайте свои попытки. И однажды, когда вы меньше всего этого ожидаете, Небесный Возлюбленный ответит на вашу молитву.

Выберите какую-нибудь вредную привычку, от которой вы хотите избавиться, или же хорошую привычку, которую вы хотите в себе развить, и примите твердое решение, что на протяжении всего года вы будете каждый день работать над осуществлением своей цели. Не ставьте перед собой сразу много целей: через несколько дней или месяцев вы о них просто забудете. Выберите одно хорошее качество и направьте все свое внимание, всю свою решимость и рвение на то, чтобы взрастить его в себе.

Помню, много лет назад я приняла новогоднее решение воспитать в себе смирение. Каждый день я трудилась над осуществлением этой цели. Я размышляла над тем, что же такое смирение; в медитации я просила Бога, чтобы Он помог мне развить в себе смирение и привил мне это качество тем способом, который Он посчитает нужным. Всеми возможными путями я старалась воспитывать в себе это качество — как в медитации, так и в деятельности. И таким же образом я воспитывала в себе преданную любовь к Богу, понимание и другие духовные качества. Все это «проекты» длиною в жизнь; но суть в том, что человек должен принять твердое решение и приложить усилия, чтобы хотя бы приступить к ним. Вот так, дорогие мои, осуществляется любое достойное желание вашего сердца. Будьте решительны. Проявляйте волю. Время летит стремительно, и в оставшиеся годы вам нужно успеть собрать большой урожай мудрости, любви, понимания, радости и покоя.

Многие богоискатели говорят мне: «Не могу понять, продвигаюсь ли я на пути к Богу. В душе у меня словно засуха. Похоже, я не делаю никаких успехов». Таким богоискателям я могу сказать только одно: чтобы почувствовать Божье присутствие, нужно прилагать еще больше усилий, а для этого требуется большее желание и неотступная решимость.

Парамахансаджи говорил, что богоискатель должен жаждать Бога столь же отчаянно, как утопающий жаждет глотка воздуха, когда уходит под воду в третий раз; с той же тоской, с какой влюбленный жаждет встречи со своей возлюбленной после долгой разлуки; с тем же чувством привязанности, с каким скупец держится за свои богатства. Если у богоискателя есть такое рвение, такая жажда по Богу и привязанность к Нему, он познает Бога в этой жизни. Давайте же не будем удовлетворяться, пока не зароним в себе искру такого духовного рвения. Примите решение стать ближе к Богу в наступающем году. Примите решение установить с Богом более тесную связь, нежные и любящие отношения, ведь Он есть наша единственная настоящая Любовь. Когда сердцем и умом вы укрепитесь в этих отношениях, все ваши отношения с людьми станут чище и светлее.

Постройте свою жизнь на прочном фундаменте медитации

Поклянитесь себе, что, за исключением тех дней, когда вы болеете, вы никогда не будете пропускать свои ежедневные медитации. С тех пор как я, по совету Гуруджи, дала такую клятву, я ни разу ее не нарушила. И теперь я чувствую колоссальную внутреннюю силу. В дополнение к этому отводите один полный день или несколько часов в неделю на практику молчания, посвящая это время глубокой медитации. Когда Гуруджи сказал нам об этом много лет назад в Энсинитасе, я стала еженедельно отводить один вечер на продолжительную медитацию. У меня было много обязанностей, но каждый четверг в шесть часов вечера я шла в свою комнату и, не ужиная, медитировала до полуночи. Сила, которую развила во мне эта привычка, а также любовь и преданность Богу, которые я испытывала во время этих медитаций, ускорили мой духовный рост. Если вы хотите найти Бога, вы должны принимать решения такого рода, и не просто на словах, а на деле — добросовестно работая над их претворением в жизнь.

Во время еженедельной длительной медитации забывайте обо всем мирском и выбрасывайте из головы все свои заботы. Вручайте свои проблемы Богу — пусть Он о них тревожится в эти мимолетные шесть часов. Говорите с Ним на языке своего сердца. Почувствовать духовный рост вы сможете только в том случае, если будете прилагать больше усилий.

Практикуйте Божье Присутствие

Еще один метод духовного роста — постоянная практика Божьего присутствия. Парамахансаджи говорил, что, если вы хотите познать Бога, вы должны приучить себя думать о Нем сразу при пробуждении. И при выполнении своих повседневных обязанностей вы должны думать, что это Он Вершитель, а вы лишь Его послушный инструмент. Используйте свой разум, а также энтузиазм, радость и бодрость, чтобы служить Ему. Когда день подходит к концу, погружайтесь в мысль о Боге еще глубже. Таким вот образом продвигайтесь вперед, думая только о Боге и проходя через любой жизненный опыт с великой радостью в сердце, с великим мужеством, верой, готовностью и, что важнее всего, с божественной любовью — склонившись к стопам Единственного Возлюбленного.

В заключение мне хотелось бы поделиться с вами словами, которые я записала во время одной из благословенных новогодних медитаций, проведенных нашим возлюбленным Гуру. Эти слова помогали мне все эти годы: «Запомните: мы не можем идти против Божьей воли. В этом мире у каждого из нас есть определенные обязанности, от которых мы не сможем увильнуть и которые нельзя переложить на других. Исполняя наши обязанности, мы должны думать: „Господи, это Ты — Вершитель всех дел. Сделай меня Своим инструментом, всегда готовым к действию". Наша жизнь может оборваться через секунду. Как мы можем думать, что это мы вершим дела в этом мире? В Гите говорится: „Оставив все другие *дхармы* (обязанности), помни обо Мне одном; Я освобожу тебя от всех грехов (последствий неисполнения этих несущественных обязанностей)"[1].

---

[1] Бхагавад-Гита XVIII:66 (перевод Парамахансы Йогананды из книги «Бхагавадгита: Беседы Бога с Арджуной»).

Ежедневно делайте все, что в ваших силах

В этой жизни вы должны помнить одно: делайте все, что в ваших силах, каждое мгновение, каждый день. Бог хочет, чтобы вы прикладывали усилие постоянно. Он не хочет, чтобы вы падали духом, сдавались и убегали от трудностей. Помните, что Бог всегда с вами — и тогда, когда вы выполняете свои дела, и тогда, когда вы проходите через испытания. Антоний Великий молился Иисусу на протяжении шестидесяти лет, живя уединенно в пустыне, и однажды Иисус ему сказал: „Антоний, хоть ты и страдал, я всегда был с тобою"». Давайте будем вспоминать это заверение всякий раз, когда попадаем в отчаянное положение.

Этому миру присуща двойственность — такова его природа. Никогда не заостряйте свое внимание на негативной стороне жизни. Мы должны научиться принимать как хорошее, так и плохое, с глубокой верой в Бога. Мы должны понять, что, как говорил Гуруджи, испытания, выпадающие на нашу долю, есть не что иное, как тень Божьей руки, простертой в благословении. Учитесь воспринимать все через призму такого осознания: «Господи, Ты единственный Вершитель. Из Твоих рук я принимаю и ласку, и пощечину, ибо Ты знаешь, что для меня лучше. Ты любишь меня через моих друзей и дисциплинируешь меня через тех, кто считает себя моим врагом».

Давайте будем помнить об этом и встретим наступающий год с мужеством, верой, силой и готовностью делать все, что потребует от нас жизнь. Главное при этом непрестанно жаждать Божьей любви. Бог не покинул нас — это мы отстранили свое сознание от Него в погоне за соблазнами этого мира, за чувственными и эмоциональными переживаниями. И только когда мы научимся успокаивать свой ум, как нас тому учили великие святые, мы сумеем почувствовать внутри себя Божественное присутствие[2]. Он был с нами с начала времен; Он с нами сейчас и будет с нами вечно. Держитесь за То, что неизменно.

Моя молитва за всех вас

Я молюсь за каждого из вас, чтобы в наступающем году вы смогли осуществить свои самые достойные и благородные цели на духовном пути. Пусть все, кто ищет Божественной любви, найдут ее; пусть все, кто жаждет понимания, ищут его не в человеческих отношениях, а у Того, Кто есть Источник Понимания; пусть те из вас, кто ищет силы, мужества и смирения,

---

[2] «Остановитесь и познайте, что Я — Бог» (Пс. 45:11).

направятся к Великому Учителю, Который поможет развить эти качества и Который пробудит в вас спящую божественность, чтобы вы лично убедились в том, что являетесь Божьими детьми. В моей памяти звучит новогодний призыв нашего благословенного Гуру: «Пробудитесь, хватит спать! Пробудитесь, хватит спать! Пробудитесь, хватит спать!»

Путь к покою, радости, счастью и божественной любви лежит в постоянной мысли о Боге. Сосредоточьтесь лишь на мысли о Нем, говоря в своем уме: «Ты моя Путеводная Звезда; в Тебе я живу, дышу, движусь и существую. Все, что я хочу, — это любить Тебя и служить Тебе». Пусть эти слова станут вашей нескончаемой молитвой в новом году.

Сосредотачивайтесь на Боге день и ночь, упивайтесь Его любовью. Лишь только Он реален. В Его любви кроется мудрость, смирение, радость, сострадание, понимание и исполнение всех желаний вашего сердца. Пусть каждый из нас искренне ищет эту любовь.

Медитируйте глубже и стремитесь служить Богу с большей готовностью, добросовестно и сконцентрированно. Нельзя служить Богу спустя рукава: воспринимайте такую возможность как большую привилегию и служите Ему с энтузиазмом, радостью и любовью в своем сердце. Да будем мы петь гимны любви к Богу и жить в этом радостном сознании каждый день грядущего года, чтобы закончить его так же, как и начали: думая только о Нем.

Секрет прощения

*Главный международный центр SRF,
Лос-Анджелес, Калифорния,
24 марта 1969 года*

И вновь приближается благословенное время Пасхи. Священные праздники всегда меня вдохновляли, и я молюсь о том, чтобы они вдохновляли и вас. В эту пору, когда мы вспоминаем о наивысшей жертве, принесённой Иисусом Христом ради спасения человечества, я размышляю о словах нашего Гурудэвы, Парамахансы Йогананды: он часто повторял, что самое великое из своих чудес Христос совершил на кресте. Имея возможность обвинить и проклясть своего предателя и всех, кто несправедливо осудил его; имея силу уничтожить своих врагов, Иисус, тем не менее, не сделал этого и даже не почувствовал к ним враждебности. Напротив, он показал миру божественный путь преодоления зла, — единственный путь, который способен воскресить человеческую душу из темницы невежества и привести её к свету вечной мудрости, к вечному единению с Богом. Вся суть этого пути была увековечена в простых словах любви, произнесенных Иисусом на кресте: «Отче, прости им, ибо не знают, что делают»[1].

Это послание чрезвычайно важно для человечества и в наши дни; каждый из нас должен следовать этому идеалу, если мы хотим зажечь огонь божественной любви в наших сердцах и во всем мире. Жизненно необходимо очистить свои умы и сердца от горечи и всех обид: нельзя хранить в них такие чувства.

Почему мы обязательно должны предпринимать что-то в ответ, когда нам делают зло? Почему бы нам не отдать все в руки Божьи? Почему мы тоже не можем сказать: «Отче, прости им, ибо не знают, что делают», осознавая при этом, что божественный закон и божественная любовь разрешат эту проблему за нас? Всю свою жизнь я наблюдаю, какими неисчислимыми путями работает этот закон в моей жизни; таким же образом он будет работать и для вас, — для всего человечества.

Вся проблема в *нас*. Мы не можем расстаться со своими скверными мыслями и злыми чувствами: ненавистью, ревностью, желанием отомстить. Пока мы не отпустим руку Сатаны, иллюзии — которой, по сути, и являются все эти мысли и чувства, — мы не сможем ухватиться за Божью руку.

---

[1] Лк. 23:34.

Давайте вызволим свое сознание из тисков злобы и ненависти. Вы знаете, что такое злоба: это желание ранить другого. Возможно, все мы иногда раним кого-то бессознательно. Мы должны искренне просить за это прощения. И мы никогда не должны намеренно поднимать руку на другого человека — даже в мыслях. Если мы это сделаем, в первую очередь пострадаем мы сами, потому что в тот самый момент мы потеряем свою внутреннюю связь с Богом.

Стремитесь познать душу, вместилище любви

У меня есть лишь одно желание в отношении всех вас. Поскольку в своей собственной душе я нашла радость, покой, защиту и великую любовь, я горю желанием увидеть, как все вы светитесь этим божественным сознанием. Это правда, что обрести его нелегко — удержать это сознание тоже нелегко. Поэтому моя обязанность перед теми из вас, кто стремится перестроить свою жизнь на божественный лад, заключается в том, чтобы говорить вам, когда вы отклоняетесь от Цели, и призывать вас следовать по стопам нашего Гуру с большей искренностью и преданностью.

Гурудэва был воплощением доброты, любви, прощения и сострадания. В нем не было ни капли злобы и эгоизма, и тем не менее некоторые люди не понимали его, так же как многие не понимали Христа. Когда человек привыкает к темноте, его глаза не выносят света, свет ослепляет их. Поэтому когда человек отгораживается от света понимания и правильного поведения и погружается в темноту самодовольства, своекорыстия и жалости к себе, он негодует на все, что отражает этот свет. Если бы этот человек был восприимчив, он бы обнаружил, что свет понимания и правильного поведения освещает все уголки его сознания и его жизни, принося ему все, чего он когда-либо желал, но не мог заполучить ввиду того, что следовал неверным принципам.

Давайте же в этот великий праздник Воскресения Христа обновим в своей душе жажду по Богу. Я страстно жажду Его каждое мгновение своей жизни. Иногда я просыпаюсь среди ночи: у меня пропадает желание спать, я хочу быть с Богом и говорить с Ним каждое мгновение. Вот это для меня реальность. И только потому, что общение с Ним приносит мне наслаждение, покой и радость, я желаю этого каждому из вас.

Мне больно, когда я вижу тех, кто слепо держится за свои слабости и недостатки и не дает Богу руководить их жизнью. Но вы должны это сделать, если хотите достичь Самореализации. Больше доверяйте Богу, глубоко верьте в Бога, впустите Его в свою жизнь, имейте веру в Того, Кто может исправить все причиненное вам зло. Вы не должны себя защищать — позвольте Богу стать вашим защитником.

Когда люди меня не понимают, меня беспокоит не то, что они не сонастроены с Дайя Матой, а то, что они не сонастроены с Богом. В такие моменты я сразу же начинаю молиться Божественной Матери: «Благослови их, благослови их! Пробуди в них осознание Тебя, пусть они уповают только на Тебя, пусть они держатся только за Тебя!» В этой молитве кроется моя радость и спокойствие за мои отношения с этими душами. Наш Гурудэва говорил: «Я не буду удовлетворен до тех пор, пока не увижу, как каждый из вас — каждый! — бежит к стопам моей Божественной Матери». Таково и мое кроткое желание, ведь Мастер также говорил: «Всегда помните: ничто не может вас ранить, если внутренне вы любите Бога». По этой причине все мы внутренне должны быть влюблены в Бога. Тогда Его любовь, такая пьянящая и всепоглощающая, полностью сотрет в нас все мирские слабости, и нам станет неважно, как с нами обращаются другие: внутренне мы не будем встревожены, потому что мы будем постоянно пребывать в неизменном сознании божественной любви ко всем и вся.

Наш разум обладает огромной силой творить добро или же зло, и в эти неспокойные времена нам нужно всем вместе молиться за человечество. В то время как мы стремимся углубить свои духовные познания и обрести защиту в мысли о Боге, мы также должны молиться и за страдающий мир. Это очень важно. Молитесь о том, чтобы человек научился разрешать все свои проблемы под руководством Бога, а не Сатаны; чтобы он держался не за силы зла, а за Бога и только за Него.

Время молиться и вверить себя Богу

*Главный международный центр SRF,
Лос-Анджелес, Калифорния,
19 мая 1966 года*

В этой беседе Шри Дайя Мата отвечает на вопрос: «Какой из этих методов лучше избрать для физического исцеления: вверить себя Богу или же молиться и использовать аффирмации?»

На протяжении многих лет, что я провела рядом с моим гурудэвой, Парамахансой Йоганандой, я никогда не видела, чтобы он молился за себя. Более того, однажды он сказал: «Я не могу молиться за себя. Я всецело вверил свою жизнь Богу, чтобы Он мог распоряжаться ею, как хочет». Жизнь нашего Гуру была образцом исключительной преданности Богу.

В высшем смысле, если мы безоговорочно верим в Бога, просить Его о чём-либо нет смысла. Он знает наши нужды лучше, чем мы сами, ведь мы ограничены своим человеческим разумением. Это означает, что, молясь за себя, мы сомневаемся в своей вере в Бога.

Иногда Парамахансаджи брал на себя плохую карму[1] других людей, чтобы освободить их от больших страданий, и в результате страдало его тело. Мы умоляли его: «Мастер, ну пожалуйста, помолитесь за свое исцеление!»

«Как я могу молиться за себя? — отвечал он. — Я никогда не молюсь о своем теле: я вверил его Богу. Вот что Он сделает с ним, то и сделает. Мне все равно». Гурудэва был полностью счастлив в сознании Бога. Когда богоискатель достигает состояния, в котором его сознание окончательно укореняется в Боге, как было в случае с Парамахансаджи, состояние тела уже не имеет никакого значения. Тот, кто молится о своем теле, все еще привязан к нему.

А вот молиться за других — это прекрасно, и это правильно. Прежде всего, нужно просить о том, чтобы человек был восприимчив к Богу: так он сможет получать физическую, умственную и духовную помощь напрямую от Верховного Целителя. Это основа любой молитвы. Благословение исходит от Бога постоянно, но человек не всегда к нему восприимчив. Молитва повышает эту восприимчивость. Если вера

---

[1] Карма — хорошие или плохие последствия хороших или плохих действий. См. стр. 67.

человека несовершенна, тогда он должен молиться за себя и за других, чтобы укрепить эту веру и открыться Богу, готовому помочь в любой момент[2].

Искреннее воззвание к Богу — самая естественная молитва

Мне лично не нравится использовать слово «молитва», которое вроде как предполагает формальное, одностороннее обращение к Богу. Для меня самая естественная, искренняя и действенная форма молитвы — это разговор с Богом, общение с Ним как с самым близким, самым дорогим другом. Когда я слышу о трагедиях войны или о других страданиях человечества, или же когда кто-то пишет мне с просьбой о помощи, я сразу же говорю об этом Богу, общаясь с Ним в тихом храме своей души.

Если бы мы были сонастроены с Богом и

---

[2] Молитвенный совет общества Self-Realization Fellowship, состоящий из монахов и монахинь ордена SRF, ежедневно молится за исцеление людей от физических болезней, умственной дисгармонии и духовного неведения. Вы можете запросить молитву за себя или за своих близких, позвонив или написав в общество Self-Realization Fellowship, Лос-Анджелес, Калифорния. Всемирный молитвенный круг, состоящий из членов SRF и их друзей по всему миру, содействует этой миссии и регулярно воздает молитвы за мир на земле и благополучие всего человечества. Брошюру с описанием деятельности Всемирного круга молитвы можно запросить в SRF.

общались с Ним каждый миг нашей жизни, разве мы нуждались бы в молитвах или просьбах о чем-либо? У нас было бы такое ощущение совершенного благополучия и полной уверенности в Боге, что мы бы жили в постоянной внутренней убежденности: «Он знает, что делает. Я не всегда понимаю Его пути, но я счастлив в своем осознании того, что Он знает, как будет лучше». Вот что значит вверить себя Богу.

Совершенная любовь к Богу предполагает абсолютную уверенность в том, что на все воля Божья. Поэтому молиться за себя — значит демонстрировать несовершенство своей преданности Богу. Если мы любим человека глубоко и безусловно, безоговорочно веря в его любовь, нам неважно, как он поступает с нами. Тот же идеал применим и к нашей любви к Богу: нужно вверить Ему свою жизнь, свой ум и свое сердце, чтобы проходить через любой опыт с одинаковым умонастроением, в котором наше сознание невозмутимо и абсолютно спокойно. Ум обладающего таким сознанием человека устремлен к Богу, а своим существом он настолько глубоко погружен в Него, что, когда приходят проблемы, ему абсолютно неважно, что происходит с его временным телом. Я верю именно в такой подход — когда человек полностью уповает на Бога.

Это вовсе не означает, что вы будете избавлены

от страданий. Помню, как однажды Парамахансаджи сказал: «Это тело у меня болит уже многие годы. Но вот что странно: с одной стороны, Божественная Мать посылает эти страдания, а с другой — присматривает за этим телом через всех вас». Его «я» было полностью отождествлено с Богом. Осознавая себя как душу, он был способен отстраняться от тела и видеть, что это Бог позволял его телу страдать, в то же самое время заботясь о поддержании его жизнедеятельности.

Вверить себя Богу подобным образом — не значит пребывать в депрессивном состоянии примирения с болью, восхваляя страдание как добродетель и молясь, чтобы оно поскорее пришло. Если набожный человек просит Бога послать ему боль всего мира, считая, что своими мучениями он угодит Богу, значит, он практикует негативный подход. Мне ближе позитивный подход, когда человек размышляет так: «Я — душа. Моя природа блаженна, всемогуща и совершенна. Я буду заботиться об этом теле, при этом не привязываясь к нему и не сожалея о каком-либо несовершенстве, которое может в нем развиться». Если у вас болит голова, нет ничего плохого в том, чтобы использовать разумные средства для облегчения своего состояния. Но при этом вы должны осознавать, что ваша истинная природа существует отдельно от тела, будучи незатронутой дискомфортом телесной оболочки.

Тело лишь одеяние души

Тело на самом деле не более чем одеяние души. Когда у человека изнашивается и рвется пальто, он, как правило, о нем не горюет: он либо чинит его, либо меняет на новое. Не позволяйте своему сознанию отождествлять себя с телесным костюмом, который временно носит ваша душа.

Люди, не понимающие пути Господни, думают, что духовное совершенство предполагает также и совершенство тела; что тело человека, который находится в гармонии с Богом, не будет подвержено физическим болезням. Это заблуждение! Тот, кто отстаивает эту идею, сам привязан к своей физической оболочке: тело имеет для него слишком большое значение. Я не пытаюсь сказать, что мы не должны заботиться о теле в рамках здравого смысла. Шри Юктешвар говорил: «Зачем лишать собаку кости?»[3] Давайте телу то, что ему нужно, и забывайте о нем. И Христос говорил: «Не заботьтесь для души вашей, что вам есть, ни для тела, во что одеться… Ваш же Отец знает, что вы имеете нужду в том»[4].

[3] «Автобиография йога», глава 12.
[4] Лк. 12:22, 30.

Дело в том, что ни одному смертному, как бы он ни заботился о своем теле, не будет позволено жить в физической оболочке вечно. Зачем же тогда уделять столько внимания чему-то временному? Посвящать излишнее количество времени телу в ущерб развитию души — значит совершать духовную ошибку. Бог намеренно позволяет болезням и несовершенствам входить в наше тело, чтобы через страдания — если они потребуются — пробудить в нас осознание того, что, будучи Его детьми, мы не являемся этим смертным телом, и этот мир не есть наш дом. Мы бессмертные души, и наш дом — в Боге.

Подчеркивая важность полного подчинения Богу, мы не должны умалять ценность молитв и аффирмаций. Если человек всецело вверит себя Богу, следуя идеалу Парамахансы Йогананды, это принесет ему огромное воодушевление, потому что такая преданность основана на совершенном духовном понимании Божьей воли и гармонии с ней. Тот, кто сонастроен с Богом в такой степени, знает, когда и как именно оказывать сопротивление возникающим проблемам, а когда нужно проходить через страдания со смирением.

Бог помогает тем, кто помогает самому себе

Иисус обладал силой вызволить себя из рук тех, кто собирался его распять: «Или думаешь, что Я не могу теперь умолить Отца Моего, и Он предоставит Мне более, нежели двенадцать легионов Ангелов?»[5] Но при этом он молился: «Отче! о, если бы Ты благоволил пронести чашу сию мимо Меня! впрочем, не Моя воля, но Твоя да будет»[6]. Для тех, кто не чувствует такой сонастроенности с Богом в любой ситуации, молитвы и аффирмации не просто полезны, а желательны. Они помогают развить восприимчивость ума и сознания к Божьему благословению и руководству, укрепляя веру и приводя в действие волю, которая, в свою очередь, пробуждает целительную жизненную силу. Таким образом, молитвы и аффирмации задействуют еще один космический закон: Бог помогает тем, кто помогает самому себе.

Магнетическая сила аффирмации

Каждый человек должен практиковать аффирмации. Для меня самые действенные аффирмации — это «Господи, не моя воля, но Твоя да свершится через меня» и «Господи, это Ты Вершитель всех дел — не я».

Мир построен по принципу вращения одной частицы вокруг другой (например, электрон вращается вокруг протона), что порождает созидательную

---

[5] Мф. 26:53.
[6] Лк. 22:42.

силу. Аффирмация работает по тому же принципу. Сконцентрированная сила воли, вращающаяся вокруг одной мысли, порождает могучую магнетическую силу. Когда такие аффирмации, как «Господи, Ты мой, а я — Твой» или «Господи, Ты пребываешь в его теле. Он здоров» повторяют снова и снова, с нарастающей силой могучей мысли, это приводит к материализации утверждаемой идеи.

Если же сконцентрированная воля вращается вокруг негативной мысли, этот принцип произведет негативный результат. Негативным мышлением человек может нанести большой вред как себе, так и окружающим. Что человек посеет в этом мире, то он и пожнет; любая мысль, отправленная человеком в эфир, обязательно к нему вернется. Поэтому Парамаханса Йогананда говорил: «Следите за своими мыслями. Знайте вне всякого сомнения, что семена, которые вы посеете, вы же однажды и пожнете». Так что позитивное и правильное мышление важно для вашего блага и блага других людей.

Мысль — самая мощная сила на свете

Мысль — самая мощная сила на свете. Из мысли Бога родилось все мироздание. Ничто не может существовать без Бога. Поскольку мы сотворены по

Его образу и подобию, Его непобедимая сила живет в каждом из нас, а наши мысли и наше сознание — часть Божественного Разума, Сознания Бога. Мы не должны ничего обретать, но мы должны найти свой внутренний источник силы, прежде чем мы сможем проявить его.

Когда вы проговариваете аффирмацию для исцеления себя или других, воображайте мощный заряд целительной силы Бога как белый свет, окружающий вас или человека, за которого вы молитесь. Почувствуйте, как он рассеивает все болезни и несовершенства. Каждая наша возвышенная мысль, каждое слово нашей молитвы, каждое совершаемое нами доброе дело пропитаны Божьей силой. Мы сможем проявлять эту силу в большей степени по мере того, как наша вера будет становиться крепче, а наша любовь к Богу — глубже.

Знайте наверняка: если что-то делается во имя высшего блага, сами законы космоса и Божья воля поддадутся влиянию молитвы или аффирмации — особенно если мысль молящегося непреклонна, а его вера абсолютна. Если же человек упорно молится и произносит аффирмацию об исцелении со всей своей верой и преданностью, а исцеление не приходит, значит, ему нужно смиренно покориться высшей мудрости Бога. Однако до тех пор, пока Бог не вынесет

Свое окончательное решение, Он будет ожидать, что человек проявит дарованную Им силу воли и стойкость, чтобы противостоять всем несовершенствам в этом мире непостоянства и относительности.

Потребность человека в Боге

Главный международный центр SRF,
Лос-Анджелес, Калифорния,
24 марта 1969 года

Где бы человек ни жил — в миру или в ашраме, — наибольшее удовлетворение он получает, когда следует внутреннему духовному пути. Когда человек обретает Бога, его сердце уже не жаждет ничего другого. Все, чего он желал раньше, он находит в полной внутренней удовлетворенности, которую испытывает в Боге. У такого человека только одна молитва: больше не поддаваться иллюзии этого мира. Стоит человеку войти в контакт с Богом — в потайной ход, по которому он может сбежать из тюрьмы телесно-эгоистического сознания на свободу сознания души, — и он уже никогда не захочет вернуться обратно в заточение.

Наше понимание порабощающей природы эго развивается согласно той степени, в какой мы вручаем Богу свое маленькое «я» со всеми его ограничениями и эгоистическими желаниями. Бог не может войти в сознание человека, который постоянно думает: «Я, я, я».

В человеке, поглощенном своим собственным «я», нет места для «Только Ты, Господи». Избавление от этого маленького «я» должно стать нашей первостепенной задачей. Это непросто, но, по мере того как человек развивает в себе жажду по Богу, все становится проще.

Очень часто жажда по Богу пробуждается, когда человек проходит через боль и страдания. Однако я считаю, что на духовном пути можно обойтись и без страданий. Многие существующие интерпретации жизни и учения Христа идеализируют печаль и страдания. Такой подход действует угнетающе. Я отвергла эту концепцию, когда была еще совсем юной: я и представить себе не могла, чтобы кто-то искал печаль и страдания добровольно и с радостью. Это не реалистичный и не практичный подход к поискам Бога, потому что такие негативные состояния неестественны для души. Я бы никогда не встала на путь Йоги, если бы он мне показался путем печали! Я верила, что поиски Бога должны положить конец всем страданиям. Проведя на духовном пути тридцать с лишним лет, я могу сказать с полной уверенностью, что обретение Бога и общение с Ним в самом деле знаменуют конец человеческим страданиям.

Это не значит, что богоискатель не сталкивается с разного рода трудностями. Мы не смотрим на жизнь глазами реалиста, если думаем, что, только потому, что мы ищем Бога, Он должен убрать все препятствия с нашего пути. Он, несомненно, мог бы это сделать, но как бы тогда человек развил свою силу? Мышцы становятся сильнее, когда они работают. Бездействующая рука, которая просто висит на своем месте, вскоре теряет свою силу и усыхает. И так же с человеком. Если его мышцы веры, самоотдачи, сострадания, терпения, любви, преданности, упорства и других неразвитых качеств, дремлющих в глубине его души, не «упражняются» в процессе духовного поиска, человек никогда не изменится и не преодолеет свои слабости и ограничения.

И Бог, и человек ищут безусловной любви

Бог очень терпелив со Своими детьми. Он любит нас безусловно, несмотря ни на что. Разве это не та любовь, которую мы жаждем от Него получить? Мы же не хотим от Бога кратковременной любви, которая может закончиться, если мы сделаем что-то не так или не всегда будем жить согласно высшим идеалам? И наша любовь к Богу тоже не должна быть быстротечной: мы не должны от Него отворачиваться, когда ошибочно полагаем, что Он нас оставил. Такая любовь не имеет смысла. Если мы хотим заполучить безусловную и вечную любовь, нам нужно быть готовыми дарить такую же любовь Богу, а также всем людям в этом мире.

Из опыта многих прошлых жизней я достоверно знаю, что ни один человек на свете не в состоянии дать мне то, чего я ищу. Как бы человек ни обожал меня, как бы ни хвалил, как бы ни любил и превозносил, этого никогда не было достаточно. Только Бог может удовлетворить мою душу. Только Он может полностью удовлетворить сокровенные желания каждого из нас.

Больше уповайте на Бога: Он способен вам помочь

Мы должны иметь веру в то, что все жизненные события происходят по воле Божьей и несут Его благословение. Трудности созданы не для того, чтобы нас наказать, а для того, чтобы сделать нас сильнее и проверить на прочность нашу веру и любовь к Богу. Это Бог непрестанно ведет нас по жизни. Чем крепче вы держитесь за Его руку, тем больше у Него возможностей помочь вам. Отпустите Его руку из-за обиды или потери веры в связи с тем, что мир, как вам кажется, к вам несправедлив, и будьте уверены, что вы отпускаете руку самого Источника, из которого приходит все то, чего вы ищете. Эта великая истина постоянно находит подтверждение в жизни.

Помните, что в этом мире мы получаем ровно то, что отдаем. Нас наказывает не Бог — это мы создаем причины нашего болезненного жизненного опыта своими неправильными действиями в этой или в прошлых жизнях. Причина равна следствию, а следствие равно причине. Никогда в этом не сомневайтесь. Всегда старайтесь порождать такую причину, которая будет приносить благой результат. Самая прекрасная причина, которую мы можем породить, — это активная, сознательная, всевозрастающая любовь к Богу. Только Он может принести богоискателю исполнение всех его желаний. Мы никогда не должны упускать из поля зрения эту истину.

Живите, чтобы радовать Бога

Слова о любви к Богу мало что значат. Любовь к Богу можно выразить только своими действиями. Возможно, именно поэтому в Библии сказано, что человека узнают по его делам[1]. Не расстраивайтесь, если люди не придают значения вашему труду. Мы ни в коем случае не должны унывать, если наши добрые дела и попытки улучшить себя остались

---

[1] «Итак по плодам их узнаете их. Не всякий, говорящий Мне: „Господи! Господи!", войдет в Царство Небесное, но исполняющий волю Отца Моего Небесного» (Мф. 7:20-21).

незамеченными. Мы пришли на землю, чтобы делать работу не для человека, а для Бога. Любое исполненное дело должно расцениваться нами как подношение, которое мы смиренно возлагаем к Его стопам. Ведь именно с Богом мы имеем дело каждое мгновение нашей жизни, что бы мы ни делали. Он есть Живая Сила, ведущая и поддерживающая нас. Лишь Он один всегда с нами, лишь Он один знает все наши мысли. Вот почему очень важно, чтобы наши мысли были благородными и возвышенными. Своими действиями мы должны стремиться радовать Его. Радуя Бога, мы можем надеяться, что наша жизнь и наши дела также порадуют и Его детей.

Непонимание и порождаемая им боль не возникают у тех, кто чист сердцем. Наше сердце очистится лишь в том случае, если мы не будем терять из виду нашу истинную Цель — Бога. Духовный искатель не заблудится и не сойдет с пути, если будет предпринимать шаги, ведущие к Цели, а именно: если он будет непрестанно жаждать Бога, разговаривая с Ним и практикуя Его присутствие; если он будет ежедневно медитировать, даже когда у него нет желания этого делать; наконец, если он посвятит свою жизнь и деятельность всецело Богу.

Бог не нуждается в нас, а вот мы крайне нуждаемся в Боге. Нам нужна Истина. Нам нужно изловить

Реальность в огромном океане ирреальности; мы должны крепко держаться за этот плот Реальности, пока не причалим в целости и сохранности к берегам вечного осознания Бога.

Как завоевать расположение Бога

Сатсанга с главами центров Self-Realization Fellowship в рамках Всемирной ассамблеи SRF, приуроченной к 50-летней годовщине общества, Главный международный центр SRF, Лос-Анджелес, Калифорния, 13 июля 1970 года

В своих учениях Парамаханса Йогананда в первую очередь подчёркивает важность и необходимость глубокого погружения в море медитации, где можно найти жемчужины Божьей мудрости, покоя, любви и радости. По словам Гуруджи, чтобы не потерять эти сокровища, богоискатель должен жить, двигаться и развиваться в тишине. Мы это практикуем в ашраме. Но вы не подумайте, что мы всё время сидим в тишине и медитируем. Мы здесь очень заняты. При этом мы всё больше учимся жить внутренней жизнью, не растрачивая время и силы на бессмысленные разговоры.

Гуруджи говорил: «Если вы встряхнёте кувшин, заполненный водой наполовину, вы услышите звук плещущейся воды; но, если кувшин полон до краёв, этого звука не возникает. Вот таким должен быть человек: до краев наполненным сознанием Бога». Когда кувшин ума полон божественных мыслей, у человека нет желания говорить. Он предпочитает быть безмолвным наблюдателем, впитывающим в себя все хорошее и прекрасное и стоящим в стороне от всех тривиальностей, которые отвлекают его внимание и нарушают его покой.

Такое состояние — не рассеянность. Никому в ашраме Гуруджи не позволял быть невнимательным: он учил нас всегда сохранять бдительность. И всякий раз, когда наши умы становились беспокойными или чувствительными ко внешнему миру, Парамахансаджи напоминал нам о нашей высокой цели, говоря: «Сосредоточьте свой ум на Боге».

Сколько раз после обсуждения с Гуру какой-либо проблемы я писала в своем дневнике: «Мастер сказал: „Вручи это Богу. Все зависит только от Него"». Парамахансаджи не имел в виду, что для достижения наших целей в этом мире мы должны просто сидеть и медитировать, и все придет само собой. Это все равно что сказать ученому, бизнесмену или домохозяйке: «Ты сиди и молись, а Бог сделает всю работу за тебя!»

Гуруджи был очень практичным, он учил нас, что Бог помогает тем, кто помогает самому себе. Каждого человека Творец наделил искрой Своего божественного разума. Мы должны развивать свой потенциал путем использования этого разума. Во время исполнения своих обязанностей мы должны постоянно молиться в своих мыслях: «Господи, я буду размышлять, я буду прилагать волю, я буду действовать, но Ты направляй мой разум, мою волю и мои действия, чтобы я все сделал правильно». И это работает! Я знаю, насколько эффективна эта молитва, потому что именно так осуществлялась все эти годы работа общества Self-Realization Fellowship.

Бога очень легко познать

Некоторые духовные искатели жалуются, что Бога трудно познать. Но в действительности Его очень легко познать, потому что Он не отделен от нас и никогда не разлучался с нами. Если бы Он был от нас отделен, нас бы здесь не было, нас бы просто *не существовало*. Когда наши мысли направлены вовне и погружены в перипетии этого мира, мы теряем связь с Богом. Это простейшая истина.

Как же наладить внутреннюю связь с Богом? Просыпаясь с утра, не думайте первым делом о работе. Выработайте привычку вставать несколько раньше обычного, и тогда вы сможете посвятить пятнадцать-тридцать минут медитации и общению

В одной из школ общества Yogoda Satsanga Society. Ранчи, Индия, 1972 год

«Дети учат и дисциплинируют нас: нам приходится учиться безграничному терпению, нам приходится учиться преодолевать себя и выходить за рамки своего эгоизма, чтобы помогать им строить судьбу».

Варанаси, 1961 год

«Мы можем сделать свою жизнь настолько интересной и увлекательной, что все в этом Божьем мире будет поражать наше воображение. Как? Не нужно смотреть лишь на внешнюю сторону вещей — старайтесь узреть во всем Божью руку».

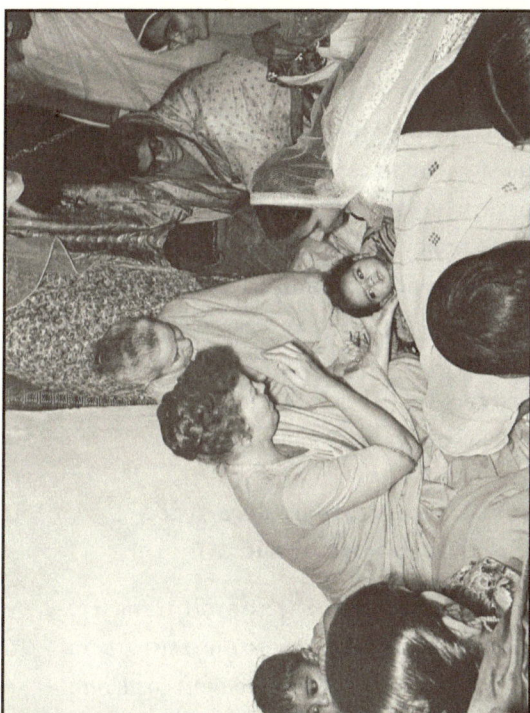

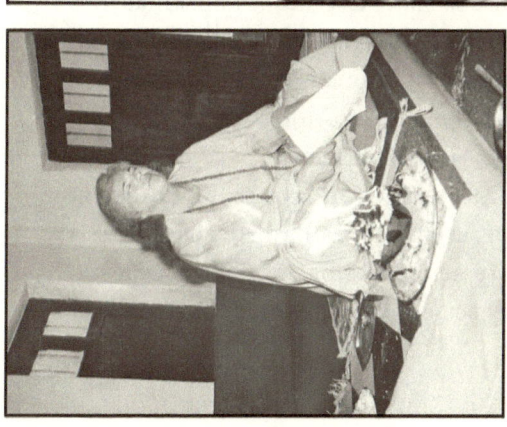

Матаджи проводит санньясу (церемонию посвящения в монахи) для послушников ашрамов SRF/YSS. Ранчи, Индия, 1968 год.

Мать привела своего ребенка к Матаджи для благословения. Индия, 1961 год

«Всякий раз, когда я читаю об идеальной любви между друзьями, родителями и детьми, а также мужьями и женами, я думаю про себя: „О Возлюбленный Господь, если человеческие отношения могут быть такими прекрасными, во сколько же раз прекраснее отношения с Тобой — ведь от Тебя исходят все формы любви!"»

с Богом до начала рабочего дня. Когда вы медитируете, забывайте о времени и о своих мирских обязанностях. Если вы заканчиваете медитацию в суете, вы не будете достаточно восприимчивы, чтобы почувствовать Божье присутствие. Во время медитации избавляйтесь от всех посторонних мыслей и думайте только о Боге. Говорите с Ним на языке своего сердца. А после медитации старайтесь в меру своих сил наполнять все свои занятия тем медитативным покоем, который вы почувствовали в сердце.

Если вы будете ждать от Бога чудес, Он скроется от вас

Однажды, когда вы меньше всего этого ожидаете, вы почувствуете признак сладостного Божьего ответа. Именно так человек растет в божественном сознании. Но для этого необходима ежедневная практика. Это сознание не обретается в одночасье. Не ждите, что Бог выйдет из-за облаков и явит вам золотые письмена на небесах. Если вы будете ждать от Бога чудес, Он скроется от вас. Таковы пути Господни.

Если вы надеетесь узреть чудеса, вы хотите не Бога. Вы хотите, чтобы Бог вам что-то доказывал. А этого Он делать не будет. Полюбите Его искренне, доверьтесь Ему всем сердцем, не ставя Ему никаких условий, и тогда Бог подарит вам Себя. Если вы ищете лишь Его чудес, Он никогда не придет к вам.

Сверхъестественные переживания необязательно свидетельствуют о духовном росте. Искренний богоискатель склонен молиться о том, чтобы у него не было подобных переживаний, ибо он знает, что они могут отвлечь его от истинной цели — Бога. Духовные феномены пробуждают в верующем не любовь к Богу, а скорее желание вновь и вновь получать от Него ощутимый ответ. Многие благородные души утрачивали свое возвышенное сознание, потому что в поисках чудес забывали о Боге. Когда Парамахансаджи видел, что подобное происходит с его учеником, он говорил: «Этот путь ведет к заблуждению. Жажди Бога, люби Бога только ради Него Самого. И тогда Он ответит тебе». Я всегда следовала этому правилу в своей жизни. Я молюсь Богу: «Мне ничего от Тебя не нужно, Господи, мне не нужны никакие доказательства. Я прошу Тебя только об одном чуде: какие бы события ни происходили в моей жизни, какие бы обязанности на меня ни были возложены, через какие бы испытания я ни проходила, обещай мне, что я никогда не утрачу жажду по Тебе. Если я потеряю это чувство, я просто не смогу жить». Таково мое желание — никогда не терять этой жажды, и поэтому Он всегда в моем сердце. Такое чувство испытывает каждый искренний богоискатель.

Внутреннее ви́дение, раскрывающее загадку природы

Мы можем сделать свою жизнь настолько интересной и увлекательной, что все в этом Божьем мире будет поражать наше воображение. Как? Не нужно смотреть лишь на внешнюю сторону вещей — старайтесь узреть во всем Божью руку. Возьмем, к примеру, цветы. Их красота так завораживает! Ведь это же чудо: из крохотных семян, так похожих друг на друга, произрастает неисчислимое разнообразие образцов опьяняющей красоты!

Большинство людей живет поверхностной жизнью, никогда ни о чем глубоко не задумываясь, всегда в поисках новых острых ощущений. И результатом такой жизни становится пресыщение и пустота. Эта духовная болезнь широко распространена сегодня в мире.

Парамаханса Йогананда учил нас ценить даже песчинку — ведь двух одинаковых нет — и дивиться красоте цветов и деревьев. Он учил нас с почтением смотреть на каждое Божье творение и видеть за всеми материальными формами Самого Творца. Когда человек учится жить духом, он начинает видеть доселе скрытые от него красоты природы; на бескрайнем голубом небосклоне он созерцает тайнопись Господа. Такое внутреннее ви́дение, раскрывающее загадку природы и являющее присутствие Бога, приходит с постоянной практикой Божьего присутствия. Все многообразие вещей в конце концов может быть сведено к Нему Одному. Бог есть Общий Знаменатель всего сотворенного, всего человечества. Всегда держите Его в своих мыслях, чем бы вы ни занимались. Такова суть *карма-йоги*, а также *бхакти-йоги*[1].

Качества истинного карма-йога

Слово «карма» означает «действие»; *карма-йога* — это путь единения маленького «я» с Богом через бескорыстную деятельность. Если человек хочет познать Бога в этом мире, он должен стремиться делать то, что правильно, то, что полезно, то, что конструктивно. Кроме того, Парамахансаджи учил: «Всегда думайте, что все свои дела вы исполняете для Бога».

Каждый человек имеет свои обязанности, — обязанности, возложенные на него Богом и кармическим законом в соответствии с его прошлыми деяниями. Человек должен исполнять свои обязанности, не

---

[1] *Бхакти-йога* — путь к Богу через преданную любовь и поклонение.

пренебрегать ими; он должен делать все, что в его силах, и в то же время доверять Божьей мудрости и Его водительству. Когда человек делает что-то для себя, он отождествляется со своим маленьким «я», своим эго. Но когда он вручает все Богу, он сознает свое врожденное единство с Духом. Посредством *карма-йоги* можно достичь совершенства только в том случае, если человек посвящает плоды своего труда Богу. Очень важно помнить об этом.

Мы полностью зависим от Бога

Почему человек, будучи смертным, преходящим существом, думает, что он автоматически обретает право на все, что есть в этом мире? Ведь он даже не знает, почему он родился на земле и когда ее покинет. Все мы полностью зависим от Бога — Того, Кто послал нас сюда. Мы пришли на землю, чтобы наилучшим образом исполнять данные Богом обязанности и возлагать плоды нашего труда к Его стопам. Бог поддерживает нас каждое мгновение нашей жизни — на протяжении всей вечности. И как это печально, когда человек отвергает Того Единственного, Кто дарует ему жизнь!

«Вручайте все Богу, — говорил Гуруджи, — даже ответственность за свои действия. Он хочет, чтобы вы возложили на Него всю ответственность, ибо Он единственный Вершитель, действующий через вас. Вы же пытаетесь лишить Его и плодов своих действий, и ответственности за них». Обыкновенный человек днями и ночами погружен в сознание «я-мне-мое». Сколь заметно это контрастирует со сладостной кротостью нашего Гуру! Когда кто-нибудь восторгался им, его лицо озаряла несказанно нежная улыбка и он говорил: «Это Он Вершитель всех дел — не я».

Парамахансаджи учил: «Когда это „я" умрет, тогда я узнаю, кто есть я». Когда сознание эго исчезает, человек воистину начинает жить такой мыслью: «Господи, если я и делаю что-то хорошее в этом мире, то только благодаря Тебе. Пожалуйста, прости меня за мои ошибки и помоги мне не повторять их».

Никогда не бойтесь Бога

Бог никогда не наказывает людей за их ошибки. Он очень добрый, всепрощающий и любящий. Никогда не бойтесь Его. Будучи еще совсем маленькой, я отвергала концепцию мстительного Бога. Я бы не смогла принять Бога, Который строго наказывает Своих детей за их ошибки и прегрешения. Любит ли кто-нибудь такого отца? Ребенок живет в постоянном страхе и убегает от рассерженного родителя, который бьет или шлепает его, когда он делает что-то не так.

Перед Богом все мы словно малые дети. Он знает человеческие слабости и подверженность человека *майе*, Его космической иллюзии. Бог знает о нашем неправильном поступке прежде, чем мы его совершим. Когда мы поступаем неправильно, мы должны признавать свою ошибку и, словно малое дитя, бежать к Нему, испрашивая прощения и благословения, чтобы на следующий день Он помог нам вести себя лучше. Привычка общаться с Богом подобным образом углубляет наши с Ним отношения. Если они основаны на любви и духовный искатель искренне стремится улучшить себя, Бог не наказывает Свое дитя.

Напоминайте Богу, что Он ответственен за наши трудности

Это Бог сотворил космическую иллюзию, в которой погряз человек. Напоминайте Богу, что это Его вина. Если бы Он не сотворил *майю*, человек не делал бы ошибок под влиянием этой иллюзии. Когда мы напоминаем Богу, что Он ответственен за наши трудности, нам также следует просить Его дать нам сил, чтобы мы смогли сорвать покровы иллюзии и всегда зреть Истину. Нас не должно волновать, что делают другие и принимают ли они нас: в своей жизни мы всегда должны хотеть жить лишь Истиной и зреть лишь Истину.

Мир может не понимать нас, но мы здесь не для того, чтобы обрести признание мира. Истинное предназначение человека — заслужить похвалу Бога и быть признанным Богом. Мы должны жить не по человеческим стандартам, а по Господним. Вы и сами видите, что происходит с Божьим миром оттого, что человек живет по мирским стандартам! Общество сейчас находится в таком состоянии, что мы не доверяем ни чиновникам, ни политикам, ни родителям, ни молодежи, — никто ни к кому не испытывает доверия. Ведь это же трагедия! Как это исправить? Прежде всего, мы должны начать доверять Богу. Вера в нашего Создателя и непрестанная мысль о Нем — это то, чего нам не хватает.

Мы должны востребовать свое утерянное божественное наследие. Человек уподобился блудному сыну из библейской притчи, и теперь он должен приложить усилие, чтобы вернуться домой, к своему Божественному Отцу. Для этого вовсе необязательно облачаться в шафрановое одеяние монаха. Истинная простота и свобода таятся в сердце. Оттуда Бог безмолвно наблюдает за вами и ведет вас по жизни. Вы должны развить в себе привычку говорить с Богом в своем сердце, исполнившись чувства любви и вручив себя Ему.

Также усердный богоискатель должен занять

нейтральную позицию по отношению к жизни. Я имею в виду не хладнокровное равнодушие, а особый подход, о котором Парамахансаджи говорил: «Вместо того чтобы порождать нескончаемые желания, которые не всегда приносят счастье, думайте о жизни таким образом: „Господи, это Ты поместил меня в это тело. Я не просил создавать меня. Это Тебе снится сон моей жизни"». Другими словами, сознавайте, что вы и все другие формы жизни есть не что иное, как сконденсированные, или материализованные, мысли Бога. Все, что мы собой представляем, все, что мы имеем, — все это принадлежит Ему. Сами по себе мы ничто. В Нем мы обретаем все, в Нем мы живем по-настоящему. Давайте же будем вершить добрые дела и наслаждаться благостными плодами этой жизни именно в таком сознании.

Секрет духовного продвижения

*Ашрам Self-Realization Fellowship
Энсинитас, Калифорния,
25 мая 1967 года*

Чтобы выработать в себе духовные привычки, очень важно поставить на своем духовном пути «верстовые столбы». Парамаханса Йогананда не был любителем правил, но он говорил, что они необходимы духовному искателю в самом начале его пути. Когда человек научается вести себя правильно, необходимость в правилах отпадает.

Концепция правильного поведения, истолкованная в свете мудрости Шри Юктешвара, предполагает правильное умонастроение и правильные действия, порождаемые нерушимой сонастроенностью с Богом. Мы перестанем нуждаться в правилах, когда достигнем состояния, в котором будем постоянно пребывать в Его осознании. Но до тех пор мы должны придерживаться дисциплины. Не нужно воспринимать духовные правила как нечто ограничивающее. Они наши друзья: они указывают нам путь и конструктивно направляют нашу энергию, наши мысли и наши действия в сторону Бога.

В полной мере понять суть всех правил и с готовностью следовать им мы сможем лишь тогда, когда усвоим формулу правильного поведения: *необходимо делать то, что следует и когда следует*. Человек, научившийся такому искусству правильного поведения, не нуждается в правилах; в то же время он продолжает следовать этим принципам, не чувствуя при этом никакой ограниченности. Например, ежедневная групповая медитация — одно из правил наших ашрамов. Когда человек обретает понимание и умение делать то, что следует и когда следует, это правило перестает быть для него правилом. Он следует ему автоматически, потому что в нем выработалась привычка вести себя правильно, а также потому, что медитативная практика — это часть образа жизни, который он хочет вести. Он *хочет* быть с Богом.

Неуправляемые потоки воды, затапливающие земли, являют собой разрушительную силу. Чтобы использовать силу воды в конструктивных целях, человек должен сперва построить плотину и взять движение воды под контроль. Вот тогда ее сила может быть использована конструктивно. То же касается и духовного усилия. Если мы направляем его в нужное русло, оно продуктивно. Мудрые правила не препятствие — наоборот, они ведут нас в желаемом направлении, по прямому пути. На духовном пути эти правила становятся неотъемлемой частью жизни.

Ученики общества Self-Realization Fellowship должны сделать принципы, которым учит Парамаханса Йогананда, своими правилами, «верстовыми столбами», следуя предписанной им духовной практике, и тогда они увидят, как эффективны их усилия на пути к Богу. Первым в этом списке стоит правило ежедневной медитации, уравновешенной правильной деятельностью.

Конфликт между служением и медитацией

В умах решительных богоискателей часто возникает вопрос: «Как соотносятся между собой работа и медитация? В чем заключается моя первоочередная обязанность — в конструктивной деятельности или в медитации?» В действительности, высшая форма деятельности — это медитация. Поэтому ею нельзя пренебрегать, даже если от этого немного пострадают другие обязанности духовного искателя.

Бог одновременно активен и неактивен. Если бы Он был бездеятелен, мироздания бы не существовало. В то же время Он, как Абсолют, стоящий за всем творением, пребывает в вечном покое. Если мы являемся душами, сотворенными по Его образу и подобию, — то есть в сущности ничем от Него не отличаемся — тогда наша внутренняя природа тоже одновременно активна и неактивна. Цель каждого человека, стремящегося к познанию Бога, — научиться сочетать в своей жизни эти два качества.

Это превосходно, если у богоискателя есть стремление, сила воли, решимость и вдохновение, чтобы сидеть по восемь, десять или двенадцать часов в сутки в глубокой медитации — и не с рассеянным умом, когда он то засыпает, то приходит в себя, а именно в *глубокой медитации*. Однако духовный искатель не может пребывать в медитативном состоянии продолжительное время, если он еще не достиг высокого уровня духовного развития. Таким образом, очень важно, чтобы средний человек, стоящий на духовном пути, выполнял всю свою работу как служение Богу. Все желания человека должны склоняться в сторону медитации, это неоспоримо. Но человек должен сочетать это желание с духом бескорыстной деятельности.

Бхагавад-Гита говорит нам, что мы должны научиться быть деятельными не для себя, но для Бога, и что мы должны сочетать свою деятельность с медитацией. В этом и состоит суть философии, которой Господь Кришна учит Арджуну в Гите. Как и многие другие люди в этом деловом мире, я никогда не имела возможности быть полностью свободной ото всех дел. Но я с самого начала приняла решение, что каждая свободная минута моей жизни будет наполнена Богом. Это чрезвычайно важно — работать ради Бога, делать все для Него и использовать все свое свободное время, чтобы думать только о Нем. Именно так уравновешиваются и сочетаются в нашей жизни эти два принципа — действие и бездействие.

Один восприимчивый ученик однажды спросил меня: «Не соблазн ли это, когда у человека появляется желание завершить, укоротить или же пропустить медитацию ради того, чтобы заняться какой-либо формой полезной деятельности?» Да, это соблазн. У нас есть определенные обязанности — мы не можем этого отрицать, но при этом мы очень часто занимаем себя делами, которые могут быть выполнены позже, после того как мы восполнили свою потребность в медитации. Кроме того, всякий раз, когда мы заканчиваем свои дела, мы должны отставлять все отвлечения и садиться медитировать — в тот самый момент, когда об этом подумаем. Вечерние часы, а также послерабочее время необходимо занимать усилием, направленным на богопознание.

Медитация — наша первостепенная обязанность

Заведите привычку уединяться и глубоко медитировать после выполнения своих обязанностей. Мы были обучены культивировать эту привычку еще в самом начале нашего пути. Мне очень помогла следующая практика: раз в неделю я заканчивала свою работу в ашраме в пять часов, после чего, пропуская ужин, шла в свою комнату и садилась медитировать. И я не сходила с места, пока не наступала полночь. Эта практика даровала мне неописуемое божественное благословение и духовную силу. Каждый, кто будет преданно следовать этому принципу, прилагая искреннее усилие находить время для Бога, обнаружит, что его духовный рост значительно ускорился.

Медитация — наша первостепенная обязанность. В медитации устанавливаются отношения с Богом, что в свою очередь придает смысл всему остальному в жизни. Поэтому в первую очередь мы должны медитировать, а затем уже выполнять остальные обязанности. В большинстве случаев мы пропускаем медитацию потому, что придумываем себе оправдания не медитировать. Слишком часто мы предпочитаем объясняться: «Почему я должен все это делать? Я лучше помедитирую» или «У меня слишком много дел. Нет времени медитировать». Мы так рассуждаем, когда хотим найти оправдание для того, чтобы не работать или не медитировать. Если человек по-настоящему жаждет Бога, он ничему не позволит встать на его пути. Да, у него могут быть обязанности, которые он должен исполнять. Но он не допустит и мысли о том, что его дела не дадут ему искать Бога. Вот что такое правильное умонастроение.

Поиск Бога требует огромной силы воли и самодисциплины. Мы не обретаем Священное Сокровище с помощью нескольких прочувствованных молитв или пары добрых дел. Это Сокровище мы обретаем с помощью самодисциплины, с помощью силы воли, которую мы прилагаем, чтобы заставить себя медитировать, совершать правильные поступки и исполнять свои обязанности надлежащим образом.

Человек не мог бы рассуждать, не мог бы даже пальцем шевельнуть, если бы Бог не дал ему силу для этого. Поэтому единственный Вершитель — это Бог. Мы лишь Его инструменты. Если человек удерживает в себе это осознание во время выполнения своих дел, его действия становятся формой медитации. Человека формируют его мысли. Медитация как состояние внутренней сонастроенности с Богом может оказать благотворный эффект на любую деятельность в нашей жизни.

Изменив свое мышление, мы станем ближе к Богу

Мы есть, потому что Бог есть. Он первопричина всей жизни, вне Него нет ничего. Из этого следует, что мы Его часть. Чувство отстраненности от Бога — это иллюзия. Мы сможем ее развеять, если изменим свое мышление. Что бы мы ни делали, наш ум всегда о чем-то думает. Так давайте же думать о Боге и мысленно говорить с Ним.

Например, когда вы заботитесь о своем теле, внутренне размышляйте: «Это тело — храм Божий. Я не имею к нему никакого отношения, но я забочусь о нем, дабы Бог мог использовать его по Своему усмотрению. А как Он его использует и будет ли Он поддерживать в нем жизнь — не моя забота. Я буду ухаживать за этим телом не потому, что оно мне нужно, и не потому, что я им порабощен или привязан к нему, но потому, что я сохраняю его для Бога».

Думая о Боге во время выполнения своих дел, мы, естественно, не должны быть рассеянны. Время от времени мы должны мысленно говорить: «Господи, без Твоей силы и Твоего разума, проявляющихся в этом теле, я бы не был способен ни на что». Человек, развивший внутреннюю связь с Богом в глубокой медитации, может быть погружен в мысль о Боге и внутренний диалог с Ним во время любого занятия. Именно об этом Парамаханса Йогананда говорит в своем прекрасном стихотворении «Боже! Боже! Боже!»: «И в бдении, во сне, за трапезой и за работой, служа, мечтая, медитируя, исполняя гимны, божественно любя, моя душа без устали поет безмолвно: „Боже! Боже! Боже!"». Всю свою жизнь Парамаханса Йогананда прожил именно так. Это возможно. Если мысль о Боге непрерывна, в один прекрасный день Бог внезапно отзовется. Радость, которая охватывает все ваше существо в этот момент, неописуема! Эта радость питает богоискателя на протяжении всего его духовного пути.

Выполняйте свои обязанности с готовностью, не жалуясь

Выполняя свои обязанности, мы не должны жаловаться. Мы всегда должны гореть желанием выполнить любую работу, которая нам дается. Когда мы жалуемся и нас одолевает негативное настроение, мы перекрываем поток Божьей силы и разрываем нашу с Ним связь. Делая все наилучшим образом, мы должны быть энергичны и позитивны, чувствуя при этом покорность Богу. Это несет такой покой и такое чувство безмятежности, какие мы не найдем больше нигде в мире. И все дела мы должны выполнять с готовностью. Мы должны следить за своими побуждениями, чтобы не обмануть себя, когда придумываем повод что-то не делать. Даже если мы можем логически обосновать свое «нет», внутренне мы знаем, когда именно мы отказываемся действовать из-за простого нежелания выполнять какое-то дело или из-за плохого настроения.

Выполняя свои обязанности для Бога творчески и с энтузиазмом, нельзя преисполняться гордости за свои свершения. Конечно, мы радуемся, когда делаем что-то хорошо. Каждый человек хочет чувствовать удовлетворение от проделанной им работы, и в этом нет ничего плохого. Но мы должны избегать эгоистической мысли: «Это сделал я». Именно в этот момент в нас рождается гордыня. Когда нас кто-то хвалит, мы сразу же должны мысленно отдавать всю заслугу Богу: «Господи, я знаю, что единственный Вершитель — это Ты. Сам по себе я ничего не знаю. Сам по себе я ничего не умею. Если я и способен делать что-то стоящее в этой жизни, то только благодаря разуму и вере, которыми меня наделил Ты». Таким вот образом человек воздает должное Богу, не давая проявиться чувству эгоистической гордости.

Как души все мы равны

Существует еще один способ не поддаться гордыне. Осознайте, что перед Богом все мы равны: в Его глазах нет ни большого, ни малого. Когда приходит смерть, человек лишается всех своих материальных достижений. И в чем же тогда их значимость? Будь вы великий ученый, великий оратор, великий писатель или иной «высокий» по мирским стандартам человек, — вы не заинтересуете этим Бога. Такие достижения не приносят ощутимого духовного знания. Единственное вечное достижение, которое не теряется со смертью, — это познание своей души. Духовные принципы — лучший уравнитель человеческого эго!

Наш гуру, Парамаханса Йогананда, смотрел на всех как на души. Это одно из тех качеств, которые я глубоко уважала в нем. Он не ставил людей выше или ниже из-за их умений или жизненного статуса. Его нельзя было подкупить своей властью или положением в обществе. Его мерилом был ответ вопрос: «Вы любите Бога? Вы хотите Его найти?» Это все, что имело для него значение. Такому критерию положил начало Иисус. Его ученики не обладали большой ученостью и не достигли высот в делах мирских. Двенадцать апостолов, на которых была возложена миссия распространения послания, живущего в умах человечества вот уже два тысячелетия, были людьми незнатными; некоторые их них были простыми рыбаками. Это указывает на то, что человеку засчитываются не мирские достижения, а достижения в борьбе за богопознание, усилия по обретению сонастроенности с Богом.

И последнее — но не по значимости: когда вы что-то делаете, нужно задействовать весь свой ум и способности, не привязываясь при этом к результатам своего труда. Это то, чему учит Гита. Когда человек научается выполнять все свои дела с большим энтузиазмом, удерживая в себе сознание непривязанности к результату, он ощущает огромную свободу ума.

Бог — единственное благо

Человек, ищущий Бога всем сердцем, со временем приходит к осознанию: все, что он когда-либо желал получить от человеческих отношений или от мира, приходит от Всевышнего. Это Бог дает ему всю похвалу и воодушевление, по которым томится его душа. Это Бог дает ему всю любовь, которую жаждала его душа на протяжении многих инкарнаций. Это Бог дает ему всю мудрость, понимание и счастье, которые он надеялся найти в других людях и в миру. Единый Абсолют дает ему силу выдержать любые невзгоды. Все мы хотим именно такой силы и такой самодостаточности, потому что наша душа знает, что она независима и всемогуща; что, будучи сотворенной по образу Божьему, она уже обладает этими качествами. Человеческие страдания вызваны тем, что душа не может проявить свою всемогущую природу, и потому мучается. Все ограничения, которые наложил на себя человек, — это невидимые цепи, в которые он заковал свою душу.

Медитация освобождает душу от этих цепей, а правильная деятельность становится проявлением свободы души и ее всесовершенной и блаженной сущности.

Совместима ли медитация на Бога с современной жизнью?

Краткое содержание выступления Шри Дайя Маты в Главном международном центре SRF, Лос-Анджелес, Калифорния, 12 февраля 1970 года

Ваша цель — реальные переживания в медитации, а не слова, изложенные на бумаге или изреченные устами. Сами по себе истины, которым учили Парамаханса Йогананда и все великие души на протяжении веков, не являются самоцелью. Они служат лишь золотым правилом, божественными законами, благодаря которым вы можете установить блаженные, опьяняющие, полные любви взаимоотношения с Богом. Не позволяйте написанным или изреченным словам вставать на вашем пути к этому глубокому личному осознанию. Говоря иначе, удовлетворяться нужно не словами, а самим переживанием, *осознанием* тех истин, которые эти слова описывают. Многие люди так глубоко погружаются в интеллектуальное осмысление истины, что забывают о конечной цели.

Кто-то задал мне такой вопрос: «Я все

медитирую и медитирую, но никак не могу преодолеть определенный рубеж. Иногда мне кажется, что мое сознание расширяется, но, как только я возвращаюсь к своим обычным делам, эта связь с Богом обрывается. Переживания в медитации еще не стали частью моей повседневной жизни. Я все еще не нашел ответа на вопрос, совместима ли деятельная жизнь на Западе с медитацией. Мое внутреннее чувство подсказывает мне, что уловить Абсолют можно только в глубочайшем покое, в тишине. Но как к этому прийти, если мы должны служить ближнему в этом занятом мире?»

Сочетайте медитацию с правильной деятельностью

Если мы обратимся к Бхагавад-Гите или к словам Иисуса в Библии, мы увидим, что истинный путь к Самореализации — это путь, сочетающий медитацию с правильной деятельностью. И то и другое крайне необходимо для того, чтобы обрести божественное сознание.

Когда я вступила в ашрам много лет назад, у меня была одна мечта. Я мечтала медитировать так долго и глубоко, как только могла себе позволить, — каждый день. У меня и мысли не возникало об организационной работе. Я работала на кухне, в саду, в офисе, а также выполняла обязанности секретаря нашего Гуруджи. Я делала все, что от меня требовалось, но у меня было только одно желание: прийти к Богу, установить с Ним контакт как можно скорее. Однако я заметила, что, всякий раз, когда я старалась оставаться активной лишь на медитативном уровне, Мастер втягивал меня обратно в работу. Долгое время это беспокоило меня, пока однажды Мастер не сказал: «Ты должна осознать следующее: поиски Бога предполагают и служение Ему в мире людей. Ты не сможешь всецело погрузиться в Божье сознание, пока не научишься сочетать медитацию с правильной деятельностью».

Гуруджи говорил, что эта непреложная истина применима не только к тем, кто живет в ашрамах, а ко всем людям в мире. Это абсолютно необходимо, чтобы стать сбалансированным индивидуумом. Понятие «баланс» у меня ассоциируется с тем, кто, по моему мнению, был идеально сбалансированным, — и говорю я о Мастере. Полностью погруженный в Бога, он был всецело погружен и в работу ради Бога. Вот это — мой идеал. Но как обрести такое состояние? Образец для вас уже существует. О преданных последователях религиозных учений Мастер часто говорил: «Подобно тому как приверженец

Христианской науки начинает свой день с изучения очередного урока из книги „Наука и здоровье с ключом к Священному Писанию", а католик — отправляется с утра на богослужение, так и верный последователь учения Самореализации каждое утро и каждый вечер отводит время на то, чтобы побыть в уединении и посвятить себя глубокой медитации».

Только медитация может утолить ваш духовный голод

Пока вы не выработаете в себе ежедневную привычку медитировать утром и вечером, вы не сможете удовлетворить свою душу и быть угодным Богу. Это относится ко всем членам SRF, где бы они ни находились. В жизни последователя Self-Realization Fellowship время, отведенное на утренние и вечерние медитации, должно быть не менее важным — на самом деле, оно должно быть даже более важным, — чем время, затраченное на еду и сон. Если богоискатель проявит веру и глубокое желание, а также твердо решит ежедневно находить время для Бога, будьте уверены: он достигнет своей цели. К сожалению, у нас сформировалось такое количество разнообразных привычек — и не только в этой жизни, но и в предыдущих, — что мы все время пытаемся увильнуть от этой обязанности, от выполнения нашего священного долга. Однако у вас нет веских причин говорить, что вы не имеете возможности искать Бога в глубокой медитации. Вы обманываете себя, но Бога невозможно обмануть.

> Будь верен сам себе;
> Тогда, как вслед за днем бывает ночь,
> Ты не изменишь и другим[1].

Большинство людей не понимают значения этих слов. Быть верным себе — значит быть верным Богу, живущему в нас, а вовсе не своему сознанию эго, своему маленькому «я». Это жизненно важный пункт на духовном пути.

Как же воплотить в жизнь идею, которую Мастер принес на Запад, — идею о том, что нужно искать Бога и при этом посвящать себя выполнению своих обязанностей? Прежде всего, определите для себя, чего вы хотите достичь в жизни, — и тут вы должны быть честны перед собой. Вы, возможно, хотите многого: «Я хочу денег. Я хочу славы. Я хочу высокого положения в обществе. Я хочу всего этого». Но если вы честно воспользуетесь своей проницательностью, и если вы в состоянии учиться на ошибках других, то,

---

[1] У. Шекспир. Гамлет. Акт 1, сцена 3.

посмотрев на всех окружающих вас людей, которые уже достигли того, к чему стремитесь вы, вы увидите, что они до сих пор так и не нашли того, что является целью жизни, — то есть счастья.

«Ищите же прежде Царства Божия... и это все приложится вам»[2]. Разве эти слова предназначались лишь для того, чтобы навеять на человечество состояние духовной апатии и бездеятельности?[3] Или они все же несут в себе живой Дух Бога, живую мудрость Бога? Лично я осознаю истинность этих великих слов. Ищите прежде всего Бога, и тогда все, чего вы жаждете, приложится вам. Я обнаружила, что у меня нет желаний. Внутри себя я нахожу полное удовлетворение.

Почувствовав сейчас в медитации великое блаженство и опьяняющую любовь Бога, я подумала: «О Боже, если бы мир только знал, *что* может почувствовать человек в своем сердце, в этом огромном храме внутри себя!» Я говорю о чувстве полного удовлетворения, которое не имеет ничего общего с плотскими

---

[2] Мф. 6:33.
[3] Речь идет об ошибочном представлении, будто мы можем просто сидеть и молиться, а Бог даст нам все, в чем мы нуждаемся. Божественный закон свершения не будет работать на нас, если мы не стараемся преодолеть свои несовершенства; если мы не стремимся глубоко погружаться в медитацию; если мы не прилагаем физических усилий к тому, чтобы заботиться о себе, выполнять свои обязанности и служить Богу в этом мире.

ощущениями, но поглощает душу так, что день и ночь хочется только одного — пребывать в этом состоянии.

Будьте искренны в своих духовных намерениях

Для начала вы должны определить свою цель и наметить для себя дальнейшие шаги — другими словами, поставить на своем пути «верстовые столбы», которые будут вести вас к этой цели. Самое главное — медитируйте! Даже когда вам нездоровится, все равно медитируйте; возьмите это за правило. Даже если вы устали, не потакайте своему телу и не давайте ему прилечь. Вы должны иметь именно такую решимость. Если вы возьмете на вооружение этот принцип, он станет вашим духовным хребтом. Человек, который находит Бога, имеет хребет — не только нравственный и эмоциональный, но и духовный, что важнее всего. Нам необходимы все три.

Итак, определив свою цель, следуйте ей бескомпромиссно, даже когда появляется искушение все же пойти на компромисс. Я вижу, как те, кто сдается из-за неудовлетворенности жизнью или взаимоотношениями с другими людьми, быстро идут ко дну, удаляясь все дальше и дальше от центра духовной жизни. Мастер часто говорил нам: «Если вы хотите познать Бога, не стойте на краю». Это как с аттракционом, который ставят для детей на карнавалах или детских площадках: если вы находитесь в центре вращающегося колеса, то, как бы быстро оно ни крутилось, вас с него не сбросит; но если вы будете стоять на краю, вас сбросит тут же. То же касается и духовного пути.

Далее у нас это *(Шри Дайя Мата читает вопрос в записке. — Прим. изд.):* «Я слышал, что некоторые духовные учителя утверждают, будто самодисциплина необязательна. Так ли это?» На такое утверждение я отвечаю: это полная, абсолютная чепуха. Такого и быть не может! Если вы не обретете власть над самим собой, вы не сможете познать Бога. Это невозможно. Человек, ум которого полон ревности; человек, ум которого полон зависти; человек, ум которого полон сладострастных мыслей, захлопывает двери перед Богом. Свет и тьма не могут сосуществовать в одном месте. Вы не можете иметь сознание Бога и в то же время такие приземленные мысли. Это просто невозможно. И как же избавиться от этих вредных мыслей, если не с помощью самодисциплины? Другого пути нет. Думаю, многие просто не понимают, что такое дисциплина.

Правильное, позитивное мышление

Если вы хотите, чтобы в комнате было светло, вы ведь не берете мухобойку и не начинаете ею прогонять темноту, не так ли? Даже если бы вы делали это тысячу лет, вы бы все равно ее не изгнали. Для того чтобы изгнать темноту, нужно включить свет или зажечь спичку. Чтобы преодолеть негативные мысли, нужно заменить их противоположными мыслями — позитивными. Вы можете быть уверены в том, что, когда вы начинаете думать о жизни в более позитивном ключе, и ваши слова и действия также становятся более позитивными, вы приводите в действие те божественные законы, которые автоматически притянут к вам благие результаты действия этих законов.

Поэтому важно не только ежедневно медитировать, но и следить за своими мыслями, ведь мысль порождает действие. «…Каковы мысли в душе его, таков и он»[4]. Содержание ваших мыслей со временем проявляется в ваших словах и делах. Поэтому человек должен начинать с самого себя, со своих мыслей. Нужно начать заменять негативные мысли, полные критицизма и сомнений, мыслями позитивными. И вот самый простой способ из моего опыта. Всякий раз, когда выпадает свободная от дел минутка, погружайтесь умом в Бога. Мысль о Нем — самая мощная на свете. Это называется практикой Божьего присутствия. Когда вы рождаетесь на

---

[4] Притч. 23:7.

свет, ваш ум напоминает только что проложенную дорогу. Ваши мысли начинают прокладывать в мозгу «бороздки». Порождая какую-либо мысль (особенно это касается негативных, разрушительных мыслей) и прокручивая ее в голове снова и снова, с возрастом вы обнаруживаете, что полностью порабощены ею и не можете от нее освободиться. Так случается, когда вас не дисциплинируют, не учат тому, как можно выбраться из этой бороздки.

Думайте о Боге день и ночь

Поэтому, если вы хотите познать Бога, на духовном пути очень важно прокладывать в мозгу новые бороздки — бороздки позитивных мыслей, полных любви и преданности Богу. Неважно, кто вы, — учитель, математик, лектор или домохозяйка, — прокладывайте одну-единственную бороздку, непрестанно думая: «Боже, Боже, Боже, Боже». Но вы не должны быть рассеянны. Я, например, все время говорю Ему в своих мыслях: «Господи, укажи мне способ угодить Тебе. Я хочу жить в этом мире только лишь для того, чтобы радовать Тебя». В этом я нахожу пьянящую радость. Я и представить себе не могу, как можно жить иначе. Это блаженство. Всякий раз, когда вы произносите Его Имя, вы чувствуете свежий прилив радости, свежий прилив любви, наводняющий ваше сердце и сознание.

Практикуйте Божье присутствие и медитируйте. Только так можно научиться жить счастливо среди своих собратьев в этом мире. Вы не должны никому рассказывать о своих чувствах. Более того, это большая ошибка — рассказывать другим о своей духовной жизни. Делая это, вы моментально теряете часть своей духовной силы. Гуруджи говорил нам об этом. Возможно, вы уже сталкивались с подобным: стоило вам рассказать кому-то о своем прекрасном переживании, и вы тут же почувствовали, что чего-то лишились. Сознание другого человека вторглось в то, что для вас священно. Поэтому Гуруджи часто предупреждал нас, учеников: «Не говорите о своем духовном опыте». Другое дело, если мы обсуждаем это на *сатсанге*, как сейчас, с целью помочь людям. Но не нужно стремиться рассказывать о своем опыте другим людям. Самый лучший способ повлиять на них — это одухотворить свою жизнь, свои дела и свои мысли.

Возвращаясь к вопросу о том, реально ли совмещать занятую жизнь на Западе с медитацией, скажу: это абсолютно реально и целесообразно. Это то, чего Бог ожидает от человека с момента его сотворения. Мы должны выполнять все свои обязанности в этом мире с энтузиазмом, с большой радостью, с глубокой сосредоточенностью, но всегда с мыслью: «Я делаю это для Тебя, Господи».

Все мы должны иметь такой энтузиазм на духовном пути. Нет ничего хуже, чем несерьезное отношение к своей духовной жизни. И печально видеть человека, который, как говорил Мастер, идет по жизни так, словно и жизни в нем нет; вы пожимаете ему руку, и у вас ощущение, словно вы хватаете мертвую рыбу.

Делайте свою работу в этом мире, но следуйте идеалу *карма-йога*[5], говорящего: «Господи, я прилежно выполняю все свои обязанности, но я делаю это не для себя. Мне все равно, наверху я или внизу *(Матаджи сопровождает свои слова жестами. — Прим. изд.)*; куда бы Ты меня ни поместил, главное, чтобы Ты был со мной. Я буду старательно работать в стремлении угодить лишь Тебе одному. Я буду добросовестно выполнять свою работу, не приписывая себе никаких заслуг и ни от кого не ожидая похвалы. Господи, если я смогу угодить Тебе, я буду полностью удовлетворен». Было бы идеально, если бы человечество научилось жить по этому принципу. Тогда мир был бы полон покоя, радости и счастья. Это то, какой должна стать наша цивилизация, если мы хотим обрести покой.

---

[5] Тот, кто практикует Карма-йогу (см. стр. 167).

Значение ответственности

Мы должны получать наслаждение от выполнения работы. Человек, который спит в парке, ни о ком не заботится и не имеет обязанностей — это не тот идеал, которому можно следовать. Это крайность. Мы должны научиться быть ответственными людьми. Этого от нас хочет Бог.

Быть ответственным — значит проявлять свою истинную природу — все те качества, которые относятся к душе. И когда мы начнем это делать, мы будем жить в этом мире так, как этого от нас ожидает Господь. Мы совершаем все свои действия, устремив свой ум к Нему.

Выполняя свои обязанности в миру, научитесь постоянно удерживать свое внимание на Боге — прямо как в предании про Шукадэву и царя Джанаку[6]. Идите по жизни, исполняя — не избегая! — все те обязанности, которые Бог дает вам каждый день. Расценивайте свою работу как приношение Богу, внутренне говоря Ему: «Господи, я не могу подарить

---

[6] Прежде чем принять юного Шукадэву к себе в ученики, великий святой, царь Джанака, устроил ему испытание. Шукадэве было велено обойти весь царский дворец, неся на ладони лампу, до краев наполненную маслом; при этом он должен был внимательно изучить (а затем в деталях описать царю) убранство каждой царской палаты, не пролив ни капли масла.

Тебе золото. Я не могу подарить Тебе мудрость. Мне нечего Тебе подарить, ибо Ты обладаешь всем. Что же мне тогда Тебе дать? Я могу смиренно служить Тебе каждый день. Всякий раз, когда я сею семена доброй воли, налаживаю мир и согласие, говорю конструктивные вещи и творю добро, я служу не себе — я служу Тебе, Господи».

Конструктивная и деструктивная чувствительность

Одно из величайших искусств, которому необходимо научиться в этом мире, — это искусство ладить с людьми, быть бесконфликтным. Я помню мои первые встречи с Мастером. Он обладал замечательным умением располагать к себе людей. Каждый, кто к нему приходил, чувствовал себя как дома: Мастер вел себя так, словно знал вас всегда. У человека появлялось чувство, что Мастеру можно было открыть свое сердце при первой же встрече. Он обладал способностью проецировать свою сущность вовне, и он был воплощением божественных качеств дружбы, любви и доброй воли.

Нам следует учиться правильному поведению в этом мире, чтобы мы ненароком не задевали чувства окружающих. Вы и сами знаете, какими чувствительными бывают люди. Иногда кажется, что всю жизнь только и думаешь: «Как бы так выразиться, чтобы не задеть его? Мне нужно быть поосторожней со словами, а то ведь обидится!» Мы все через это проходили. Я расскажу вам, как Мастер справлялся с этой проблемой. Каждый раз, когда он сталкивался с ранимым человеком, он говорил: «Вам нужно преодолеть свою чувствительность».

Не будьте так зациклены на самом себе. Задумайтесь: человек, который воспринимает все в штыки, — это тот, кто настолько поглощен самим собой, что постоянно пытается защитить себя от мнимых насмешек окружающих. Это неправильно. Мы должны нарастить шкуру потолще. Гуруджи говорил мне об этом много лет назад. Я была чрезвычайно чувствительной. Я страдала этим еще до того, как встретила Мастера. Я никогда не стремилась ранить других, но сама предпочитала держаться в стороне от людей, чтобы они меня не ранили. Во время войны[7] я очень страдала, думая о молодых ребятах, которые были искалечены и убиты.

Однажды Мастер сказал мне:

— Знаешь, если ты хочешь прожить свою жизнь надлежащим образом, ты должна научиться быть твердой.

---

[7] Имеется в виду Вторая мировая война.

Я ответила:

— Но мне не нравятся жесткие люди.

— Не пойми меня неправильно. Я не имею в виду ту жесткость, когда человек не испытывает сострадания к ближнему. Пока ты не разовьешь в себе духовную силу, духовный стержень, ты не сможешь помочь другим, и ты не сможешь помочь самой себе.

Как только человек проявляет слабость и пессимистичный настрой, в своем сострадании к нему вы падаете в ту же яму иллюзии, оказываясь не в состоянии помочь ему выбраться. Божественный же человек может внутренне страдать и нести свой собственный крест, однако он никому не дает об этом знать. Он несет свою ношу безмолвно. Но если ему становится известно о страдании другого человека, он не падает в одну яму с несчастным, но помогает ему выбраться.

В этом мире мы порой не можем избежать того, чтобы кого-то не задеть. Невозможно прожить свою жизнь так, чтобы кого-то ненароком не ранить. Даже Христос не мог этого избежать. И Мастер не мог этого избежать. Мы должны осознать, что некоторые люди просто устроены так, что мы вынуждены их «гладить против шерсти». При этом мы сами не должны быть слишком обидчивыми, слишком чувствительными, когда кто-то гладит против шерсти нас. Всегда старайтесь ставить себя на место другого человека. Старайтесь смотреть на проблему его глазами, и никогда не принимайте все близко к сердцу. Невозможно иметь дело с человеком, который при обсуждении проблемы принимает все на свой счет. Когда вы что-то обсуждаете, лучше всего придерживаться принципов. Избегайте субъективного подхода. Тогда вы сможете избежать и недопонимания.

Обо всем этом я говорю лишь потому, что мы задались вопросом: как нам привнести Бога в нашу повседневную жизнь? И вот ответ: с помощью такой самодисциплины. Недостаточно просто повторять *мантры*[8] и говорить, что можно обойтись и без самодисциплины, чтобы познать Бога. Так у вас ничего не выйдет. Вы должны подкреплять свои мантры и практику Божьего присутствия правильными мыслями и действиями, ибо, как учит Бхагавад-Гита, к Самореализации человека приводит медитация *в сочетании* с правильной деятельностью.

Вы не можете испытывать единение с Богом, если вы постоянно о Нем говорите и в то же время

---

[8] В общем смысле *мантра* — это наука священных слов-звуков, которые благодаря своей симпатической вибрации резонируют с самим мирозданием. В духовном смысле *мантра* — это определенные звуки, проговариваемые нараспев — вслух или же в мыслях — с целью успокоить и одухотворить ум.

грубо обращаетесь с окружающими. Это невозможно. Если бы отношения с другими людьми не были важны для нашего роста, Бог создал бы для каждого отдельный мирок, где бы ничего не надо было делать, кроме как думать о Нем весь день напролет. Но Он знал, что таким образом мы никогда с Ним не воссоединимся. И тогда Он взял миллионы людей — скопление миллионов разных личностей со своеобразными чертами и склонностями, — послал их на эту землю и раскидал по разным странам и семьям, сказав: «А теперь научитесь ладить друг с другом!» И это относится не только к тем, кто живет в ашрамах, но и ко всем, кто живет в миру.

Правильная деятельность включает в себя умение жить в мире и согласии со своими собратьями. Правильная деятельность не может не включать в себя самодисциплину. Это сама основа духовной жизни.

Человек сотворен по Божьему образу и подобию, и, пока он не освободит этот божественный образ из клетки своего бренного тела и из невидимой клетки переменчивого настроения, привычек и эмоций, он не сможет познать Бога. Самодисциплина — единственный метод, посредством которого пленённая душа может вырваться из этих клеток — видимой и невидимой. Истинное значение слова *свами* — «власть над самим собой». Тот, кто хочет познать

Бога, должен обрести власть над самим собой. Он должен вызволить свою невольную душу из цепей плоти, из цепей эмоций, из цепей своих привычек. Только тогда он познает, кто он есть на самом деле. Он познает, что сотворен по образу Божьему. Тогда он сможет жить в этом мире как свободная душа, выполняя все свои обязанности с бо́льшим энтузиазмом, нежели обычный человек, который выполняет свои обязанности ради денег или славы. Божественный человек готов полностью посвятить себя служению Богу и медитативной практике. Необходимы оба компонента.

Медитация и правильное мышление

Медитация — это умение мысленно отстраняться от всех отвлечений и направлять все свое внимание на Бога. Существует много разных видов медитации: медитация, практикуемая христианскими мистиками; медитация, практикуемая индуистскими мистиками, йогами; медитации, практикуемые в других мировых религиях. Все пути ведут к Богу. Это то, чему мы учим и во что мы верим. Бог не может быть познан без медитации. Однако одной медитации недостаточно. Наряду с медитацией человек должен научиться управлять своими мыслями. Всякий раз, когда у него появляется искушение плохо подумать о других; когда возникает желание ударить обидчика в ответ; когда одолевает желание ранить кого-то резким словом, — он должен сразу же дисциплинировать себя мыслью: «Я этого не сделаю!» Он этого не сделает по простой причине: он знает, что, как только он позволит недобрым мыслям войти в его сознание, божественный свет в нем погаснет, и он погрузится во тьму. Я очень много думала об этом в своей жизни. В ранние годы в ашраме часто возникали ситуации, которые меня задевали. Тогда я говорила Божественной Матери: «Ты знаешь, я очень эгоистична. Я не дам мрачным мыслям, обиде или ненависти войти в мое сердце. Я обнаружила, что, как только они входят, уходишь Ты; но я не хочу с Тобой расставаться. Посему, о Божественная Мать, это Твоя забота — сражаться, когда мне нужна защита в этом мире. Моя забота — думать о Тебе. Ты беспокойся обо мне, если хочешь, я же буду беспокоиться только о Тебе».

Такой подход позволит вам установить сладостные отношения с Богом и породит сокровенное чувство, полное любви и преданности Ему. Так вы сможете осознать, что Он воистину самый близкий из всех близких. Кому еще, как не Богу, стану я говорить обо всех своих трудностях? Кто еще обладает безупречной мудростью, безошибочно направляющей меня? Больше всех Он дорог мне. Кто еще будет любить меня такой же безусловной любовью? Кто еще поймет меня, даже когда я сама себя не понимаю? Кто еще будет со мной вечно? Ведь даже те, кем я дорожу и кого очень люблю, однажды уйдут. Я непрестанно осознаю Единого Возлюбленного, и я буду держаться за это осознание, за эту мысль о моем Возлюбленном, что бы ни происходило в этой переменчивой жизни. Когда вы начнете размышлять таким образом, вы обретете сладостные взаимоотношения с Богом. Вы увидите, что Он всегда с вами. Стоит вам прийти к такому состоянию, и вы уже ни за что не захотите потерять его. И вы обнаружите, что вы горите желанием разнести Его божественное послание по всему свету.

Ваша истинная миссия

Я не понимаю, как можно жить в этом мире, не думая о Боге. Вы слышали выражение «блуждать в потемках»? Как точно оно описывает наше время, не правда ли? Мир заблудился в своих иллюзиях. А ведь это трагедия. К сожалению, мы начинаем стремиться к спасению только тогда, когда в нашу жизнь приходит какое-то горе. Я не считаю, что мы должны дожидаться этого. Нам нужно прямо сейчас, в этот самый момент прийти к пониманию, что у Бога была причина, чтобы послать нас сюда. Когда мы задаем себе вопрос: «Для чего я родился?», многие из нас под воздействием иллюзии начинают думать, что мы были рождены, чтобы стать великими посланниками Божиими, — а это еще одна иллюзия! Единственная миссия, ради которой мы были сюда посланы, — спасение самого себя. Сначала спасите себя, и тогда, быть может, Бог использует вас как инструмент для спасения других. Разве это не значит быть честным перед собой? Столько людей хочет спасти мир, даже *не начав* спасать себя! Я говорю это потому, что иногда получаю от учеников вот такие письма: «Я знаю, что Бог послал меня для важной миссии». В ответ мне хочется сказать: «Конечно. И эта миссия — спасти *самого себя*!»

Прямо сейчас, не откладывая, начните посвящать себя глубокой продолжительной медитации. *Прямо сейчас*, не откладывая, начните посвящать себя преодолению своего маленького «я», чтобы ваше истинное «Я» стало проявляться в вас все больше и больше. Этому нас обучал Мастер.

Вот почему, дорогие мои, я рекомендую вам следующее: ежедневно медитируйте и следите за своими мыслями. Дисциплинируйте свой ум, когда к вам в голову приходят мрачные мысли. Бог наделил вас проницательностью — способностью отличать правильное от неправильного. Если вы вдруг обнаружили, что идете в ложном направлении, тут же остановитесь, развернитесь и начните думать о Боге, говоря Ему: «Боже, дай мне сил. Помоги мне это преодолеть».

Если вы вспыльчивы, дисциплинируйте себя. Мастер часто говорил нам: «Перед тем как сказать резкое слово, прикусите себе язык». Я так делала. И однажды я осознала: «Смотри, что происходит всякий раз, когда ты выходишь из себя. Ты ведь теряешь покой. И кто от этого страдает? Кого ты наказываешь? Только саму себя. Это же просто смешно!» Если вы сердитесь, и от этого вам хочется швырять вещи на пол, прогуляйтесь. Гуляя, не думайте о том, что оставили позади. Старайтесь думать о красоте природы или отвлекайте свой ум какими-нибудь конструктивными мыслями. И если вы испытываете ненависть, помните: Божественный Закон возвратит ее обратно. Тот, кто ненавидит, будет ненавидим в этом мире. Если вам случится испытать к кому-либо ненависть, немедля думайте: «Это же бумеранг, он вернется ко мне. Господи, благослови эту душу, благослови ее!» Всякий раз, когда в вас вскипает ненависть, молитесь: «Благослови эту душу, Господи. Благослови ее!» Чем чаще вы так думаете, тем больше вы будете хотеть, чтобы Бог на самом деле благословил эту душу. Так оно и происходит.

Вы можете применять этот принцип по отношению к любым трудностям, с которыми сталкиваетесь. Таково практическое применение учений Самореализации. При этом также практикуется и Божье присутствие, ведь вы применяете Божьи принципы в повседневной жизни.

(Далее Шри Дайя Мата произносит вместе с собравшимися молитву и проводит групповую медитацию, после чего завершает сатсангу несколькими наставлениями.)

Когда вы заканчиваете медитацию, не расплескивайте обретенные в ней покой и понимание. В течение дня как можно дольше удерживайте в себе мысль о Боге и тот внутренний покой, которым вы наполнили чашу своего сознания во время медитации. Именно так человек учится фокусироваться на Боге во время выполнения всех своих дел. Мастер говорил: «Мы должны научиться быть спокойно активными и активно спокойными; быть принцем покоя, восседающим на троне внутреннего равновесия и управляющим своим царством активности».

Единственный путь к счастью

*Нью-Дели, Индия,
3 декабря 1961 года*

Мы должны осознать, что мы — совершенная бессмертная душа. Все несовершенства, которые проявляются в нас в виде плохих привычек и переменчивого настроения, а также болезней и неудач, не являются частью нашей истинной природы. Мы так глубоко отождествили себя со смертным сознанием, что бессознательно принимаем все его ограничения. В противовес этому мы должны молиться: «Господи, помоги мне осознать, что я не бренное тело, не мои плохие привычки и переменчивое настроение. Позволь мне познать, что я всегда был и буду Твоим дитя, сотворенным по Твоему безупречному образу».

Однажды во время медитации я оплакивала свое несовершенство, и вдруг я услышала нежный голос Матери: «А Меня ты любишь?» В тот же момент меня захлестнула волна любви к Ней, и все мое существо растворилось в этой любви. С того дня и поныне мой ум поглощен одной-единственной мыслью: «Я люблю мою Божественную Мать, и в этой любви я вручаю Ей всю свою жизнь, чтобы Она могла распоряжаться ею по Своему усмотрению». Я верю в Нее безоговорочно. Я знаю, что Ее любовь всегда будет со мной.

Той же любовью Бог любит каждого из вас. Солнце светит и на уголь, и на алмаз. И если алмаз отражает свет лучше, чем уголь, это не значит, что солнце несправедливо. Любовь Бога в равной мере освещает всех нас. Просто мы должны научиться принимать и отражать Его свет подобно алмазу.

Непрестанно повторяйте имя Бога — не рассеянно, а предельно сосредоточенно. Общение с Богом требует наивысшей концентрации. Чем бы мы ни занимались, внутренне мы можем думать лишь о Нем одном и мысленно шептать: «Ты моя единственная любовь».

Самый успешный человек

Именно Божья любовь проявляется во всех формах человеческой любви. Если вы поставите поиски Бога на первое место, к вам придет все, чего вы когда-либо желали. Я обнаружила, что все, чего жаждет человек, можно найти в Космическом

Возлюбленном. Великие богоискатели вдохновляли человечество во все времена. Кто же самый успешный человек на свете — совершенный, понимающий себя и всех остальных; человек, которого помнят на протяжении веков? Кто же это? Тот, кто познал Бога.

Наш благословенный Гуру, Парамаханса Йогананда, говорил: чтобы стать таким успешным человеком, мы должны прежде всего жаждать Бога. Обычно у человека не возникает такой жажды, пока не нагрянут несчастья. Пока в его жизни все гладко, человек не ощущает необходимости в Боге. Но когда вся его жизнь начинает рушиться, — когда он теряет здоровье, состояние или любимых людей — вот тогда он начинает просить у Бога помощи.

Гурудэва призывал нас поставить поиски Бога на первое место, ибо выиграть битву жизни мы можем только в том случае, если наше сознание укреплено в Нем. Когда мы боремся с трудностями, неизбежными в этом постоянно изменяющемся мире, мы должны быть духовными воинами. Зачем ждать, пока жизнь застанет нас врасплох, пока она нас разочарует и поставит на колени? Давайте развивать в себе жажду по Богу и начинать искать Его *прямо сейчас*. Если Он будет с нами в мирное время, Он не оставит нас и во времена испытаний.

Шаги к Самореализации

Первый шаг к Самореализации — это жажда, духовная жажда по Богу. Посредством медитации мы развиваем привычку любить Его. Каждому человеку необходимо проводить какое-то время в глубоком общении с Богом. Человек не жалеет усилий для поддержания здоровья своего тела, иногда он прилагает усилия и для развития своего ума; но какую часть своего времени из всех двадцати четырех часов в сутки он посвящает своей душе, своему истинному «Я»? Почти никакую. Даже когда он совершает свою *джапу*[1] или *пуджу*[2], или когда он молится, его ум все равно блуждает и находится в состоянии беспокойства. Мы должны быть искренни с Богом. Какой смысл говорить: «Я люблю Тебя, Господи!», если ваш ум занят чем-то другим? Но если вы произнесете имя Господа всего один раз, но с глубоким чувством, или если вы будете повторять его с нарастающей жаждой и концентрацией снова и снова, это изменит вашу жизнь.

Вы можете прочитать несчетное количество книг, и духовные искатели, подобно мне, могут приходить к вам и говорить о Боге снова и снова, но

---

[1] Повторение мантр или имени Бога.

[2] Церемония богослужения.

Его Святейшество Джагадгуру («мировой учитель») Шри Шанкарачарья Бхарати Кришна Тиртха из Говардан-мат, Пури, и Шри Дайя Матаджи в Главном международном центре SRF. Лос-Анджелес, март 1958 года.

Его Святейшество (ныне покойный) был апостолическим преемником первого Шанкарачарьи — великого индийского философа, жившего в VIII — начале IX века. Для общества Self-Realization Fellowship было огромной честью спонсировать поездку в США Его Святейшества.

Великий Джагадгуру много раз с любовью и духовным одобрением говорил о работе Парамахансы Йогананды: «В обществе Self-Realization Fellowship я увидел высочайшую духовность, служение людям и любовь. Его представители не только проповедуют эти идеалы — они живут согласно им». В своей переписке с Дайя Матой он в духе отцовской любви называл ее «мое возлюбленное дитя Дайя Дэви („благочестивая Дайя")».

Погрузившись в пение бхаджана, Матаджи входит в самадхи, глубокое медитативное состояние сознания. Ранчи, 1967 год

«О Боже, если бы мир только знал, что может почувствовать человек в своем сердце, в этом огромном храме внутри себя! Я говорю о чувстве полного удовлетворения, которое не имеет ничего общего с плотскими ощущениями, но поглощает душу так, что день и ночь хочется только одного — пребывать в этом состоянии».

никто не подарит вам само духовное переживание. Вы должны самостоятельно найти Бога в Его незримой вездесущности. Вы должны отстраниться от телесного сознания и направить свой ум внутрь себя. Там вы и найдёте Его.

Цель жизни — познать Бога. Мы должны познать Его, ибо человечество больно фундаментальной болезнью — неведением, и освободиться от его последствий можно только посредством единения со всеведущей Силой.

Наряду с развитием чувства жажды по Богу духовный последователь должен стремиться к простоте. Живите просто, не усложняйте свою жизнь. Не желайте ненужных вещей. На Западе слишком много роскоши, в Индии — нищеты. Гурудэва говорил, что необходимо равновесие между духовными идеалами Востока и материальной эффективностью Запада. Человеку приносят страдание как пресыщение, так и нищета. Самая лучшая формула счастливой жизни — «Живи просто, думай возвышенно». Взращивайте в себе возвышенные мысли, ибо сила ума велика.

Следующий шаг — правильная деятельность: делайте то, что следует и когда следует. В большинстве случаев мы совершаем наши действия под воздействием привычек. Правильное же действие управляется не привычкой, а принципом истины. В Индии правильные действия обобщены в принципах *ямы* и *ниямы*[3], которые перекликаются с Десятью заповедями христианского мира. Живите по этим принципам. Будьте честны перед собой. Знайте свои истинные мотивы. Это поможет вам духовно расти и все больше жить истиной.

Правильное действие должно сопровождаться бодростью духа. Если вас одолевает печаль или пессимизм, примите решение стать бодрым и веселым. Гурудэва говорил: «Если вы примете решение стать счастливым, ничто не сможет сделать вас несчастным. Но если вы примете решение стать несчастным, ничто не сможет сделать вас счастливым». Поэтому примите решение всегда быть бодрым духом. В неблагоприятных ситуациях удерживайте позитивный настрой, помня, что трудности всегда временны, и они скоро пройдут.

Раджа-йога учит научному способу общения с Богом. Согласно *Раджа-йоге*, концентрация — это освобождение внимания от всех отвлекающих факторов и фокусирование его на одном объекте мысли. Концентрация успокаивает бурный поток мыслей,

---

[3] Свод правил нравственного поведения *(яма)* и религиозных предписаний *(нияма)* — первые два шага Восьмиступенчатого пути йоги, изложенного древним мудрецом Патанджали.

делая ум подобным зеркальному озеру, в котором можно узреть совершенное отражение объекта концентрации.

Сконцентрированный человек готов к медитации, где объектом концентрации выступает Бог. Когда ум погружается в Него, медитирующий чувствует, как его сознание начинает расширяться и наполняться всеохватывающей божественной любовью — не порабощающей любовью, а любовью освобождающей. Это любовь Бога. Это та любовь, которая утоляет жажду сердца и души. Эта любовь таит в себе экстаз Божественного Сознания. Душа, освобожденная от отождествления с телом, омывается светом Его Блаженного Сознания, оставляя в человеке лишь одно желание: пребывать в этом Блаженстве вечно. Вы больше не нуждаетесь ни в чем, что приходит извне.

Наше Царство не от мира сего

Люди думают, что этот мир — единственная реальность. Но существует нечто за пределами этого мира, и причина постоянной человеческой неудовлетворенности кроется в том, что Царство человека не от мира сего. Здесь все подвержено изменениям, все носит временный характер и управляется иллюзией времени. Когда человек воссоединяется с Господом, для него перестает существовать настоящее, прошлое и будущее. Бог предвечен.

Вместо того чтобы читать о Боге и говорить о Нем, надо Его *чувствовать*. На земле не установится мир до тех пор, пока человек не научится ощущать мир и покой в Боге.

Чтобы изменить мир, человек сперва должен изменить себя. Пока каждый из нас не научится жить в мире и согласии с другими, как и полагается Божьим детям, созерцающим за всем сотворенным единый животворящий Луч света, на земле будут царить раздоры, войны и страдания. Мы должны найти Бога внутри себя, а затем смиренно поделиться со всеми Его миром и покоем, Его любовью и гармонией. В своем стремлении стать таким Божьим инструментом мы должны молиться: «Господи, Ты есть Вершитель всех дел. Да будет воля Твоя». Покорное вручение себя Божьей воле не подразумевает инертности, безынициативности и бездействия: Бог помогает тому, кто помогает самому себе. Покорность Богу предполагает, что вы даете Ему возможность использовать вас как инструмент для сотворения добра на земле согласно Его божественной воле.

Отводите время для ежедневной медитации — глубокого радостного общения с Богом. Из двадцати четырех часов в сутки уделяйте Божественному Возлюбленному хотя бы час. Мудр тот, кто искренне следует этому совету. «О, жизнь сладка, а смерть лишь сон, и радость сладка, а горе лишь сон, когда песнь Твоя во мне звучит»[4]. Ты есть Мудрость. Ты есть Блаженство. Ты есть Любовь.

И это, мои дорогие, ваша реальность.

---

[4] Из сборника Парамахансы Йогананды *Cosmic Chants*.

Рай — внутри нас

*Главный международный центр SRF,
Лос-Анджелес, Калифорния,
4 сентября 1962 года*

Самый надежный способ сохранять неизменный внутренний покой — удерживать мысль о Боге на протяжении всего дня, независимо от того, что мы делаем, чем обеспокоены и через какие внешние переживания проходим. Гурудэва часто задавал нам такой вопрос: «Где сейчас ваши мысли? Где находится центр вашего существа?» Так он напоминал нам о необходимости постоянно удерживать свое сознание на Боге. Все наше существо, все наше внимание должно быть сосредоточено на внутреннем покое Божьего присутствия, на чувстве, которое появляется после глубокой медитации, — таком приятном, безмятежном чувстве единства с Богом, когда не остается никаких желаний и ничто не возмущает покой сознания. Вот таким должен быть человек все время. Никому и ничему он не должен позволять лишать его внутреннего равновесия.

Любые помехи в нашей жизни должны расцениваться как испытания, посланные Богом для того, чтобы нас чему-то научить и проверить нашу силу. Прочность цепи сводится к прочности самого слабого ее звена, и сила каждого из нас сводится к силе величайшей нашей слабости. Мы должны научиться быть спокойными, стойкими и непоколебимыми в любых обстоятельствах. Такое уравновешенное состояние сознания достигается не благодаря чтению духовных истин или разговорам о них, а посредством медитации, прямого личного общения с Богом. Чем старше становится человек, тем яснее он видит, что жизнь приносит ему разочарования; ее удовольствия не даруют обещанного удовлетворения. Но чем глубже он погружается в поиски Бога, тем больше он осознает: ничто не может сравниться с радостью Божьего присутствия. Только такая Радость реальна в этом иллюзорном мире относительности. Ничто из того, что жаждет человек, даже и близко не способно принести ему подобное удовлетворение.

Пустота, которую может заполнить только Бог

Я недавно прочитала печальную новость о самоубийстве молодой и успешной актрисы. У нее было все, что, по мнению этого мира, дает счастье.

И все же она говорила о большой пустоте внутри. Почему люди ощущают эту пустоту? Потому что их внимание направлено только на внешний мир, они не сосредоточены на центре Божьего покоя внутри себя. «Мир совсем не такой, каким кажется», — говорил нам Парамахансаджи. Когда мы цепляемся за материальное, его субстанция исчезает из наших рук. Материальная сторона жизни — это не что иное, как скопление эфемерных мыслей и впечатлений, превращающихся в ничто. Если мы строим наше счастье лишь на внешних вещах, со временем мы обнаруживаем, что все, чем мы обладаем, есть лишь мыльная пена, которая медленно растворяется. Человек ощущает ужасную пустоту и одиночество, когда его внутренняя жизнь не связана с Богом.

Чтобы быть по-настоящему счастливым в этом мире, человек должен вести здоровую внутреннюю духовную жизнь, он должен установить личные отношения с Богом. Сделать это можно посредством ежедневной глубокой медитации, которой Парамаханса Йогананда учит всех тех, кто избрал путь Самореализации. Наряду с медитацией мысленно повторяйте имя Бога на протяжении всего дня; повторяйте его с глубоким чувством снова и снова. Иногда я думаю о Боге в образе Иисуса Христа или Господа Кришны, и я люблю Его в этих образах. Иногда я чувствую Бога как возлюбленную Божественную Мать, и я люблю Его в этом образе. Иногда я вижу Господа как моего Гуру, и я люблю Его в этом образе. Человек может визуализировать Бога в том образе, который вызывает в нем наибольшее чувство преданности и удерживает его ум настроенным на Бога. Внутри каждого из нас простирается необъятный мир[1]. «Царство Мое не от мира сего»[2], — сказал Иисус. А наш Гурудэва говорил: «Мой рай — внутри меня». Этот внутренний рай не смутная абстракция — он реален и полон радости. И пока мы не отыщем этот внутренний рай, жизнь для нас будет серией неприятных неожиданностей.

Мы также должны принять тот факт, что, если мы отстаиваем свое маленькое «я» или эгоистично за что-либо хватаемся, рано или поздно наш покой и эта собственность будут вырваны из наших рук. Нам следует желать только того, что приходит из Божьих рук; и нам следует желать владеть этим ровно столько, сколько угодно Богу. Когда дар приходит от Него, мы чувствуем сладостную радость и покой;

---

[1] «Быв же спрошен фарисеями, когда придет Царствие Божие, отвечал им: не придет Царствие Божие приметным образом, и не скажут: вот, оно здесь, или: вот, там. Ибо вот, Царствие Божие внутрь вас есть» (Лк. 17:20—21).

[2] Ин. 18:36.

мы чувствуем непривязанность в своем наслаждении этим даром.

Каждый свой день начинайте с такой мысли: «О Господь, лишь одного я хочу: делать все согласно Твоей воле. Лишь за Тебя я держусь. Во всех своих действиях я нуждаюсь в Твоем руководстве, и я буду делать все возможное, чтобы следовать Твоей воле». Возможно, у нас не всегда будет получаться прилежно следовать Божьей воле (когда мы достигнем в этом совершенства, нам уже не нужно будет жить на земном плане), но, всякий раз, когда мы падаем, мы должны подниматься и предпринимать новую попытку. Мы не должны горевать о своих неудачах и зацикливаться на жалости к себе. Напротив, мы должны сказать себе: «Я буду делать все, что в моих силах, и никогда не отклонюсь от своей божественной цели — стремлении угодить Тебе». Держитесь за Божественную Мать, словно дитя; и, словно дитя, полностью доверьтесь Ей. Укрепляйте свою веру и развивайте в себе чувство преданности Богу. Они вам крайне необходимы.

В священных писаниях Индии утверждается, что есть два типа верующих. Первый подобен новорожденной обезьянке, которая держится за мать, когда та прыгает с одного дерева на другое, — да так крепко, что никогда не падает. Второй тип верующего подобен котенку, которого мать то и дело подбирает и переносит с одного места на другое: котенок безмятежно расслаблен, в нем нет ни напряжения, ни страха; куда бы мать его ни переносила и где бы ни оставляла, он не теряет к ней доверия. Мы должны сочетать в своей жизни оба подхода. Во времена испытаний, когда нам кажется, что нас раздирают на части, мы должны держаться за Божественную Мать так же крепко, как обезьянка. В остальное время мы должны быть как котенок — полностью удовлетворенными, отстраненными от своего маленького «я», уверенными в своей полной зависимости от Господа. Такой верующий знает, что такое настоящий покой.

Истина, добытая изнутри, изменяет жизнь человека

Истина стара как мир, как сама жизнь, но тем не менее она всегда нова. Стоит нам ее изведать, и она становится для нас новой. Мы можем читать об истине снова и снова, и нам может казаться, что она не содержит полезной для нас информации. Нас озадачивает тот факт, что мы не в состоянии извлечь из нее что-то полезное. А происходит это оттого, что мы еще не «откопали» эту истину внутри себя. Истина не может быть пересажена в нас извне. Она должна быть найдена внутри, иначе она останется для нас нереальной. Со всеми нами случалось так, что, медитируя или духовно сонастраиваясь с Богом, мы вдруг осознавали истину, о которой раньше читали, но не улавливали ее смысла. И какое же это было открытие! Как мы ликовали! Неожиданно для себя мы извлекали эту истину изнутри, и она впервые ясно представала перед нами.

Все истины сокрыты в душе, потому что душа — отражение Бога, а Бог есть истина. Поэтому и мы есть истина. Но пока мы отождествляем себя с нашим маленьким «я», отстаиваем свои эгоистические интересы и ограничиваем себя своим мнением и своими «нравится» и «не нравится», истина будет скрываться от нас, ибо мы держимся за поддельные, искусственно созданные понятия, порожденные *майей*, иллюзией. Мы должны молиться Божественной Матери, чтобы она сорвала эти покровы *майи*. Когда Она делает это, мы иногда проходим через горький опыт: нам не всегда нравится правда о нас самих. Но не бойтесь этого. Божественная Мать всего лишь хочет усовершенствовать Своих детей, и Она не будет посылать испытаний, которые нам не по силам.

И самое главное: вы должны день и ночь гореть желанием развить преданность Богу, чтобы в итоге найти эту Единую Любовь. Каждая душа жаждет любви, понимания, дружбы и утешения. Мудр тот, кто ищет все это в Боге. Такой верующий выбирается из океана страданий на берег покоя, радости, мудрости и божественной любви. Мы все туда направляемся, но как много времени и энергии растрачивается на бессмысленное плавание по кругу!

Удерживайте в себе тот покой, ту радость и ту преданность Богу, которые вы вобрали в сердце во время медитации; удерживайте их в себе ревностно, оберегайте их и стремитесь наполнить ими все свои дела, все свои действия. Этого можно достичь с помощью практики *джапа-йоги*, когда вы повторяете имя Бога как можно чаще во время выполнения всех своих повседневных дел и обязанностей. Если мы будем жить той жизнью, которую Парамаханса Йогананда описывает в стихотворении «Боже! Боже! Боже!», мы познаем, каков Бог есть на самом деле. Во всех проявлениях нашей жизни — в работе, в медитации, в преодолении трудностей или наслаждении маленькими радостями — мы должны непрерывно удерживать в себе мысль: «Боже! Боже! Боже!».

Бог всегда с нами

Единственный способ «поймать» Бога — помнить о Нем, ведь Он с нами неразлучен. Он был с нами с начала времен, и Он будет с нами всегда. Это мы отдаляемся от Него, потому что наш ум занят другими вещами и отстаиванием своего маленького «я»: «Мне больно; мне грустно; меня не понимают; меня не любят...». Мы не тело и не эго, но мы отождествили себя со своими эмоциями, привычками и ограниченным сознанием эго. Мы — дети Бога, сотворенные по Его блаженному образу. Не удовлетворяйтесь до тех пор, пока не станете это чувствовать в своей жизни все больше и больше.

Если ваша жизнь пуста и безрадостна, это оттого, что вы не уделяете достаточно внимания Богу: вы слишком много беспокоитесь и слишком мало медитируете. Нет в этом мире ничего более увлекательного, более пьянящего, более блаженного, более удовлетворяющего, чем Бог — Возлюбленная Мать, Небесный Отец, Божество, Друг. Он наша единственная Истинная Любовь.

Да не будет у тебя других богов

*Ашрам Self-Realization Fellowship,
Энсинитас, Калифорния,
21 июня 1972 года*

Часто мы не ценим те дары, которые нам посылает Господь. Когда я посетила предгорье Гималаев, я заметила, что местные жители, живущие у самого подножья этих величественных гор — самых красивых в мире, — принимают их как нечто само собой разумеющееся. Туристов потрясала окружающая их красота, а у местных жителей такого восторга не было.

Одно из самых больших удовольствий на свете — никогда ни к чему не привыкать: так мы всегда сможем находить в жизни что-то новое, захватывающее и вдохновляющее. Не было случая, чтобы я приехала в Энсинитас или Центр «Маунт-Вашингтон» и не испытала такого восторга, словно я там оказалась в первый раз. Практикуйте этот идеал: не принимайте что-либо или кого-либо как нечто само собой разумеющееся.

Те, кто наслаждается жизнью, умеют ценить и свою окружающую среду, а также близких и все, что дает им Бог. Это умение приходит с ежедневной практикой Божьего присутствия, потому что Он бесконечен в своих проявлениях. Помню, Мастер много раз говорил, что роман с Богом — самый возвышенный опыт на свете, более возвышенный, чем опыт любых других отношений, которые может иметь душа, потому что Его любовь и общение с Ним всегда новы. Отношения с Богом никогда не теряют свежести. В них всегда есть новые сюрпризы, новый опыт, неожиданные открытия или обретение мудрости и понимания, которые глубоко трогают сердце верующего.

На духовном пути очень важно видеть каждый новый день как новое начало. А еще важнее практиковать Божье присутствие с момента пробуждения до момента отхода ко сну. Этому нас обучал Гуруджи; внешние аспекты жизни или создание организации никогда не были у него на первом месте.

Сколько раз мы делились с Мастером своими проблемами, а в ответ слышали лишь простые наставления: «Делайте все, что в ваших силах, а проблему вручите Богу» или «Больше думайте о Боге». Чем больше вы будете концентрироваться на Боге, тем успешнее будете проходить через все жизненные переживания — как негативные, так и позитивные.

Когда Гуруджи вернулся из Индии в 1936 году, он нам сказал: «Я не ищу власти. Я ничего не ищу. Я все вручаю Божественной Матери. Все свои желания я предал огню одного-единственного желания — желания созерцать лик моей Божественной Матери. На алтаре моего сердца я испепелил все свои малые желания. Единственное, чего я хочу, — это видеть, хотя бы мельком, лик Божественной Матери, этот Великий Свет».

Это тот идеал, которым Парамаханса Йогананда жил и который он по-прежнему стремится внушить всем нам. Он сказал: «Я не скован этим телом. Когда его не станет, я буду счастлив наблюдать за вами из Духа. Я буду видеть, как вы растёте духовно и как работа великих Гуру продолжает приносить свои плоды. Я вечно живой, бессмертный Дух, и я буду наблюдать за вами миллионами глаз».

Если отныне и впредь вы будете придерживаться мысли: «Я оставил все свои желания ради одного-единственного желания — найти Божественную Мать», и если вы будете думать об этом снова и снова, вы обнаружите, что жизнь обретает для вас совершенно новый смысл и наполняет каждый новый день свежим вдохновением.

Гурудэва говорил: «У меня лишь один интерес: пробудить в каждой повстречавшейся мне душе желание общаться с Богом». Вот что такое Самореализация: возможность общаться с Богом напрямую. Мы сможем это делать, если наше сознание не будет постоянно вовлечено в восприятие внешнего мира посредством пяти чувств. Мы должны научиться отключать органы чувств, чтобы общаться с Богом в тишине своего внутреннего храма.

Священное Писание учит: «Да не будет у тебя других богов пред лицем Моим... Я Господь, Бог твой, Бог ревнитель»[1]. Эти слова Господа были обращены не только к ушедшим в монастырь, но ко всему человечеству, ко всем Его детям. Его слова весьма практичны. Этим Он хотел сказать: «Мои дорогие! Я дал вам разум, интеллект, проницательность и голос совести, чтобы показать вам, *что* есть хорошо и *что* есть плохо. Я сделал все, что мог, для того чтобы помочь вам стать счастливыми людьми, отражающими божественность, Мой образ внутри вас. А теперь стройте свои жизни. Живите как вам нравится, но не забывайте Меня. Если вы отдалитесь от Меня — от Того, Кто дал вам жизнь, Кто наделил вас божественными качествами, — вы потеряетесь». Другими словами, если вы отдалитесь от Бога, Он уже не будет стоять на первом месте в вашей жизни — вы поставите что-то другое на Его место.

Когда мы проявляем злобу, жадность или любое другое качество, не достойное восхищения,

---

[1] Исх. 20:3, 5.

мы исключаем Бога из нашей жизни. Но когда мы изо всех сил стараемся проявить сокрытую в нас божественность, мы ставим Бога на первое место. Только тогда человек обретает свое истинное «Я». По-настоящему живет только тот, кто просыпается на заре полный энергии, радости жизни и желания забыть о себе и проявить свое высшее «Я», которое есть Бог, живущий в нем. В противном же случае человек просто существует.

Гуруджи не уставал повторять: «Путь к Богу лежит через постоянную практику Его присутствия каждый момент вашего существования, а также через ежедневную глубокую медитацию. Когда пушечные ядра вашей жажды по Богу разнесут крепостную стену молчания, за которой Он прячется, тогда Господь станет пленником вашего сердца».

Важность молчания

Правила наших ашрамов поощряют практику молчания. Она крайне необходима человеку в его *садхане* (поиске Бога). Если мы не научимся практиковать молчание, мы никогда не узнаем, что значит слышать голос Бога. Если человек не выработает в себе хорошие привычки, ему будет очень трудно познать Бога. Также чрезвычайно важно контролировать свою речь.

Да не будет у тебя других богов

Гуруджи всегда выступал против сплетен, проявляя к ним абсолютную нетерпимость. Сплетничание он считал одной из самых порочных и жестоких привычек, обретенных человечеством. Тем, кто приходил к нему со сплетнями, он часто говорил: «Я услышал твои недобрые слова о других. А теперь я хочу, чтобы ты покритиковал самого себя. Поведай мне о собственных недостатках, потому что они есть и у тебя».

Гуруджи приводил замечательную аналогию: «Наш маленький рот подобен пушке, а наши слова — снарядам. Они многое разрушают. Не говорите, если в этом нет необходимости или если вы не пришли к заключению, что ваши слова пойдут кому-то на благо».

Среди приверженцев многих религий можно найти тех, кто практикует молчание. В Индии это называют *мауной*, а того, кто ее практикует, — *муни*. Каждый богоискатель должен отводить какую-то часть дня на эту замечательную практику. Это возможно, если этого сильно захотеть.

По словам Гуруджи, великий человек говорит очень мало, но, когда он говорит, люди слушают. И это правда: вы не найдете великого человека, который был бы излишне разговорчив. Он предпочитает скорее молчать — больше слушать, чем говорить. Но когда он все же говорит, все слушают.

Йога учит, как изменить себя

Гуруджи часто повторял: «Мы никогда не должны сосредотачиваться на ошибках других людей... „Не судите, да не судимы будете"[2]. Это заблуждение — искать недостатки в других, в то время как наш собственный ментальный дом нуждается в генеральной уборке. Сначала приведите в порядок *свой дом*».

Если верующий хочет познать Бога, ему следует больше пребывать в молчании и слушать голос Любви внутри себя. Он должен научиться жить любовью, практикуя ее прежде в своем сердце, а затем и во внешнем мире.

Как много раз мы ранили людей своими словами и действиями. Такая «жестокость ума» во многих отношениях хуже физической жестокости. Никогда и ничего не говорите под воздействием чувства злобы. Лучше держите свой рот на замке, если не можете говорить беззлобно. Желание ранить кого-то — будь то ребенок, супруг или родители — это проявление жестокости!

Йогическая наука помогает человеку преодолевать слабости. Она учит, как изменить себя, свои повседневные привычки, чтобы стать лучше, чтобы не

---

[2] Мф. 7:1.

быть так называемым «ангелом на людях и дьяволом в семье» — красиво говорить перед другими, а дома поступать наоборот. Йога учит самоанализу, учит нас смотреть на себя со стороны. Йога дает именно такую силу: она развивает в духовном искателе способность видеть себя таким, каким его видят другие, а не таким, каким он сам себя видит. Между этими двумя воззрениями — большая разница.

«Какой я? Злой ли я? Нравится ли мне причинять людям боль, критиковать их? И, если это так, не лучше ли мне избавиться от этих злых привычек?» В этом и заключается суть самоанализа.

Самая первая *шлока* Бхагавад-Гиты метафорически гласит: «На поле моего сознания сошлись две противоборствующие силы: мои хорошие и плохие качества. Каков итог этого дня для меня? Кто победил?»[3]. Был ли я спокоен, когда вокруг все бушевало? Говорил ли я добрые слова, когда возникало желание

---

[3] Здесь Дайя Мата руководствуется интерпретацией Парамахансы Йогананды из его книги «Бхагавадгита: Беседы Бога с Арджуной». Воины в Бхагавад-Гите олицетворяют воюющие между собой положительные и отрицательные склонности человека: «Что сделали мои противостоящие друг другу склонности, сойдясь на священном поле тела — арене добрых и дурных действий? Кто сегодня победил в этой нескончаемой борьбе? Скажи мне, что делали нечестивые порочные склонности и противостоящие им силы самодисциплины и проницательности?» — Прим. изд.

кого-то ранить и сказать что-то злобное? Был ли я бескорыстен или хотел урвать для себя лучшее?

Живите внутренней любовью. Когда вы хотите сказать или сделать что-то недоброе, мысленно обращайтесь к любви, живущей в вашем сердце, и тогда уже проявляйте ее внешне — добрым делом или поступком.

Уподобьтесь цветку: если вы сорвете прекрасную розу и сомнете ее в руке, она станет источать нежный аромат. Вот таким должен быть человек, любящий Бога. Даже когда с ним обращаются грубо, он все равно источает аромат прощения и доброты. Таким был святой Франциск Ассизский. Все святые проявляют доброту и сострадание.

Божественный человек не пытается себя оправдывать. Он живет в великом покое. Его больше интересует, что о нем думает Бог, а не человек. Именно Господь — главная любовь его сердца, других богов у него нет. Гуруджи говорил: «Если вас чествует весь мир, но не Бог, тогда вы воистину нищий, ибо, когда придет ваше время покинуть свой телесный дом, вы должны будете оставить все. Но если вы завоевали признание Бога, вы имеете все, ибо это признание будет с вами и в загробной жизни».

Божественный человек беспокоится только о том, правильно ли он себя ведет по отношению к другим. Он размышляет: «Проявляю ли я доброту в своих действиях, в своих мыслях, в своих словах? Творю ли я добро в этом мире?» Он не стремится стать великим духовным учителем для того, чтобы творить добро. Кем бы он ни был, где бы он ни был, единственное, чего он хочет, — это приносить добро. Такой человек подобен благоухающему цветку, и вокруг него всегда собираются пчелы-богоискатели.

Вот еще одно сравнение, которое приводил Гуруджи: «Мухи любят собираться вокруг нечистых предметов. Пчела же летит только туда, где она может собрать сладкий нектар. Мне не нравится, когда люди ведут себя как мухи, собираясь там, где царят сварливость, сплетни, недоброжелательность, низость, ненависть, ревность, зависть, нетерпимость и предубеждение».

Эти истины откликаются в каждом из вас. Почему? Потому что они выражают саму сущность души, а я всего лишь напоминаю вам, кто вы есть: души, сотворенные по образу Единого Возлюбленного.

«Да не будет у тебя других богов пред лицем Моим... Я Господь, Бог твой, Бог ревнитель». Теперь вы понимаете, что имеет в виду Господь: когда мы совершаем божественные поступки, когда мы проявляем богоподобные качества, которые свойственны нашей душе, тогда у нас нет других богов — ревности, алчности, злобы, ненависти и так далее; это значит, что на первое место в нашей жизни мы поставили Его: Его качества, Его идеалы.

Явление Божественной Матери

Какой прекрасный опыт Мастеру довелось пережить здесь, в Энсинитасе! Однажды он нам сказал:

«Пока другие растрачивают свое время, вы — медитируйте, и тогда вы увидите, как Тишина станет говорить с вами в медитации.

> О Мать! К Тебе взываю всей душой!
> Прошу, не прячься от меня.
> Снизойди с немых небес,
> Из долин ко мне приди,
> В глубине моей души,
> В тишине моей явись![4]

Повсюду я вижу Божественный Дух, воплощенный в образе моей Божественной Матери. Подобно тому как вода кристаллизуется в лед, так и незримый Дух может кристаллизоваться в какую-либо форму благодаря «морозной» настойчивости моего поклонения. Если бы вы только видели прекрасные глаза

---

[4] Из сборника Парамахансы Йогананды *Cosmic Chants*.

Матери, которые я узрел вчера ночью! Сердце мое переполняет нескончаемая радость. Маленькая чаша моего сердца не может вместить в себя всю радость и любовь, которые я созерцал в этих глазах. Они смотрели на меня и улыбались. Я сказал Ей: „О! А люди еще говорят, что Ты нереальна!" Божественная Мать улыбнулась. „Это Ты реальна, а все остальное нереально", — продолжил я. Божественная Мать снова улыбнулась. Я взмолился: „О Мать, стань же реальной для всех!" Затем я начертал Ее имя на лбу у нескольких людей, присутствовавших рядом со мной в тот момент. Сатана уже никогда не возьмет верх над их жизнью».

Некоторые люди, возможно, поинтересуются, почему Гуруджи обращался к Богу как к Божественной Матери. Иногда он называл Бога Отцом, а иногда — Матерью. В конечном счете, Бог не имеет формы, но верующий может выбрать для поклонения любой образ Бога, который ему близок. Иногда мы думаем о Боге как об Абсолютном Духе, но в большинстве случаев человечество предпочитает представлять себе Бога в определенном образе. Мы столько жизней прожили в телесной форме, что уже не можем думать о Боге иначе, как о каком-то образе с присущими ему чертами. С начала времен Абсолют существует для людей в каком-то образе. Это не есть поклонению идолу. Христово Сознание воплотилось в прекрасном образе Иисуса, но этот факт не ограничивает саму Бесконечность. Почему, когда мы смотрим на образ Иисуса, многие из нас испытывают душевный подъем? Потому что он напоминает нам о сострадании и прощении, о великой любви ко всему человечеству. Возможно, мы не чувствовали бы этого в полной мере, если бы не видели сам образ.

Гуруджи не раз говорил: «И днем и ночью я ощущаю такую радость! День переходит в ночь, и я полностью забываю о времени. У меня уже нет необходимости медитировать, потому что Тот, на Кого я медитировал, уже со мной. Иногда я дышу, а иногда не дышу. Иногда мое сердце бьется, иногда — нет. Я вижу, что сбросил с себя все, кроме этого сознания. Работает этот физический механизм или нет, я созерцаю великий свет Господа. Такова моя радость». Это — наивысшая цель, к которой в итоге приходит каждый, кто когда-либо имел опыт общения с Богом. Такой богоискатель обнаруживает, что, хотя он и живет в физическом теле, его сознание расширяется за пределы всякой формы.

Напоследок позвольте мне зачитать следующую мысль Гуруджи:

«Даже если Бог пошлет десять тысяч Иисусов, чтобы освободить вас, вы все равно не обретете свободы, пока сами не приложите к этому усилий. Ни одна великая душа не сможет вам помочь, пока вы не поможете себе сами. Божественный закон не имеет границ. Вы *уже* Божье дитя. Прилагайте усилия, постигайте Божий закон, медитируйте ежедневно, и вы достигнете своей Божественной цели. Медитируйте утром и вечером. В медитации погружайтесь все глубже и глубже. И медитируйте поздним вечером до глубокой ночи. Не думайте, что вы должны спать так долго».

И это правда: те, кто медитирует глубоко, знают, что в глубокой медитации тело и ум полностью отдыхают — и отдыхают лучше, чем в подсознательной сфере сна. Там мы видим сновидения, то есть мы не всегда даем отдых телу и уму. Но в глубокой медитации тело и ум входят в состояние полного покоя.

Если вы действительно жаждете Бога, вы должны глубоко погружаться в желание быть с Ним. Любите Его всем сердцем. Покажите Богу, что вы жаждете только Его и ничего больше. Ищите Бога, потому что до тех пор, пока вы не познаете единство с Ним, вы будете порабощены этим миром двойственности, миром страданий. Бог не порождает человеческие страдания. Мы есть Его частица, но, пока мы этого не познаем, мы не сможем обрести счастье. Мы страдаем, потому что мы отделились от Него. Мы чувствуем себя одинокими и незащищенными: нас охватывает страх, когда что-то случается с нашей смертной оболочкой, потому что мы не ощущаем непрерывности нашего существования, которое в действительности бесконечно. Все страдания — результат того, что мы думаем, будто мы тело. Все страдания, будь то страх перед нищетой, болезнью или неизвестностью, — все это результат нашего незнания Бога.

Когда человек начинает осознавать себя как бессмертную душу, он понимает, что огонь не может ее сжечь, и в воде она не утонет, и пули не могут ее изрешетить[5]. В этом весь смысл Йоги и религии — помочь человеку осознать свою вечную, бессмертную, неразрушимую природу. Истина прекрасна. Вы можете говорить о ней бесконечно и в то же время обобщить ее в нескольких словах: Истина — это то, что помогает каждому человеку вернуться обратно к Богу.

У Бога нет любимчиков. Он любит каждого из нас точно так же, как Он любит Своих великих святых. Единственная разница между обыкновенными людьми и святыми состоит в том, что святые никогда не прекращали своих попыток. Всякий раз, когда они падали, они поднимались и говорили: «Ничего, я еще раз попытаюсь. Я все равно найду Истину,

---

[5] «Оружие не может рассечь душу, огонь не может ее сжечь, вода не может ее увлажнить, ветер не может ее иссушить...» (Бхагавад-Гита II:23. Перевод Парамахансы Йогананды из книги «Бхагавадгита: Беседы Бога с Арджуной»).

Любовь и Мудрость. Я все равно найду Бога».

Это должно стать и вашей целью. Да не будет у вас других богов. И пока вы ищете Бога внутри себя, пусть ваш поиск выражается и внешне — в виде каждодневного служения Богу всеми возможными путями.

Помните, что Бог находится от вас на расстоянии вашей мысли о Нем. Он вездесущ. Если в этот самый момент вы уверуете, что Он рядом с вами — всего лишь за темнотой закрытых глаз, — вы сможете это почувствовать. Медитируйте на эту мысль, и вы увидите, что именно так и произойдет в вашей жизни.

Опыт общения с моим Гуру, Парамахансой Йоганандой

Из выступлений в Индии и Америке

Каждое человеческое сердце жаждет любви. И все виды человеческой любви, будь то любовь между родителями и детьми, мужем и женой, хозяином и слугой, гуру и учеником, или же между друзьями, коренятся в Единой Любви — Боге.

Кроме того, каждое человеческое сердце ищет счастья. Это — цель жизни. Да, кто-то может сказать: «Моя цель — преуспеть в бизнесе» или «Моя цель — сотворить красивую музыку», но в своем стремлении исполнить какое-либо желание мы надеемся — пусть и подсознательно — обрести счастье. Желание быть счастливым, желание любить и быть любимым являются побудительными силами, стоящими за всеми нашими устремлениями и амбициями.

Мудрецы Индии говорят, что Бог — вечно сущее, вечно сознательное, всегда новое Блаженство. Они говорят нам, что счастье, которого мы ищем, радость, которая никогда не кончается и не утрачивает своей новизны, могут быть найдены только в Боге. А где Он? Его божественный образ живет в каждом человеке как душа. Нам незнаком божественный покой, который приходит с осознанием души, потому что наше внимание направлено на внешний мир, и мы ищем свое счастье в нем. Мы должны помнить, что земное счастье относительно и мимолетно. И только Блаженство Бога вечно.

Совершенная любовь и совершенная радость могут быть найдены только в Боге. Мы же ищем их где-то еще. И только когда приходят тяжелые испытания и горькие страдания, мы начинаем думать о Боге и отводить какое-то время на молитву, *пуджу* или повторение мантр. Но приходит время, когда эти внешние ритуалы нас уже не удовлетворяют. Если мысли блуждают, молитва неэффективна и повторение мантр не приносит Божьего ответа, которого так жаждет душа.

Бога можно познать только на личном опыте

Есть такой сладкий фрукт — черимойя. Он круглый, кожура зеленого цвета, внутри — белая мякоть и большие черные семена. Описание фрукта я вам дала, но знаете ли вы на самом деле, что такое черимойя и какова она на вкус? Если вы о ней лишь слышали, но никогда ее не видели и не пробовали, тогда — нет.

И так же с Богом. Святые и *риши*[1] описали свой опыт общения с Богом, но само по себе чтение их свидетельств не даст нам богопознания. Мы не можем осознать Бога по одному лишь Его описанию. Мы сами должны засвидетельствовать Его присутствие в экстатическом состоянии блаженства, которое приходит как результат глубокой продолжительной медитации.

Обычный человек всегда так занят своими беспокойными мыслями, обязанностями и желанием земных наслаждений, что никогда не обращает свой взор к Богу. И даже если он ежедневно уделяет немного времени Богу и поискам внутреннего покоя, он все равно терпит неудачу в медитации, потому что медитирует недостаточно глубоко.

Всю преданность своих учеников гуру вручает Богу

На духовном пути человеку необходим гуру. Ум истинного гуру укреплен в Космическом Возлюбленном и погружен в Него. Какому бы пути ни следовал такой гуру, будь то *Раджа-йога, Джняна-йога, Карма-йога* или же *Бхакти-йога*[2], его сознание

---

[1] Познавшие Бога мудрецы.

[2] Виды йоги, ведущие к единению с Богом: «царский» путь (*Раджа-йога*), путь проницательности (*Джняна-йога*), путь служения (*Карма-йога*) и путь преданности (*Бхакти-йога*).

едино с Богом. Всю преданность своих учеников гуру вручает Богу. Он направляет мысли ученика не к себе, но к Небесному Отцу.

Таким великим был мой божественный гуру, Парамаханса Йогананда. Он не хотел, чтобы его ученики привязывались к его личности или как-то от него зависели. Он хотел, чтобы мы любили и искали только Бога. Он всегда обращал наши мысли к Богу и учил нас, что мы должны быть сонастроены с Богом день и ночь. Всякий раз, когда Гурудэва видел, что мы начинаем думать о чем-то другом, он нас одергивал. Он учил нас проживать каждый момент нашей жизни так, чтобы наш ум всегда был занят пьянящей мыслью о Боге; чтобы наши уста всегда говорили о Боге; чтобы наши сердца всегда воспевали Бога. Гурудэва служил нам примером истинного погружения в Господа.

Опыт нирвикальпа-самадхи

Последний период своей жизни Гуруджи прожил в *нирвикальпа-самадхи*[3] — непрерывном экс-

---

[3] *Самадхи* — сверхсознательное состояние блаженства, в котором йог переживает единение своей души с Космическим Духом. *Нирвикальпа-самадхи* — наивысшее состояние блаженства, переживаемое лишь самыми продвинутыми мастерами. Неподвижность тела и состояние транса, характерные для начальных стадий *самадхи*, отсутствуют в *нирвикальпа-самадхи*. Мастер, находящийся в этом

тазе Божьего блаженства, в который он вошел в июне 1948 года. Мне и нескольким другим ученикам выпала честь стать свидетелями того момента, когда он вошел в это состояние. В тот вечер он позвал нас в свою комнату. Он сидел в кресле и собирался есть манго. И вдруг его сознание захлестнула волна блаженства; всю ночь он провел в *самадхи*. Будучи свидетелями такого события, мы прошли через удивительное, преобразующее переживание. Мы видели его в *самадхи* и раньше, но на сей раз произошло великое чудо: Гурудэва задавал Божественной Матери вопросы, и Она отвечала ему его же голосом. Многие из предсказаний, которые Божественная Мать сделала через Гуруджи в ту ночь, — предсказаний о положении дел в мире и распространении послания Самореализации, — уже сбылись.

Я часто была «Фомой неверующим», желающим определенного доказательства существования Бога. В ту ночь все сомнения исчезли навсегда. Мое сознание пылало любовью и тоской по Божественному Возлюбленному, Чей голос мы услышали и Чью любовь мы почувствовали через нашего благословенного Гуру.

наивысшем экстатическом состоянии, может заниматься обычными делами, не теряя при этом своего божественного восприятия.

После того *самадхи* Гуруджи сказал нам: «Я не знаю, как Божественная Мать распорядится моей жизнью. Она либо отзовет меня с этой земли, либо повелит оставить всю организационную работу и удалиться от мира». Гуруджи уехал в уединенную обитель в калифорнийской пустыне и пребывал там большую часть оставшейся жизни, посвящая себя медитации и литературной работе.

Последние дни с Гуру

В последнюю неделю февраля 1952 года Гуруджи пригласили в Лос-Анджелес на прием, организованный в честь приезда посла Индии, Шри Биная Ранджана Сена. Первого марта Гуруджи приехал в Главный международный центр Self-Realization Fellowship, а уже третьего марта мы под его руководством весь день готовили сладкие угощения и карри для посла, который собирался посетить SRF на следующий день.

Поздним вечером, когда наши приготовления уже подходили к концу, благословенный Мастер попросил меня пройтись с ним по коридору. Там он остановился, сел напротив портрета Свами Шри Юктешварджи и с огромной любовью стал говорить об этой великой душе, которая направляла его на пути к Богу.

Затем Гурудэва сказал мне: «Ты понимаешь, что остались считанные часы до того, как я покину это тело?» Боль пронзила мое сердце. Незадолго до того Гуруджи уже говорил мне, что он скоро уйдет, и тогда я ему сказала: «Мастер, как же мы будем без вас? Ведь вы — бриллиант в кольце наших сердец и вашей организации. А что стоит кольцо без красоты бриллианта?» И великий *бхакт*[4] ответил: «Запомни: когда я уйду, только любовь сможет занять мое место. День и ночь упивайся любовью Бога и дари эту любовь всем». Мир полон страданий именно из-за отсутствия такой любви.

В последний день, седьмого марта, когда я зашла в комнату Мастера, он неподвижно сидел на своем раскладном кресле в позе лотоса. Когда я подошла к нему, он приложил палец к губам, дав мне понять, что желает побыть в тишине. Его сознание было глубоко погружено в Бога. Комната наполнилась могучими божественными вибрациями покоя и любви. Вечером он поехал в отель Билтмор, где должен был состояться прием в честь посла. Речь Гуруджи на этом приеме была проникнута пламенной любовью к Богу; все присутствующие испытали возвышенное состояние сознания. Они явно никогда прежде не

---

[4] Тот, кто любит Бога.

встречали человека, который говорил так сокровенно о присутствии Господа.

Еще за много лет до этого Мастер предсказывал: «Когда придет мое время покинуть это тело, я уйду, говоря о Боге и о моей любимой Индии». И действительно, в тот вечер последние слова нашего Гуру были о Боге и об Индии. Он читал строки из своего стихотворения «Моя Индия»: «Там, где Ганг, леса, пещеры Гималаев и люди думают о Боге, я был благословлен: нога моя ступала на ту землю». С этими словами он возвел глаза к центру *Кутастхи*[5] и медленно опустился на пол.

В одно мгновение некоторые из нас, учеников, примчались к нему. Он обучил нас напевать ему в ухо «Аум», чтобы при необходимости выводить его из состояния *самадхи*. Ананда Мата[6] и я склонились над нашим божественным Гуру и стали напевать «Аум». Когда я пела, на меня вдруг снизошли великий покой и радость, и я почувствовала, как в мое тело вошла огромная духовная сила. Полученное в тот вечер благословение никогда не покидает меня.

---

[5] Центр божественного сознания; Христово Сознание, расположенное в межбровье.
[6] Верная ученица Парамахансы Йогананды с 1931 года, сестра Шри Дайи Маты. Ананда Мата поступила в ашрам в 1933 году, когда ей было 17 лет. Она была членом Совета директоров SRF/YSS вплоть до своей кончины в 2005 году.

Ученик должен всеми силами стараться сохранять сонастроенность своего ума и духа с гуру. Сила благословения гуру, познавшего Бога, ни с чем не сравнима.

Следуйте садхане своего гуру

Садхана, которой обучает наш гурудэва Парамаханса Йогананда, показывает нам, как практиковать Восьмиступенчатый путь йоги, изложенный мудрецом Патанджали. Сначала идут *яма и нияма*, нравственные и духовные предписания, которым должны следовать все люди, для того чтобы жить в гармонии с Божественным законом. Затем идет *асана*, правильная поза для медитации, в которой спину нужно держать прямо. Правильная поза очень важна для того, чтобы ощущения тела не отвлекали ум в его стремлении сосредоточиться на Боге.

Затем идет *пранаяма*, контроль жизненной энергии, который необходим для того, чтобы дыхание не приковывало сознание к телу. За *пранаямой* следует *пратьяхара* — направление ума внутрь себя. *Пратьяхара* отводит наше внимание от отвлечений внешнего мира. После этого мы готовы к концентрации и медитации *(дхарана и дхьяна)*, которые ведут к *самадхи* — сверхсознательному переживанию единения с Богом.

У Господа нет любимчиков. Он любит всех одинаково. Солнечный свет падает как на алмаз, так и на уголь, но алмаз вбирает в себя свет и отражает его. Мышление многих людей подобно углю, и поэтому они думают, что Бог не одаривает их Своим благословением. Божья любовь и благословение доступны всем, человек должен лишь вобрать их в себя. Посредством *бхакти* он может обрести «алмазное» мышление, способное вбирать и отражать любовь и милость Божии. Именно тогда он найдет покой и удовлетворенность в жизни. Искренняя любовь к нашему Творцу и медитация, путь даже короткая, вдохнут мир и покой в сердца людей. Вот тогда положение в мире по-настоящему улучшится.

Даря преданную любовь своему гуру и получая в ответ безусловную божественную любовь и дружбу, мы учимся искренне любить Господа. Гуру пробуждает в нас истинную любовь к Богу и обучает нас искусству этой любви.

Путь преданного поклонения

*Главный международный центр SRF,
Лос-Анджелес, Калифорния,
13 апреля 1965 года*

Самый лёгкий путь к обретению Бога лежит через преданное поклонение. Все те, кто ищет лёгкого пути, должны сосредоточиться в первую очередь на развитии в себе чувства преданности Богу. Но наряду с этим мы должны развивать и духовное распознание. Наш гуру, Парамаханса Йогананда, как-то дал такое определение духовному распознанию: это умение делать то, что следует и когда следует.

Духовное распознание делает наши мысли однонаправленными. Всякий раз, когда мы собираемся совершить какое-то действие, духовное распознание заставляет нас спрашивать себя: «Приблизит ли меня это к Богу?» Оно дарует нам способность сказать *нети, нети* («не то, не то») тем действиям, которые не ведут к Богу, помогая нам избегать их. А когда распознание подсказывает нам, что та или иная деятельность приближает нас к Богу, о ней мы можем говорить: «В своих действиях я буду прилежен». Если вы будете следовать этим двум принципам — преданному поклонению и духовному распознанию, — вы увидите, что они являют собой самый легкий путь к Богу. Естественно, под преданным поклонением я подразумеваю и практику техник медитации, данных нам нашим Гуру.

Какой способ покорить кого-либо самый легкий? Очевидно, что проще всего сделать это не умом, а любовью. Из этого следует, что покорить Бога можно, только полюбив Его. Я искала в этом мире любовь. Я жила для любви. Но я хотела совершенной любви, и я поняла, что мы не имеем права требовать совершенной любви от людей, потому что сами они несовершенны. Проблема современного мира в том, что мужья и жёны, дети, а также семьи в целом жалуются на то, что не получают друг от друга достаточно любви. Они не задумываются, что, если человек хочет любви, он должен сперва научиться её *дарить*. Мы не можем получить любовь, просто потребовав её от кого-то. Чтобы её получить, нужно сперва её отдать.

Так же и с Богом: если вы жаждете Его, вы должны сначала подарить Ему любовь. В ответ вы получите такое обилие Божьей любви, что вы уже не будете тосковать по несовершенной любви этого мира.

Всякий раз, когда я читаю об идеальной любви между друзьями, родителями и детьми, а также мужьями и женами, я думаю про себя: «О Возлюбленный Господь, если человеческие отношения могут быть такими прекрасными, во сколько же раз прекраснее отношения с Тобой — ведь от Тебя исходят все формы любви!» Сколько вдохновения приносит эта мысль! Но сами по себе рассуждения о качествах Бога не помогут вам найти Его: вы должны пытаться их почувствовать, вы должны концентрироваться на них и медитировать на Его сущность до тех пор, пока те качества, которые проявляет Бог, не станут частью вашего собственного переживания. Если вы хотите познать Бога как любовь, выберите определенную мысль, которая вызывает у вас любовь к Нему, и, чтобы углубить это чувство, долго размышляйте над ней в глубокой медитации.

Поклоняйтесь Богу втайне

Духовный искатель, который следует пути *бхакти*, то есть преданности, в своем поклонении может пройти через период эмоциональности. Но если он глубоко искренен, эта внешняя пылкость постепенно уйдет, и ее место займет исполненное преданности сознание. Вы читали об этом в житиях многих святых, которые следовали пути *бхакти*. Они проходили через эмоции: часто плакали, а иногда даже теряли сознание. Но если поклоняющийся не сдавался и был глубоко искренен, если он не старался произвести впечатление на окружающих, его сознание настолько глубоко погружалось в Бога, что его чувства уже почти не проявлялись внешне.

Некоторые богоискатели, не испытывая глубокой преданности, «играют на публику», сознательно или подсознательно желая произвести на людей впечатление. Из-за этого напускного поклонения они полностью теряют свое истинное чувство к Богу. Когда человек проходит через эту начальную стадию — эмоциональность, он должен задаваться вопросом: «Искренен ли я?» Всегда помните об этом. Духовный искатель должен подвергать себя честному самоанализу, спрашивая себя: «Не стараюсь ли я произвести на кого-то впечатление? Когда я остаюсь наедине с самим собой, проявляются ли во мне такие же глубокие чувства к Богу, как и на людях?» Быть честным перед собой — дело первостепенной важности. Если человек обнаружит, что, когда он один, его чувства к Богу столь же глубоки, а слезы — непроизвольны, то в своем поклонении он стоит на правильном пути. Но если он обнаружит, что его эмоции сильнее, когда он на людях, он должен мысленно отстраниться от всего и спросить себя, не пытается ли он на самом деле произвести впечатление на окружающих своей «духовной продвинутостью». И если это так, то он должен глубоко молиться Богу: «Господи, не позволь мне осквернить священную искру преданности, что я испытываю к Тебе! Помоги мне покончить с этим спектаклем, чтобы никто не знал о моей любви к Тебе. Пусть она будет сокровенной, пусть она будет тайной — только между Тобой и мной». Вот так человек должен менять направление своих устремляющихся наружу мыслей и чувств, вбирая их вовнутрь.

Когда духовный искатель искренне любит Бога и его поклонение становится глубоким и чистым, он забывает о мире. Ему становится все равно, принимает его мир или отвергает, считает его сумасшедшим или же святым. Единственное, чего он хочет, — это ощущать Божью любовь и быть поглощенным ею. Если на его глаза вдруг набегут слезы в тот момент, когда он переключится на внешнее сознание, он не захочет, чтобы их видел кто-то, кроме Бога. Такой поклоняющийся — на правильном пути, и его чувство преданности будет постепенно углубляться. Но время от времени оно может проявляться и внешне.

Блаженство — конечная цель человека

Человек — думающее и любящее существо. В его душе присутствует и разум, и чувство. И то и другое опьяняет душу. Помню, как наш Гуру однажды сказал: «Когда я пребываю в состоянии мудрости, во мне преобладает разум и я не осознаю своего преданного поклонения. Когда я пребываю в состоянии преданного поклонения, во мне преобладает любовь и я меньше чувствую разум». Однако и любовь, и мудрость даруют пьянящее блаженство.

Каждый человек ищет блаженства, обретение которого есть единственная цель существования. И это то, чем является Бог — вечно сущее, всегда новое, всегда сознательное блаженство. Оно заложено и в душе. В своей жизни человек ищет многого. Но в этом поиске он надеется обрести лишь одно переживание — радость, блаженство. Если он ищет любви, то оттого, что хочет быть любимым и найти в этом радость. Если он ищет мудрости, то потому, что хочет испытать ту опьяняющую радость, которую приносит всеведение. Почему человек ищет богатств? Богатства и деньги сами по себе не имеют смысла. Человек ищет их ради той радости удовлетворения, которая приходит с обретением всего, чего он желал. Если он ищет славы, то потому, что хочет испытать чувство всевластия или стать частью истории. В каждом поиске человека конечной целью является именно блаженство.

Природа души — это сила, блаженство, вечное сознание, всеведение, вездесущность. Поэтому во всем, что человек ищет в этом мире, он старается выразить те качества, которые составляют его истинную природу. Подумайте сами: что такое слава, как не желание обрести бессмертие — быть известными, пока мы живы, и продолжать жить в памяти людей после того, как мы покинем этот мир? Человек ищет всего этого, потому что бессознательно он хочет выразить природу своей собственной души.

Поэтому у человека есть оправдание его безудержным поискам удовлетворения в материальном мире. Плохо не само желание обрести удовлетворение, а ошибочные представления о путях его достижения. Вечное не может быть найдено в преходящем.

Есть только один способ достичь абсолютного удовлетворения. Христос знал это и потому сказал: «Ищите же прежде Царства Божия и правды Его, и это все приложится вам». Если вы будете искать Бога, в Нем вы найдете все, чего жаждет ваша душа. В Том, Кто вечен, вы обретете полное удовлетворение, ибо в Боге вы найдете свое вечное «Я».

Благословение от Махаватара Бабаджи

Ашрам Self-Realization Fellowship,
Энсинитас, Калифорния,
24 августа 1965 года

В рамках своего визита в ашрамы Парамахансы Йогананды в Индии с октября 1963 года по май 1964 года, Шри Дайя Мата совершила паломничество в гималайскую пещеру, освящённую физическим присутствием Махаватара Бабаджи[1]. *Какое-то время*

---

[1] Верховный Гуру в линии познавших Бога мастеров, которые взяли на себя ответственность за духовное благополучие членов Self-Realization Fellowship (Yogoda Satsanga Society of India), прилежно практикующих *Крийя-йогу*.

Дайя Мата посетила ту самую пещеру, в которой Махаватар жил в ту пору, когда он посвятил в священную науку *Крийя-йоги* своего великого ученика Лахири Махасайю. Это событие произошло в 1861 году. История их чудесной встречи, рассказанная самим Лахири Махасайей, запечатлена Парамахансой Йоганандой в 34-ой главе «Автобиографии йога»:

«Как-то днём во время одной из прогулок я с изумлением услышал далёкий голос, зовущий меня по имени. Я стал энергично взбираться на лесистую гору... Наконец я вышел на небольшую поляну; в скалах чернели устья пещер. На одном из скалистых уступов стоял молодой человек, приветственно протягивая мне руку... „Лахири, ты пришёл!

Дайя Мата вежливо отказывалась говорить о своем опыте публично. Но когда ее попросили рассказать об этом на сатсанге, Матаджи, получив одобрительный знак от Господа, выразила свое согласие. Здесь мы приводим ее рассказ.

У Парамахансы Йогананды была особая духовная связь с Махаватаром Бабаджи. Гурудэва часто говорил о Бабаджи и о случае в Калькутте, когда Махаватар явился ему незадолго до его отъезда в Америку[2]. Всякий раз, когда Мастер упоминал великого аватара[3], он говорил о нем с такой любовью, с таким почтением, что наши сердца переполнялись божественной любовью и жаждой по Богу. Иногда мне даже казалось, что мое сердце просто не выдержит такой лавины любви.

После того как Гуруджи ушел из этого мира, мысль о Бабаджи стала занимать в моем сознании все больше места. Не знаю почему, но при всей моей любви и почтении ко всем нашим возлюбленным

Передохни вот в этой пещере. Это я звал тебя"». В этой истории Лахири Махасайя описывает необыкновенные обстоятельства, при которых он получил от Махаватара священную *дикшу* (инициацию) в *Крийя-йогу*.

[2] См. 37-ю главу «Автобиографии йога».

[3] Божественное воплощение; тот, кто достиг освобождения и всецело отождествил себя с Духом, после чего добровольно вернулся на землю, чтобы помогать человечеству.

парамгуру[4], в своем сердце я питала особое чувство к Бабаджи; при этом я не проходила через какое-то специфическое переживание, которое могло бы вызвать во мне отчетливое чувство духовной связи с ним. Я совсем не ожидала, что смогу непосредственно ощутить священное присутствие Бабаджи, так как считала себя недостойной этого. Я думала, что в какой-нибудь будущей жизни я, возможно, удостоюсь такого благословения. Я никогда не просила и не жаждала духовных переживаний. Все, что я хочу, — это любить Бога и чувствовать Его любовь. Она приносит мне радость, и другой награды в жизни я не ищу.

Когда мы в очередной раз поехали в Индию, двое моих спутниц[5] выразили желание посетить пещеру Бабаджи. Поначалу я не была сильно расположена к этому, но мы все же сделали запрос. Пещера находится в предгорье Гималаев за Раникхетом, у границы с Непалом. В Дели правительственные служащие сказали нам, что районы, прилегающие к северным границам Индии, закрыты для иностранцев.

---

[4] *Парамгуру* — гуру чьего-либо гуру. Здесь говорится о священной линии Гуру-наставников общества Self-Realization Fellowship: Махаватара Бабаджи, Лахири Махасайи, Свами Шри Юктешвара и Парамахансы Йогананды.

[5] Ананда Мата (см. стр. 253) и Ума Мата. Ума Мата является членом Совета директоров Self-Realization Fellowship/Yogoda Satsanga Society of India.

Глубокая медитация в гималайской пещере Махаватара Бабаджи вблизи Раникхета, 1963 год

«Голос тишины громко вещал о присутствии Божественного. Волны осознаний захлестывали меня, и все молитвы того дня впоследствии были отвечены».

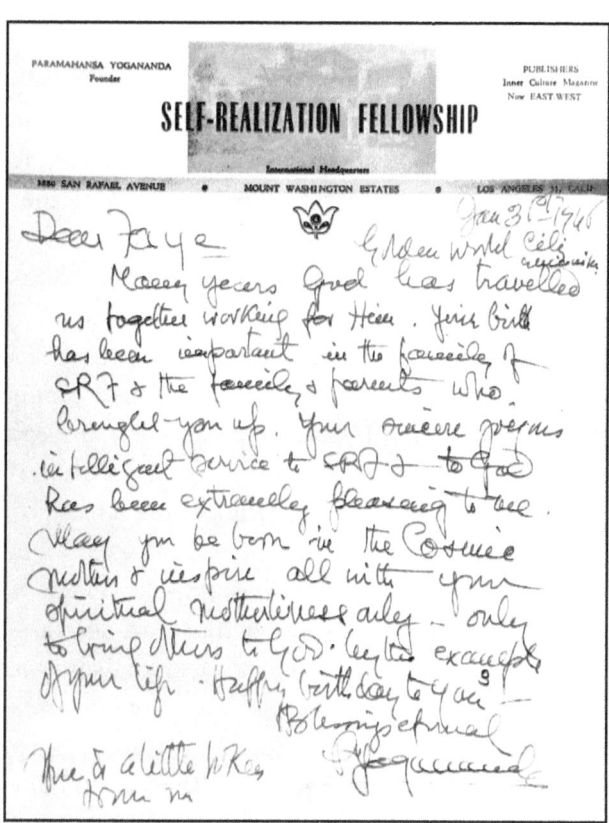

Письмо от Парамахансаджи, написанное ко дню рождения Дайя Маты. 31 января 1946 года

«Много лет назад Господь свел нас вместе, чтобы мы могли работать для Него сообща. Твое рождение имеет большое значение для семьи SRF и для твоей семьи, твоих родителей, которые тебя вырастили. Я в высшей степени удовлетворен твоим служением SRF и Богу в духе радости и разумения. Желаю тебе обрести рождение в Космической Матери и вдохновлять других людей только духовным своим материнством — лишь для того, чтобы привести их к Богу примером своей собственной жизни. С днем рождения! Вечных тебе благословений».

Посещение пещеры казалось невозможным. Но я не испытала разочарования. В своей жизни я видела столько чудес, что ничуть не сомневалась в способности Божественной Матери осуществить все, на что есть Её воля. И если Она не желает, чтобы поездка состоялась, то и я в этом тоже не нуждаюсь.

Прошло дня два, и Йогачарья Бинай Нарайян[6] сообщил мне, что он связался с главным министром штата Уттар-Прадеш, где находится пещера Бабаджи. Тот выдал нашей группе специальное разрешение для свободного передвижения по закрытым для иностранцев территориям. Через два дня мы были готовы к нашему путешествию. Правда, у нас не было теплой одежды для горного климата — только сари из хлопка и шерстяные шали, которые можно было накинуть на плечи. Да, в своем рвении мы были несколько безрассудны!

Мы сели на поезд, идущий в Лакхнау, столицу штата Уттар-Прадеш, и около восьми вечера уже были в доме губернатора. Там для нас устроили ужин, на котором, помимо самого губернатора, присутствовали главный министр и другие гости. В десять часов

---

[6] Позднее он стал известен под монашеским именем Свами Шьямананда. Он был главным секретарем общества Yogoda Satsanga Society of India вплоть до своей кончины в 1971 году.

вечера мы уже сидели в поезде на Кэтгодэм в сопровождении главного министра. На рассвете мы прибыли на маленькую станцию, откуда нам еще предстояло ехать на машине до Дварахата, где располагался ночлег для таких паломников, как мы.

Божественный отклик Бабаджи

Какое-то время я сидела в зале железнодорожной станции Кэтгодэм совершенно одна: мои спутники поджидали машины снаружи. С глубоким чувством преданности я принялась практиковать то, что в Индии называют *джапа-йогой*, а именно повторять имя Божественного снова и снова. В *джапа-йоге* сознание постепенно погружается в одну-единственную мысль, исключая все остальные. Я повторяла имя Бабаджи: я могла думать лишь о нем одном. В своем сердце я ощущала неописуемый трепет.

Внезапно я перестала осознавать окружающий мир. Мой ум полностью погрузился в совершенно иное состояние сознания. В охватившем меня экстазе сладостной благодати я узрела присутствие Бабаджи. И я поняла, *что* имела в виду святая Тереза Авильская, сказав, что зрела Христа вне формы: личностный аспект Духа, проявленный в виде души и облаченный лишь в эфирную оболочку мысли. Такое «ви́дение» есть более живая, более детальная форма созерцания, нежели восприятие грубых очертаний материальных форм или даже виде́ний. Я мысленно поклонилась Бабаджи и собрала пыль с его стоп[7].

Мастер однажды сказал нам: «Вам не нужно беспокоиться о том, кто будет возглавлять наше Общество в будущем. Бабаджи уже избрал тех, кому предназначено вести эту работу». Когда Совет директоров SRF избрал меня, я спросила: «Но почему именно я?»[8] Теперь же я вопрошала Бабаджи: «Они выбрали меня. Но ведь я этого совершенно недостойна. Как это могло случиться?» Внутренне я рыдала у его ног.

---

[7] Индийский обычай, согласно которому человек касается стоп мастера, а затем своего лба, выказывая покорное смирение перед его духовным величием. (См. также Мк. 5:27—34.)

[8] Однажды Парамахансу Йогананду спросили о том, по какому критерию будут выбирать будущих президентов Self-Realization Fellowship/Yogoda Satsanga Society of India, которые в силу занимаемой ими должности должны будут также представлять Парамахансу Йогананду в качестве духовных глав SRF/YSS. Йогандаджи ответил: «Во главе этой организации всегда будут стоять мужчины и женщины, достигшие Самореализации. Их имена уже известны Богу и Гуру-наставникам».

И, хотя Парамахансаджи лично выбрал и обучил Дайя Мату для ее будущей духовной роли, она никогда не думала, что действительно займет должность президента. Она надеялась, что придет время, когда Господь назначит на эту позицию другого человека. Но ни Божья воля, ни пожелания Гуру не подверглись влиянию желания того, кто полностью соответствовал этой роли, но кротко считал себя недостойным ее. — Прим. изд.

Нежнейшим голосом он ответил мне: «Дитя мое, ты не должна сомневаться в своем Гуру. Он говорил правду. То, что он вам сказал, — истинная правда». Когда Бабаджи произнес эти слова, на меня снизошел безмятежный покой. Этот покой омывал все мое существо, и я не знаю, сколько времени это длилось.

Постепенно я пришла к осознанию, что мои спутники уже вернулись. Когда я открыла глаза, я посмотрела на окружающую меня обстановку новыми глазами. Помню, как я воскликнула: «Ну конечно! Ведь я была здесь раньше!» В одно мгновение все вокруг стало мне знакомо. Во мне ожила память моей предыдущей жизни!

Мы сели в машины, и началось наше путешествие по извилистой горной дороге. Мне было знакомо все, что открывалось взору. После духовного опыта в Кэтгодэме я настолько отчетливо ощущала присутствие Бабаджи, что куда бы я ни смотрела, мне казалось, что он там. Мы ненадолго остановились в Ранихете, где нас приветствовали городские чиновники, которые уже были предупреждены о нашем прибытии главным министром.

Наконец мы приехали в отдаленную деревушку Дварахат, расположенную высоко в гималайском предгорье. Там мы остановились на постоялом дворе для паломников. В тот вечер нас посетило много

Этот снимок Парамахансы Йогананды Дайя Мата любила больше всего

«...*Его обязанность как гуру заключалась в том, чтобы помогать ученику в распознании и преодолении иллюзии. Он хотел не просто повысить интеллектуальное знание человека о Боге, но привести к Нему души*».

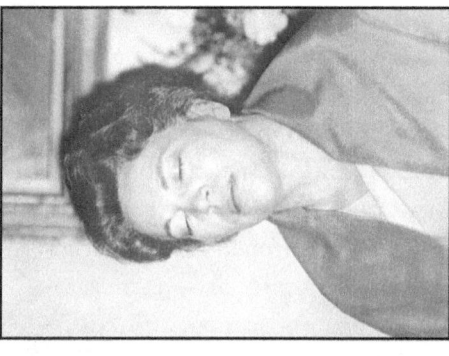

Медитация во время церемонии инициации в *Крийя-йогу*. Главный международный центр SRF, Лос-Анджелес, 1965 год

«Если верующий хочет познать Бога, ему следует больше пребывать в молчании и слушать голос Любви внутри себя».

Сатсанга в рамках трехмесячного турне по европейским центрам SRF. Париж, 1969 год

«Будучи Божьими детьми, в этом мире мы обязаны стремиться понять себя, окружающих, жизнь и — самое главное — Бога. Мир станет лучше только тогда, когда ум и сердце человека будут ведомы пониманием».

людей из местной округи. Они были наслышаны о паломниках с Запада, приехавших посетить святую пещеру. Многие местные люди говорят о Бабаджи, чье имя означает «Почтенный Отец». Наши гости забросали нас вопросами, и мы все вместе провели *сатсангу*, подобную той, на которой мы находимся сейчас. Те, кто говорил по-английски — а их оказалось немало, — переводили для всех остальных.

Пророческое видение

Когда *сатсанга* закончилась и местные жители разошлись, мы помедитировали, а затем легли спать, уютно устроившись в наших теплых спальных мешках. Глубокой ночью мне явилось видение. Надо мной нависла огромная черная туча, которая пыталась меня поглотить. Я стала звать на помощь Бога, разбудив своим криком Ананда Мату и Ума Мату, которые спали со мной в одной комнате. Встревожившись, они спросили, что произошло. «Я не хочу сейчас об этом говорить, — ответила я. — Все нормально. Спите». С практикой медитации в каждом из нас развивается всеведущая сила интуиции. Я интуитивно поняла, что Бог хотел сказать мне этим знамением. Оно предвещало серьезную болезнь, через которую мне предстояло пройти, а также наступление темных времен для всего человечества: силы зла будут пытаться поглотить мир. Поскольку туча не накрыла меня полностью — мои мысли о Боге оттолкнули ее, — видение означало, что я благополучно переживу опасную ситуацию, что и произошло позже. Оно также показало, что и мир в конце концов благополучно переживет опасность, которую несет ему темная туча кармы; но для этого человечеству нужно будет внести свой вклад: обратиться к Богу.

В девять часов утра мы отправились к пещере. Большую часть пути нам пришлось преодолевать пешком, но время от времени мы передвигались верхом на лошадях или в *данди*. *Данди* — это что-то наподобие паланкина: небольшое ложе, подвешенное на двух длинных жердях, концы которого лежат на плечах четырех носильщиков.

Мы все шли и шли — а иногда и вовсе буквально ползли: на многих участках тропа была очень крутой. В своем путешествии мы ненадолго останавливались в двух гостевых домах. Во втором случае это был маленький домик для паломников, принадлежащий правительству; там мы расположились на ночлег после посещения пещеры. Около пяти часов вечера, когда солнце уже начало опускаться за горы, мы наконец добрались до пещеры. Солнечный свет (а может, это был свет иной Силы?) золотил все вокруг.

В этом месте на самом деле находится несколько пещер. Одна из них — открытая, высеченная природой в огромной скале, на выступе которой, возможно, и стоял Бабаджи, когда Лахири Махасайя впервые увидел его. Есть и другая пещера, проникнуть в которую можно только ползком на коленях. Согласно свидетельствам, это и есть та самая пещера, в которой останавливался Бабаджи. За сто с лишним лет, прошедших с тех пор, как он ее покинул, природные силы изменили физическую структуру пещеры, особенно ее вход. Мы расположились во внутреннем пространстве пещеры и долго медитировали, молясь за всех последователей наших Гуру и за все человечество. Никогда раньше тишина не была такой красноречивой. Голос тишины громко вещал о присутствии Божественного. Волны осознаний захлестывали меня, и все молитвы того дня впоследствии были отвечены.

В память о нашем визите и как символ любви и почтения от всех учеников Гурудэвы мы оставили в пещере небольшой шарф с вышитой на нем эмблемой Self-Realization Fellowship[9].

---

[9] См. титульный лист этой книги. На эмблеме организации изображены духовный глаз интуиции в межбровье (через него можно зреть Господа) и распустившийся лотос — древний символ духовного пробуждения.

Когда уже стемнело, мы отправились в обратный путь. Многие местные жители, присоединившиеся к нам в нашем паломничестве, предусмотрительно взяли с собой керосиновые лампы. Наш спуск с горы сопровождался пением гимнов Богу. Около девяти часов вечера мы прибыли в скромное жилище одного из местных служащих, который ходил с нами к пещере. Он пригласил нас передохнуть у него. Мы сели на свежем воздухе у костра, и нам подали печеную картошку, черный хлеб и чай. Хлеб был испечен в золе, так что он был самым что ни на есть черным. Никогда не забуду, какой вкусной была наша еда той ночью, овеянной свежим воздухом священных Гималаев.

К полуночи мы добрались до принадлежащего правительству домика для паломников, в котором мы уже останавливались на пути в пещеру. Здесь мы провели ночь — точнее, то, что от нее осталось. Многие позже говорили, что только наша вера помогла нам уцелеть в тех местах ночью: оказалось, они кишат змеями, тиграми и леопардами. Никому и в голову не придет ходить по таким местам после наступления темноты. Но говорят же, что неведение — благо, поэтому мы не испытывали никакого страха. Уверена, даже если бы мы знали, как опасны те места, мы все равно бы чувствовали себя в безопасности. И тем не менее я не берусь рекомендовать такие путешествия в ночное время!

На протяжении всего дня видение Бабаджи в Кэтгодэме пульсировало в моем сознании, и во мне не умолкало чувство, что я переживаю сцены из прошлого.

«Моя сущность — любовь»

В ту ночь я не могла уснуть. Я села медитировать, и вдруг вся комната озарилась золотистым светом. Затем он стал ярко-синим, и снова я узрела присутствие нашего возлюбленного Бабаджи! На этот раз он сказал: «Дитя мое, знай: духовным искателям нет необходимости приходить в это место, чтобы найти меня. Всякий, кто с глубоким чувством преданности погружается вглубь себя, взывая ко мне и веря в меня, получит от меня ответ». Таково его послание для всех вас. И это правда. Достаточно лишь верить и испытывать преданную любовь, и тогда, безмолвно взывая к Бабаджи, вы почувствуете его ответ.

Я спросила его: «Бабаджи, Господь мой, наш Гуру учил нас, что, когда мы хотим почувствовать мудрость, мы должны молиться Шри Юктешвару, потому что он *джняна* — сама мудрость; когда мы хотим почувствовать *ананду*, блаженство, мы должны общаться с Лахири Махасайей. А какова Ваша сущность?» Стоило мне задать этот вопрос, как мое сердце захлестнула волна такой любви! Она была словно приумножена в тысячу миллионов раз. Он сама любовь, все его существо — *прем* (божественная любовь).

Я не могла представить себе более красноречивого ответа — хоть и беззвучного. И тем не менее Бабаджи сделал его еще более сладостным и значимым, сказав: «Моя сущность — любовь, ибо только любовь может изменить этот мир».

Присутствие великого аватара медленно растаяло в угасающем синем свете, и я осталась одна, укутанная радостью божественной любви.

Я вспомнила слова Гурудэвы, которые он сказал незадолго до того, как покинул тело. Я спросила его: «Мастер, часто бывает так, что, когда лидер уходит, организация уже не растет — она умирает. Как же мы будем без вас? Что будет нас поддерживать и вдохновлять, когда вас уже не будет с нами?» Никогда не забуду его ответ: «Когда я покину этот мир, только любовь сможет занять мое место. День и ночь упивайся любовью Бога до беспамятства. И дари эту любовь всем». Такое же послание для нашей эпохи оставил и Бабаджи.

Любовь к Богу, а также любовь к Богу, живущему в каждом человеке, — это извечный призыв всех духовных гигантов, когда-либо почтивших своим благословенным присутствием эту землю. Это истина, которой мы должны жить. Она крайне необходима в наши времена, когда ненависть, эгоизм, алчность и неуверенность в завтрашнем дне готовы разрушить мир. Мы должны стать духовными воинами, вооруженными любовью, состраданием и пониманием. Это жизненно необходимо.

Дорогие мои, я поделилась с вами этим духовным переживанием, чтобы вы знали, что Бабаджи жив. Он действительно существует, и его послание о божественной любви вечно. Я имею в виду не однобокую, эгоистичную, собственническую любовь, управляемую личными мотивами, а любовь, которую Христос дарит своим ученикам; любовь, которую наш Гурудэва дарит всем нам, — безусловную божественную любовь. Такую же любовь должны дарить всем и мы. Каждый жаждет этой любви. Нет ни одного человека в этом зале, который не жаждал бы любви, доброты и понимания.

Все мы души, а природа души — совершенство; поэтому ничто, кроме совершенства, не сможет удовлетворить нашу душу. Но мы не познаем совершенства до тех пор, пока не познаем Бога, Который есть Совершенная Любовь, Отец, Мать, Друг и Возлюбленный, — наш Господь.

Дух Истины

*Главный международный центр SRF,
Лос-Анджелес, Калифорния,
2 мая 1963 года*

За все те годы, что я провела в ашрамах Парамахансы Йогананды, было не так уж много случаев, когда в беседах с учениками он углублялся в метафизику. И это не потому, что с нашей стороны отсутствовал интерес, а с его — знание предмета. Он намеренно воздерживался от подобных дискуссий, чтобы мы не затерялись в интеллектуальном анализе. Он не хотел, чтобы мы все время занимались философскими построениями и оттого утратили самое важное — жгучий интерес к познанию Бога.

А ведь мы могли бы посвятить сегодняшний вечер обсуждению такого рода вопросов — например, продолжается ли в наше время сотворение душ, и если да, то сколько новых душ Бог сотворил сегодня? В своих письменных трудах Гуруджи иногда касался подобных тем. Но он не считал их предельно важными, потому что понимание таких вещей приходит ко всем духовным искателям по мере их продвижения на пути Самореализации. Пока же личный контакт с Богом не достигнут, богоискатель должен быть настороже, чтобы не сойти с прямого пути и не заблудиться в дебрях философии. Иной человек может добросовестно проштудировать учения Парамахансаджи, но при этом не впитать в себя его дух. Поэтому мне близок другой идеал: дух Бога и Гуру должен прежде всего проявляться в жизни и поведении духовных последователей. Такие ученики — будущее учений SRF, потому что те, кто впитывает этот дух, сонастраиваясь с Гуру в медитации, достигают собственной Самореализации и познают все истины лично. Глубоко вникайте в учения Гуруджи — об этом нужно позаботиться прежде всего. Вашим наивысшим интересом и предметом приложения основных усилий должен стать личный духовный опыт общения с Богом, о Котором говорит и пишет в своих учениях Гурудэва.

Для меня куда предпочтительнее сидеть у ног того, кто опьянен Божьей любовью, и внимать повествованию о личном опыте общения с Богом, чем выслушивать изложение философской теории — пусть даже самое блестящее. Если бы мы заполняли свое время в ашраме обсуждением сухих теорий о том, что представляет собой Бог и какие дела Он творит, все мы ощущали бы пустоту и беспокойство. Но когда кто-то говорит о Боге, исходя из личного опыта общения с Ним, а затем вы вместе медитируете и ощущаете Его присутствие, вот тогда вы испытываете внутреннее удовлетворение и растете духовно.

Помните: если человек желает обладать чем-то меньшим, чем Бог, значит, он все еще находится в сетях иллюзии. Когда Парамахансаджи замечал, что кто-то в ашраме начинал отдавать предпочтение чему-то другому, он ставил все возможные препятствия на пути этого ученика, чтобы тот пробудился от иллюзии. А если ученик старался произвести на Парамахансаджи впечатление своими замечательными вопросами, Гурудэва просто игнорировал его. Но если Парамахансаджи чувствовал в духовном искателе тягу к Богу и искреннюю жажду познать Его, он проводил с этим человеком долгие часы. Он не просто говорил с ним о духовных истинах, а воодушевлял его и направлял в медитации, а также дисциплинировал его, в том числе резкими словами — когда в этом была реальная необходимость. Вот так он воспитывал своих учеников, потому что его обязанность как гуру заключалась в том, чтобы помогать ученику в распознании и преодолении иллюзии. Он хотел не просто повысить интеллектуальное знание человека о Боге, но привести к Нему души.

Истина постигается на собственном опыте

Когда человек постигает глубокую истину или же испытывает великую любовь, ему нелегко говорить о своих чувствах. По этой же причине человеку трудно облачить в слова личный опыт общения с Богом. Этот опыт настолько прекрасен, настолько совершенен в своей сути, что у богоискателя даже не возникает желания о нем говорить. Святые утверждают, что, если божественное переживание попытаться описать словами, на нем тут же появляется налет несовершенства. Слова — несовершенный проводник, и потому они не могут в полной мере выразить совершенство. И так же с Истиной. Когда об Истине, то есть о Боге, просто лишь говорят, не постигнув ее, чего-то не хватает. Примером тому служат учения Христа. Они правильно интерпретируются только тогда, когда на земле рождаются такие люди, как святой Франциск Ассизский и другие великие почитатели Христа. Их интересуют не столько слова, сколько дух, стоящий за этими словами; они жаждут жить духом Христа. Этот дух Истины и есть то, что Парамаханса Йогананда пытался передать тем, кто приходил к нему учиться.

Большинство людей не занимаются поисками Бога, потому что они не осознают, что истинное счастье можно найти только в Боге. Человеческая жажда славы и власти, желание материального изобилия, жажда признания — все это исходит из естественной потребности души, которая хочет выразить свой безграничный потенциал. Душа знает свою совершенную природу — выдающуюся и всемогущую. Но наше эго, пребывающее в состоянии иллюзии, не знакомо с совершенством души; та побуждает нас проявить врожденное великолепие и всемогущество, а мы неправильно интерпретируем это побуждение.

Правильный способ удовлетворения желаний

Нет ничего плохого в том, чтобы иметь достойные цели и желания. Наша ошибка в том, что мы пытаемся достичь их преходящими путями, и от этого мы все глубже погружаемся в иллюзию. Когда у вас появляются подобные желания, мысленно молитесь: «Господи, я знаю, что основа всех моих устремлений — это желание души выразить свою беспредельную природу, сотворенную по Твоему образу и подобию. Помоги мне утолить жажду любви, власти и признания посредством познания себя как души». Мыслить таким образом просто замечательно, ведь тогда для преодоления иллюзии мы используем духовное распознание.

«Ищите же прежде Царства Божия и правды Его, и это все приложится вам». Я знаю, что это так. Много лет назад, когда я только встала на этот путь, я осознала, что в этих словах Христос выразил великое обещание Бога: если мы в первую очередь будем искать Господа, и если мы поставим этот поиск на первое место в жизни, к нам придет все, чего мы когда-либо жаждали. Тогда я приняла решение: либо я докажу истинность этого утверждения в собственной жизни, либо опровергну его. Всякий раз, когда меня одолевали сомнения, я обновляла свою непреклонную решимость использовать возможности этой инкарнации, чтобы узнать, правдивы ли эти слова из Библии.

Самый легкий способ придерживаться духовного пути — выстроить свою жизнь вокруг какого-либо философского принципа или истинного изречения. Каждый из вас может найти в священных писаниях или в словах святых близкую вам истину, способную вас вдохновить. Но не довольствуйтесь одним лишь вдохновением. Каждый день по мере своих сил стремитесь жить этой истиной. Так ваше вдохновение превратится в прямое восприятие.

Моего Гуру больше всего интересовал духовный настрой богоискателя — его решимость и исполненное любви желание познать Бога. Именно это сохраняет истинные учения в первозданной чистоте. Никакое интеллектуальное познание не способно дать человеку богопознание, потому что интеллектуальность очень часто становится камнем преткновения между пониманием, полученным в результате прочитанного или услышанного о Боге, и прямым Его восприятием. Когда искатель лично познает любовь и мудрость Бога, никто уже не сможет поколебать его убеждений. «Тот, кто знает — знает; другие же не знают»[1]. Такой верующий стремится только лишь к тому, чтобы жить Истиной, ощущать Божье присутствие и быть единым с Ним. У него нет иных желаний и устремлений.

Поэтому обретение Бога или даже искренние Его поиски знаменуют конец всем желаниям, потому что отношения с Богом всепоглощающи. Божий человек, будучи полностью удовлетворен, не имеет желания выражать себя как эго, отделенное от Бога. Он заинтересован только в том, чтобы выполнять Божью волю: делиться Им с другими, пробуждая в людях интерес не к своей персоне, но к Богу. Самая большая его радость заключается в том, чтобы притягивать людей к Единому Возлюбленному, Которого он так обожает.

Те, кто глубоко медитирует, регулярно практикует *Крийя-йогу* и достигает прямого контакта с Богом, являются силой, которая будет поддерживать жизнь общества Self-Realization Fellowship. Матрица

---

[1] Из сборника Парамахансы Йогананды *Cosmic Chants*.

этих учений была сотворена в эфире Самим Богом. Организация была создана по Его велению[2], а ее работу поддерживают и направляют Его любовь и воля. Я знаю это совершенно точно. Практика *Крийя-йоги* принесет непреложное доказательство Истины каждому поколению учеников Парамахансы Йогананды.

---

[2] О знаменательных событиях, которые в итоге привели к созданию общества Self-Realization Fellowship (Yogoda Satsanga Society of India) для распространения *Крийя-йоги* во всем мире, Парамаханса Йогананда рассказал в своей «Автобиографии йога».

Есть ли у аватаров карма?

*Главный международный центр SRF,
Лос-Анджелес, Калифорния,
17 августа 1965 года*

> *В этом выступлении Шри Дайя Мата отвечает на следующие вопросы: являются ли страдания освобожденных душ результатом плохой кармы прошлого? Создают ли они новую карму своими действиями в этой жизни?*

Собирательный эффект наших праведных и неправедных действий называется кармой. Закон кармы (действия) — это закон причины и следствия: что посеешь, то и пожнешь. Праведные действия приносят в нашу жизнь благо, неправедные — несчастья и страдания. Все человечество подчиняется этому закону, за исключением тех немногих душ, которые возвысились над ним, осознав свое единство с Богом. Да, такие души, как Христос и Кришна, страдают на земле, но было бы абсурдно заключать, что их страдания есть результат их собственных неправедных действий. Если следовать этой логике, то получается, что у Господа очень плохая карма, раз уж Он породил страдающее человечество! И, если мы индивидуализированные частицы Бога, как нас тому учат священные писания, тогда наши страдания должны быть результатом Его неправедных действий, и, следовательно, это Он страдает через нас. Но неверно думать, что закон кармы может быть применен к Богу или к тем, кто обрел с Ним единство, сделав себя неподвластным Его законам. Змея носит яд в своих клыках, но сама она от этого не погибает. Бесконечный Бог несет в Себе закон двойственности, яд *майи*, но на Него этот закон не действует. Аналогичным образом, тот, кто един с Богом, остается неуязвимым для *майи*. От ее яда страдают только те, кто подвержен воздействию этого закона двойственности. Даже великие святые могут иметь остатки кармы, которые им необходимо отработать. Но когда душа полностью освобождается, а затем возвращается на землю, она уже не подчиняется закону кармы. Что бы такой человек ни делал, он имеет полный контроль над самим собой и результатами своих действий.

Мастер может горячиться, не испытывая гнева

Было бы неправильно говорить, что Гурудэва Парамаханса Йогананда был способен сердиться. Я никогда не видела его сердитым, но он мог горячиться, когда это было необходимо. Если человек мастерски орудует инструментом, он эффективно использует его по назначению; если же ему не хватает сноровки, он может использовать инструмент неправильно. Бог дал человеку свободу говорить и действовать пылко. Даже Христос продемонстрировал пылкость, выгнав торговцев и менял из храма[1]. Он не сказал им кротко: «Дети мои, вы совсем разбаловались. Ну-ка, возьмите свои денежки и выйдите отсюда». Он перевернул их столы и выпустил голубей, которых там продавали. Точно так же мастера — все те, кто обрел власть над самим собой — могут время от времени проявлять кажущийся гнев, но при этом полностью себя контролировать. Любой человек, имеющий склонность к гневу, но не способный с ним совладать, должен научиться контролировать это чувство, иначе его ждут кармические последствия.

Парамахансаджи рассказывал нам, что, когда он был подростком, он разгневался на одного задиру, который запугивал маленьких. Он подрался с ним и одержал верх, но после этого поклялся, что больше никогда не будет гневаться. И такой гнев вполне не объясним. Когда великая душа рождается в этом

---

[1] Мф. 21:12.

мире, сперва она проявляет себя в теле и сознании ребенка — а ребенку присущи определенные ограничения. Но внутри, подобно цветку, сокрытому в семени, кроется божественность его истинной сущности; печать величия там уже присутствует. Гурудэва проявил детский гнев, но даже этот гнев управлялся подсознательной мудростью, ибо был проявлен ради благородного дела.

Тот факт, что Парамахансаджи, будучи в материнском чреве, находился в полном сознании, говорит о том, что он был необыкновенным ребенком. Он достиг единения с Богом много инкарнаций назад. В эту жизнь он уже пришел мастером. Но он был настолько скромен, что никогда много не говорил о себе перед публикой. Он никогда не заявлял о своем величии, и так поступают истинно великие. Благодаря совершенному смирению они даже и не думают о своей непревзойденности. Это божественное качество, ибо Бог никогда не говорит о Своем величии — даже святым. Но при этом мы можем видеть Его величие в самой природе. Всюду зрите Его прекрасные очертания и разум: в могучем океане, в великолепии гор, в Его всепроникающих законах, управляющих Вселенной. Во всем этом мы находим Его неизреченное величие.

Точно так же умалчивают о своем величии

истинно благородные люди и все возвышенные души. И таким был Гурудэва.

Как актеры играют роли, так и аватары выбирают себе имя и облик

Даже мастер должен принять на себя какую-то часть иллюзии, чтобы явиться на землю в человеческом облике, иначе он просто не сможет «собрать вместе» атомы своего тела. Однако это не карма. Именно иллюзию, которая необходима для материализации формы, имел в виду Иисус, когда, выйдя из гробницы после распятия, сказал Марии Магдалине: «Не прикасайся ко Мне, ибо Я еще не восшел к Отцу Моему»[2]. Любая душа, спустившаяся в мир двойственности и обретшая телесную форму, принимает на себя какие-то ограничения, — даже такая как Христос. Но освобожденная душа при этом не подчиняется закону кармы. Она по-прежнему выше его.

Духовное знание Индии нашло свое выражение в многочисленных сказаниях, легендах и мифах, цель которых — проиллюстрировать и тем самым упростить глубокие метафизические истины. В качестве примера можно привести сказание о Господе

---

[2] Ин. 20:17.

Кришне. Однажды он шел с одним из своих учеников по полю вдоль индийской деревушки и увидел свиноматку, кормящую своих поросят. Время от времени она похрюкивала, как бы разговаривая со своими детенышами, а те радостно визжали. Во всем этом Господь Кришна узрел прекрасное выражение материнской любви. Он сказал своему ученику: «Сейчас я войду в тело этой свиньи и побуду там какое-то время, чтобы ощутить эти переживания». Телесная форма Кришны исчезла, растворившись в свиноматке.

Многие люди не находят свиней привлекательными. Но когда я была маленькой, мы с семьей каждое лето ездили на ферму к бабушке, и для меня маленькие розовые поросята были самыми симпатичными животными на свете. Они были такие хорошенькие, такие чистые и ласковые. Мы относили их на газон перед домом и играли с ними часами. Поэтому, когда я впервые услышала эту историю, я поняла, какие чувства испытывал Господь Кришна.

Прошли месяцы. Ученик забеспокоился о Господе Кришне и наведался в поле, чтобы узнать, почему же тот не возвращается. Там он снова увидел счастливую свиноматку, окруженную поросятами.

— Господь Кришна, что ты там делаешь? Ты ведь сказал, что скоро выйдешь из этого тела!

— О, это такое прекрасное чувство, я не хочу отсюда выходить!

— Господь мой, ты же Кришна! Ты не можешь так себя ограничивать! Выходи!

— Ты прав, — согласился Кришна. — Возьми копье и вонзи его в тело свиньи.

Ученик повиновался; из тела свиноматки появился облик Кришны. Он был таким же, как и раньше: пребывание в теле животного ничуть не изменило его.

Аналогично этому, Христос и просветленные мастера не имеют кармы; если добровольно принятые ими ограничения и влияют на них, то лишь поверхностно и недолго. Только при возвращении в мир двойственности они на время ограничивают себя телесной оболочкой. Бог не имеет формы. Он не белобородый старец, сидящий на троне где-то на небесах. Он Дух — безграничный, беспредельный. Когда Он временно обретает телесную форму, ограничения касаются только ее.

Поскольку великие души приходят на эту землю лишь для того, чтобы сыграть определенную роль, у них нет кармы. Иисус Христос какое-то время был связан своей телесной формой; тем не менее перед распятием он знал, какая роль предназначалась ему Божьей волей: явить миру, что душа бессмертна.

Поэтому он сказал: «Разрушьте храм сей, и Я в три дня воздвигну его»[3]. Он обладал такой силой. Но было бы неправильно говорить, что Христос не страдал. Конечно же он страдал! Он пребывал в физическом теле и испытывал настоящую боль, когда его били и когда его плоть пронзали гвоздями, терновым венцом и копьем. Он знал, что такое боль, иначе бы не воззвал: «Боже Мой, Боже Мой! для чего Ты Меня оставил?»[4]. Но уже в следующий момент он преодолел иллюзию этого ограничения. Он вдохнул во всех нас надежду на то, что мы тоже сможем победить, если не будем сдаваться.

Настоящая сила приходит к нам, когда мы полностью вверяем себя Богу

Есть такая поговорка: «Что нельзя вылечить, то нужно вытерпеть». Нам нужно стать более выносливыми. Давайте не будем такими слабыми: не будем ныть, плакать и думать, что жизнь беспросветна. Пока мы живем, живет и надежда. Внутренне мы никогда не должны сдаваться. Вместо этого мы должны мысленно припадать к стопам Того, Кто есть наша сила, наша любовь и наша радость. Настоящая сила

---

[3] Ин. 2:19.
[4] Мф. 27:46.

приходит к нам, когда мы полностью вверяем себя Богу. Да, это непросто, но, если бы все было так легко, каждый бы уже это сделал. Со своим маленьким «я» очень трудно расстаться, и мы пришли на землю для того, чтобы научиться этому.

Все великие души проходят через то же, что и Христос: когда они заканчивают играть свою земную роль, они вновь освобождают себя от всякого осознания телесной формы. С приближением смерти даже великие души испытывают внезапный шок. Когда Лахири Махасайе передали послание от Бабаджи: «Сообщи Лахири, что сила, данная ему для этой жизни, подходит к концу. Она уже почти истекла»[5], он вздрогнул. Подобное чувство испытал и Шри Юктешвар, когда пришло его время покинуть тело. Такова сила иллюзии. Но этот мимолетный страх не умаляет величия божественных душ.

Рано или поздно Бог исполнит все ваши желания

Освобожденные души не связаны ни кармой, ни желаниями. Когда Лахири Махасайя принял посвящение в *Крийя-йогу*, Бабаджи сотворил для

---

[5] «Автобиография йога», глава 36.

него золотой дворец, чтобы удовлетворить его давно забытое желание из прошлого[6]; а ведь Лахири Махасайя уже тогда был аватаром, и подобные желания не связывали его. Духовные мужи Индии говорят, что у нас ушло восемь миллионов жизней только на то, чтобы стать человеком; и в человеческом облике мы уже прожили несчетное количество инкарнаций. На протяжении всех прожитых жизней мы имели миллионы — может быть, даже триллионы желаний, включая такие незначительные, как например, желание полакомиться мороженым. Когда человек наконец находит Бога, все, чего он когда-либо жаждал — даже малейшее его желание, — со временем удовлетворяется Бесконечностью. Тем не менее, чтобы обрести Бога, человек сначала должен отречься от всех остальных желаний. Но разве это можно назвать отречением? Вы же ничего не теряете! Вы отрекаетесь только *на время*, перенося исполнение своего желания на будущее. Потому что, если вам чего-то хочется, пусть даже чуточку, это желание обязательно потребует действия: либо оно должно исчезнуть, либо оно должно быть нейтрализовано, либо оно должно быть исполнено. Ваше отречение всего-навсего означает, что вы говорите: «О Господь,

---

[6] См. 34-ю главу «Автобиографии йога».

я жажду лишь Тебя! Теперь Ты заботься обо мне. Эта душа, это высшее „Я", принадлежит Тебе. Теперь она Твое бремя — не мое. Ты мое высшее желание».

Должно быть, в одной из прошлых жизней у Лахири Махасайи было желание иметь дворец. Но оно не воспрепятствовало его духовному свершению, ибо это свершение уже пришло к нему ранее, нейтрализовав все прошлые желания. Вот аналогия: вы рассказываете мне, что в детстве любили мороженое, а я, пожелав сделать вам приятное, распоряжаюсь подать его вам. Но тут выясняется, что мороженое вам уже не нужно, ведь вы давно выросли из этого желания. И я понимаю, что желание мороженого никогда не было необходимым условием для вашего существования.

Когда Гуруджи приезжал с лекциями в Солт-Лейк-Сити (это было еще до того, как я вступила в ашрам Центра «Маунт-Вашингтон»), после каждого его выступления я имела честь сопровождать его ассистентов в гостиную его номера. Там он расслаблялся и разговаривал с нами о своих занятиях или вел беседы на духовные темы. Перед моим уходом он заказывал мороженое с шоколадной подливкой. Ранее я ему уже признавалась, что это мое любимое мороженое. И на протяжении всех трех месяцев, что он был в Солт-Лейк-Сити, мы каждый вечер ели мороженое с шоколадной подливкой.

Лет десять спустя Гурудэва опять посетил Солт-Лейк-Сити, и я была в группе сопровождавших его лиц. Мы остановились в той самой гостинице, где он когда-то читал лекции. В первый же вечер, когда мы собрались в гостиной у Гуруджи, мы обнаружили, что он заказал для всех мороженое с шоколадной подливкой. Он посмотрел на меня с огоньком в глазах, как бы говоря: «Это для тебя». Он знал, что исполнение этого желания для меня уже было несущественно. Это был знак внимания: он хотел преподнести мне то, что раньше так много значило для меня.

Аналогично этому, Бабаджи, сотворив дворец для Лахири Махасайи, как бы сказал ему: «Ты когда-то хотел дворец; так вот, я дарю его тебе». Это ни в коей мере не было условием достижения свободы. Лахири Махасайя уже был свободен. Какую ценность имеет дворец в сознании такого человека? Лично для меня — никакую. А для такого человека, как Лахири Махасайя, — тем более.

Истина так интересна, так обворожительна! Ее можно обсуждать бесконечно. Но высшая истина — это когда мы учимся любить Бога. В этой любви мы обретаем единство с Бесконечным. И тогда уже нет ни желаний, ни ограничений, ни сомнений. Вот почему Гурудэва учил нас, что прежде всего мы должны быть влюблены в Бога.

Мы едины в Боге

Из выступления на открытии Международной ассамблеи Self-Realization Fellowship, Лос-Анджелес, Калифорния, 25 июля 1975 года

Как приятно, что в этот знаменательный день[1] здесь собралось столько духовных искателей со всех концов земли! Наши Ассамблеи проводятся раз в пять лет, и многие из вас были здесь в 1970 году, когда мы отмечали золотой юбилей SRF. Сегодня мы празднуем уже пятьдесят пятую годовщину начала духовной миссии нашего Гурудэвы, Парамахансы Йогананды, на Западе.

В следующие десять дней вас ожидает насыщенная программа, и мы от всей души желаем вам получить в эти дни как можно больше вдохновения. Как вы знаете, поиски Бога требуют индивидуальных усилий. Никто не может просто взять и дать

---

[1] 25 июля общество Self-Realization Fellowship/Yogoda Satsanga Society of India отмечает день памяти Махаватара Бабаджи — годовщину исторической встречи Парамахансы Йогананды с великим аватаром. Это необыкновенное событие и другие факты из жизни Махаватара Бабаджи описаны Парамахансой Йоганандой в его «Автобиографии йога».

нам Бога, точно так же как никто не может выпить за нас воду, когда мы испытываем жажду. Как говорил Гуруджи, если вы хотите пить, чтение рассказов о воде или красноречивые проповеди о ней вас не удовлетворят. Ваша жажда будет утолена только тогда, когда вы сами подойдете к колодцу и напьетесь из него вдоволь холодной освежающей воды. Аналогично этому, мы можем бесконечно говорить о Боге и читать бесчисленные проповеди о Нем, но они никогда не смогут утолить внутреннюю жажду нашей души. Эту потребность, эту жажду, может утолить только одно — любовь Бога, которая познается на собственном опыте. Это наша наивысшая цель и лейтмотив нынешней Ассамблеи.

Каждый год в этот день общество Self-Realization Fellowship воздает честь Махаватару Бабаджи. Поэтому сегодня уместно говорить о его миссии в этом мире. Именно он много лет назад избрал Гуруджи для распространения на Западе особого послания, которое старо как мир, но при этом и по сей день не теряет своей актуальности и способности вдохновлять человечество.

Истина вечна. Она не принадлежит ни времени, ни отдельной группе людей, ни какой-либо нации или религии. Она принадлежит всему человечеству. Эту вечную истину, бережно хранимую в

Индии, Бабаджи вознамерился распространить во всем мире, и для этой миссии он избрал так обожаемого им Йогананду, чья жизнь в совершенстве отражала божественность. Вот почему Парамаханса Йогананда смог преподнести нам великие учения Самореализации и уникальный подарок Бабаджи всему миру — *Крийя-йогу*.

Воззвание Парамахансаджи к человечеству таково: «Дети мои, Бог есть. Священные писания всех мировых религий свидетельствуют о божественном переживании, об опыте познания Бога. Но недостаточно просто лишь читать об этом. Вы должны познать Истину на собственном опыте, и для этого вам дана *Крийя-йога*».

Техники концентрации и медитации, ведущие к богопознанию, были открыты в Индии очень давно. Сегодня, как это предсказывал Гуруджи еще в 1934 году, индийская наука медитации получила широкое распространение в западном мире.

В Индии есть одна притча, которая хорошо иллюстрирует тот факт, что никто не обладает монополией на истину. Она повествует о шести незрячих мальчиках, мывших слона, который принадлежал их отцу. Один из них мыл хвост, на основании чего сделал вывод, что слон — это веревка. Второй мыл ноги слона, и в его представлении слон был четырьмя колоннами.

Третий мальчишка, который мыл уши слона, сказал: «Вы оба неправы. Слон — это два опахала». Четвертый — тот, которому было поручено мыть бока слона — заявил: «Нет, слон — это бескрайняя стена». Пятый мыл бивни и был убежден, что слон — это лишь пара костей. Наконец, шестой мальчишка, который мыл хобот, сказал: «Вынужден вам сообщить, что вы все заблуждаетесь. Слон — это толстая змея».

Завязался спор. Каждый был уверен, что он знал правду о том, что такое слон. Пришел отец, и дети спросили его, кто же из них прав. Тот ответил: «Дорогие мои сыновья, все вы одновременно правы и неправы. Видите ли, слон — это не какая-то одна часть тела, это совокупность всех тех частей, которые вы описываете. Вы не учли, что каждая из них — это лишь часть целого слона».

И так же с истиной. Ни одна религия не обладает на нее монополией — все они содержат толику истины. Если же мы отставим религиозные разногласия и сядем медитировать в тишине, то, «взбивая» эфир одной-единственной мыслью: «О Господь, яви Себя! Яви Себя!» и все глубже погружаясь в сокрытый внутри души колодец истины и вдохновения, мы начнем чувствовать, что представляет собой Бог. И тогда мы станем непроизвольно почитать Его во всех религиях и будем испытывать уважение к каждому искреннему учителю. Мы поймем, что Бог един для всего человечества и что бесчисленные выражения истины — это всего лишь какая-то часть единого целого. Благодаря этому осознанию мы начнем лучше понимать наших земных собратьев.

Братство людей, отцовство Бога

Позвольте мне прочитать вам своего рода предсказание, которое Гурудэва сделал в этом самом зале[2] в 1937 году:

«Перед нами — новый мир, и мы должны идти в ногу с происходящими изменениями. Новому поколению крайне необходимо признать божественность всего человечества и устранить любые барьеры, разделяющие людей. Я и представить себе не могу, чтобы Иисус Христос, Господь Кришна или древние *риши* называли людей христианами, индуистами, иудеями и так далее. Зато я легко могу представить, как они называют всех людей своими братьями. Новый мировой порядок будет основываться не на неуважении одной расы к другой, не на комплексе

---

[2] Зал Объединенной методистской церкви в деловой части Лос-Анджелеса. Парамаханса Йогананда выступал в нем на собрании религиозных лидеров 25 февраля 1937 года. В 1975 году этот зал был забронирован обществом Self-Realization Fellowship для ряда особых мероприятий в рамках Международной ассамблеи SRF.

„избранности", а на признании божественности каждого ступающего по земле человека и на признании нашего единого Отца — Бога».

Гуруджи говорил, что если бы Иисус Христос, Бхагаван Кришна, Господь Будда и все остальные души, познавшие Бога, собрались вместе, между ними не было бы ссор, ибо они вкушают Истину из одного и того же Источника. Они едины в Боге. Он проявлен в каждом из них. А к религиозным разногласиям ведет направленный не в то русло энтузиазм их узко мыслящих последователей. Если мы хотим быть истинными последователями великих душ, мы должны покончить с ограниченностью в своем мышлении. Мы должны проявлять уважение ко всем религиям и любить всех людей, будь они черные, желтые, красные, белые или смуглые. Глупо судить о человеке по его цвету кожи. Электричество может зажечь и красную, и зеленую, и желтую, и синюю лампочки, но можно ли сказать, что электричество в каждой из них разное? Нет. Аналогично этому, Бог сияет во всех человеческих лампочках как бессмертная душа. Цвет кожи не имеет значения. Мы должны покончить с предубеждениями. Бог хочет, чтобы мы перенимали у всех людей их лучшие идеалы и качества.

«Где двое или трое собраны…»

В заключение позвольте мне поделиться некоторыми мыслями Гурудэвы. Он говорил: «Мы должны создать группы и центры медитации во всем мире. Но меня не интересуют ульи храмов и центров, в которых нет меда богопознания. Улей организации должен быть полон меда Божьего присутствия».

Улей организации наполняется Божьим медом посредством групповой медитации. Когда я вступила в ашрам, Гурудэва мне сказал: «Собери двоих или троих, и медитируйте вместе». Его гуру наставлял его таким же образом. И сейчас я вижу, что, согласно пожеланиям Гурудэвы, его ученики во всех странах мира собираются небольшими группами, чтобы искать Бога в медитации, а не для того, чтобы обсуждать философию или удовлетворять личные амбиции, надеясь стать духовными учителями. Даже когда лишь несколько человек медитируют вместе, они укрепляют друг в друге жажду по Богу.

Гурудэва учил: «Мастера Индии говорят, что цель религии не в том, чтобы создать определенные учения и слепо им следовать, а в том, чтобы показать человечеству метод поиска вечного счастья. Подобно тому как бизнесмен старается облегчить страдания других людей, поставляя им *продовольствие, и как каждый человек, являясь представителем Бога, должен творить добро на земле, так и Кришна, Иисус и Будда — все великие души — приходят на землю, чтобы одарить человечество высшим благом — знанием пути к Вечному Блаженству и примером их идеальных жизней, вдохновляющих нас на то, чтобы следовать их пути. Однажды вам придется покинуть это тело. Какими бы сильными вы ни были, когда-нибудь ваше тело похоронят. Времени остается не так уж и много, чтобы тратить его впустую. Йогический метод, которому учили мои возлюбленные Христос и Кришна, разрушают неведение и страдания через достижение Самореализации и единства с Богом»*[3].

(Далее Дайя Мата воздает молитву о Божьем благословении для всех собравшихся, произнеся ее на языках нескольких стран — всего на Ассамблее их было представлено двадцать восемь, — после чего заканчивает свое выступление такими словами:)

Божественная Мать не одарила меня задатками лингвиста, так что скажу на универсальном языке: каждому из вас я дарю божественную любовь и

---

[3] Отрывок из главы «Христос и Кришна: аватары единой истины». — Парамаханса Йогананда. Вечный поиск.

дружбу моей души. Эту любовь, которую я испытываю к моему Возлюбленному Богу, я испытываю ко всем вам — тем, кто приезжает сюда во имя высшей цели — Бога. Да благословит вас Господь.

Единственный ответ на вопросы жизни

Индийско-американская духовная ассамблея, организованная Культурным центром правительства Индии, Сан-Франциско, Калифорния, 23 марта 1975 года

Мне очень приятно присутствовать на этой встрече, организованной с великой целью — консолидировать религиозную мысль.

На рубеже веков в Америку приехал Свами Вивекананда, которого без преувеличения можно назвать духовным гигантом. Он был первым, кто познакомил Америку с бессмертным посланием вечной религии Индии, посеяв семена *санатана-дхармы*. Несколько десятилетий спустя уже другой просветленный учитель, Парамаханса Йогананда, был отправлен своим гуру на Конгресс религиозных либералов в Бостоне. Он тоже посеял здесь семена вечной религии Индии[1].

---

[1] Парамаханса Йогананда был первым индийским религиозным миссионером, который остался в Америке и обучал людей духовной науке на протяжении продолжительного периода — более тридцати лет.

Единственный ответ на вопросы жизни

Когда мне было семнадцать лет, мне выпало огромное счастье стать ученицей Парамахансы Йогананды, а также стенографировать его выступления. В 1934 году он публично заявил: «После того как я покину это тело, придет день, когда произойдет огромный подъем духовного энтузиазма и интереса к Богу. Послание Индии, духовного лидера мира, разойдется по всей земле». Я постоянно вспоминаю эти слова, потому что вижу, что именно это и происходит сегодня в мире. В наши дни люди как никогда активно стремятся к сплочению и жаждут найти ответы на все вопросы, которые мучают человека, вне зависимости от его цвета кожи или места рождения.

Мы вступили в новую эру, когда человечество нуждается в единстве. Войны не спасут человеческий род. Вспомним, что сказал Христос еще две тысячи лет назад: тот, кто возьмет в руки меч, от меча и погибнет[2]. Как горько мы сейчас расплачиваемся за враждебность! Наше будущее может даже показаться неопределенным.

В умах молодежи во всех странах мира царит хаос. Два года назад я ездила в Европу и в Афганистан и заметила, что молодежь находится в

---

[2] «Тогда говорит ему Иисус: возврати меч твой в его место, ибо все, взявшие меч, мечом погибнут» (Мф. 26:52).

Матаджи и жители ашрама во время неформальной беседы, последовавшей за церемонией санньясы. Главный международный центр SRF, Лос-Анджелес, 1965 год

«*Во всех проявлениях нашей жизни — в работе, в медитации, в преодолении трудностей или наслаждении маленькими радостями — мы должны непрерывно удерживать в себе мысль: „Боже! Боже! Боже!"*».

В селении Пальпара, Западная Бенгалия, Индия, 1973 год

«Границы исчезнут, когда их затопит всеобщая любовь к Богу как к нашему общему Отцу. Он должен стать общим идеалом для всех народов, общей целью для всех людей на земле».

На праздновании духовного фестиваля Холи. Ранчи, март 1973 года.

(*Вверху*) Матаджи осыпает цветной пудрой учеников и учителей школ YSS.

(*Внизу*) Ребенок проникается традициями Холи, осыпая ноги Матаджи цветной пудрой

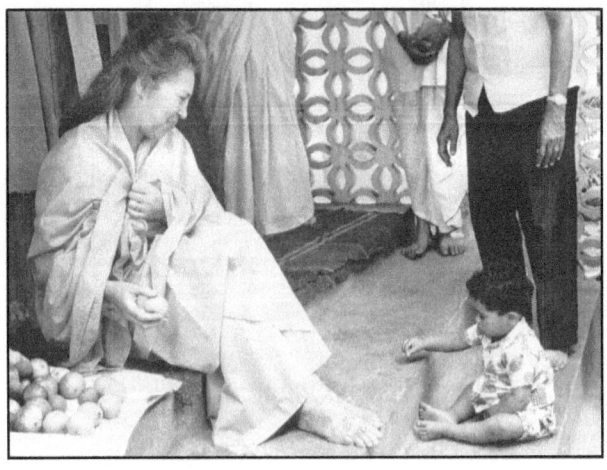

«*Когда в поисках Бога вы смотрите внутрь себя, вы видите лишь предельную простоту, — божественную простоту, приносящую радость. Это и есть Бог*».

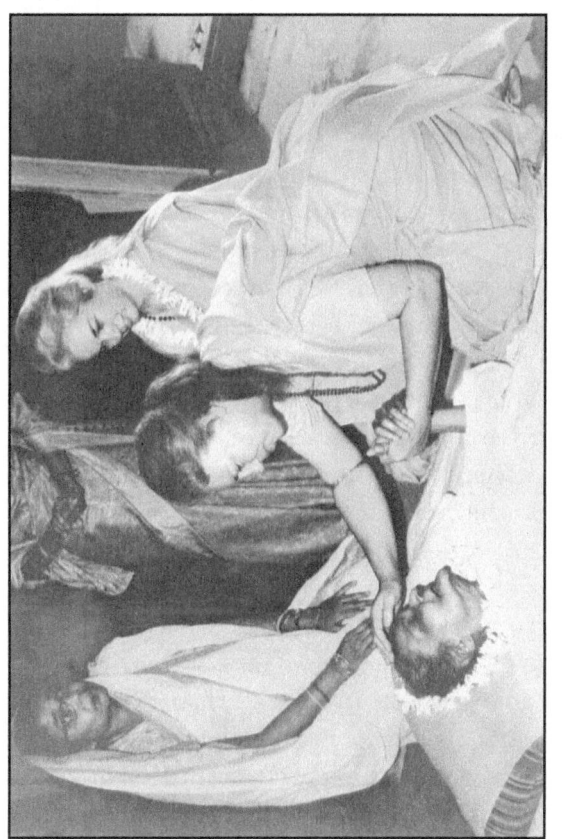

Калькутта, 1968 год

«Нам нужно осознать, что мы никогда не были и не будем одни. Бог был с нами с начала времен, и Он будет с нами во веки веков».

поиске ответов. Они ищут, будучи сбиты с толку. Они недовольны тем, что получают от жизни, недовольны примерами, которым им предлагают следовать. Недовольство в обществе, недовольство в странах, недовольство во всем мире.

Есть только один ответ на вопрос о смысле человеческого существования. Если это правда, что человек сотворен по образу Божьему, как тому учат пророки всех религий, то из этого следует, что этот образ — внутри каждого из нас. В таком случае наша задача — стремиться по мере своих сил проявлять благость, чистоту и величие, сокрытые в человеческой душе.

Бхагавад-Гита и Священное Писание говорят нам, что цель человека — познать Бога, любить Бога и служить Богу посредством служения человечеству. Это послание, будучи бессмертной истиной, так же значимо сегодня, как и тысячелетия назад, когда его провозглашали великие пророки.

Если мы исследуем свое внутреннее «я», то обнаружим, что мы подошли к такому моменту в своей жизни, когда мы начинаем испытывать жажду и нуждаться в любви, которая принесла бы нам совершенную удовлетворенность; мы испытываем потребность в такой защищенности, которую не могут дать ни деньги, ни здоровье, ни интеллектуальное понимание, — ничто в этом мире. И это наталкивает нас на послание Гиты: медитация плюс правильная деятельность есть путь к Истине, к Богу — Источнику всего, чего мы ищем.

Во всех религиях духовного последователя учат практиковать духовное молчание, или медитацию (хотя этот метод может называться по-разному). Христианская религия учит: «Непрестанно молитесь»[3]. В наши дни в университетах, в Организации Объединенных Наций и во многих других важных учреждениях как никогда часто можно встретить небольшую тихую комнатку, где человек может посидеть и поговорить с Богом на языке своего сердца. Такое духовное общение практикуется сегодня миллионами искренних душ.

Мы пришли на землю, чтобы суметь познать Того, от Кого мы все произошли. Мы Его дети. Не кажется ли вам несправедливым, что, пользуясь всем тем, что дает нам Бог, мы, тем не менее, забываем о Нем Самом — о Том, Кто пребывал с нами в бесчисленных прошлых инкарнациях и будет пребывать во всех последующих? Разум, любовь, свобода выбора — все то, что мы проявляем в нашей повседневной жизни, приходит к нам из одного Источника — Бога. Пользуясь Божьими дарами, мы забываем о Дарителе.

---

[3] 1Фес. 5:17.

Что же такое «правильная деятельность», о которой говорит Бхагавад-Гита? Правильная деятельность подразумевает, что мы должны следовать — сначала в мыслях, а затем в словах и действиях — тем принципам, которые приносят благо. Стремитесь быть правдивым — все религии учат этому. Стремитесь проявлять ко всем братские чувства — все этому учат. Честность, чистота, высокие нравственные принципы — это постулаты всех религий. Но человечество в большинстве своем о них забыло. Это и является причиной ужасного хаоса в современном мире.

По долгу службы мне приходится периодически посещать разные страны. В этих поездках я все чаще нахожу, что души, подобные собравшимся здесь — и особенно молодежь, — проявляют глубокий интерес к тайнам жизни, к познанию истины и, более всего, к вечной религии Индии, *санатана-дхарме*. Эта «религия» привлекла меня много лет назад, когда я была начинающим искателем истины. Я считала, что недостаточно просто слушать прекрасные речи о Боге или читать о Боге. Я приглядывалась к учителям, которых посещала, и думала: «Да, но любите ли вы Бога? Я ищу того, кто внушит мне такую любовь, которая воспламенит мою душу так, что мне не нужно будет ничего, кроме Бога; что я посвящу себя служению Ему и через Него буду служить моим собратьям во всех уголках земли». И я нашла такого учителя в лице великого сына Индии, моего Гурудэвы Парамахансы Йогананды.

Для меня было высокой честью и благословением говорить о вечной религии Индии перед такими душами, как вы. В заключение мне хотелось бы кратко проиллюстрировать словами Парамахансы Йогананды, в чем состоит сама суть жизни, — как мы, Божьи дети, можем познать Бога и установить с Ним глубоко личные отношения.

(Дайя Мата заканчивает свое выступление чтением стихотворения Парамахансы Йогананды.)

Боже! Боже! Боже!

По спиральной лестнице
Из глубин дремоты восходя,
Шепчу я, пробуждаясь:
«Боже! Боже! Боже!»

Ты — мой хлеб насущный,
И в голоде ночной разлуки нашей
Вкушаю я Тебя и мысленно твержу:
«Боже! Боже! Боже!»

Куда бы ни пошел я, луч моего ума
Направлен на Тебя всегда,
А в грохоте дневных сражений я бросаю тайный клич:
«Боже! Боже! Боже!»

Если бурный шторм крушит все без разбору
И беспокойство завывает за окном,
Их дикий вой и скрежет я глушу, громко напевая:
«Боже! Боже! Боже!»

Когда из нитей памяти
Ткет мой ум узоры сновидений,
На чудной сей вуали я вышиваю надпись:
«Боже! Боже! Боже!»

И еженощно, в глубочайшем сне,
Покой мой видит сны, взывая: «Радость! Радость! Радость!»,
А радость моя отзывается песней неумолчной:
«Боже! Боже! Боже!»

И в бдении, во сне, за трапезой и за работой,
Служа, мечтая, медитируя, исполняя гимны, божественно любя,
Моя душа без устали поет безмолвно:
«Боже! Боже! Боже!»

Да благословит вас всех Господь.

Идите по жизни с Богом внутри

Главный международный центр SRF,
Лос-Анджелес, Калифорния,
9 февраля 1956 года

Наше внимание всегда должно быть приковано к Божественной Матери, чтобы переменчивые обстоятельства внешней жизни не могли оказать влияния на наш внутренний мир: печаль и разочарование не должны слишком уж сильно на нас воздействовать, равно как и земные наслаждения — излишне нас привлекать. Помню, кто-то сказал Парамахансаджи: «Но тогда жизнь наверняка станет скучной и неинтересной». На это Мастер ответил: «Как раз наоборот. Когда человек погружен в Божественное Блаженство, в сознание и ощущение присутствия Божественной Матери, он больше ценит все хорошее в этом мире, но не испытывает при этом привязанности и печали, которые обычно порождаются погружением в мирскую деятельность».

Мы должны научиться не бояться страданий и жить без привязанности к наслаждениям. Все, что преподносит нам жизнь, мы должны принимать без излишнего восторга и чрезмерной печали. Таково состояние истинно духовного человека. Это не какая-то необыкновенная сила, которую мы внезапно обретаем, когда в ней особо нуждаемся. Это сознание, которое мы должны взрастить в себе постепенно, приучая себя правильно реагировать на повседневные проблемы и ситуации.

Мастер жил в постоянном осознании Божественной Матери — ничто внешнее не могло затронуть его внутренне. Раджарси[1] также пребывал в этом состоянии, равно как и наша благословенная Гьянамата[2]. Это должно стать частью и нашей повседневной жизни.

Нам нужно научиться идти по жизни с Богом внутри, освободившись от привязанности к нашей материальной сущности, к земным наслаждениям и обстоятельствам. Мы должны изгнать из себя злобу, жадность, ревность, ненависть, гордыню и обидчивость. Задача духовного человека — обрести контроль над своими эмоциями, желаниями и своей человеческой природой. Каждый человек сознательно или бессознательно стремится обрести власть над самим собой, ибо только тот, кто обрел такую власть,

---

[1] Раджарси Джанакананда. См. стр. xxiv.
[2] См. стр. 105.

может быть поистине счастливым. Нам нужно приложить усилие, чтобы достичь способности сохранять самообладание в любых обстоятельствах. Такое совершенное спокойствие и равновесие ума может быть достигнуто только посредством глубокой медитации — прикосновения к Божественному Источнику, в котором берет свое начало наша истинная сущность — наша душа. Только лишь растворив крошечную каплю своего сознания в океане Бога во время медитации, мы сможем воспроизвести идеальное состояние блаженства, в котором живут святые.

Проявляемые нами личностные черты (я говорю сейчас не о тех качествах, которые порождаются нашим единением с Духом) сродни одежде, которую мы носим. Это своего рода внешняя оболочка, и она не отражает наши истинные чувства, нашу истинную сущность. Нам нужно погружать свой ум глубоко внутрь себя и стремиться чувствовать свое единство с Богом. Тогда, возвращаясь сознанием во внешний мир и к своим жизненным обязанностям, мы будем способны отражать свою божественную природу, с которой соприкоснулись в медитации.

С Бога начинать, Богом заканчивать, с Богом быть всегда! Мы должны придерживаться этой мысли, этого идеала. Неважно, сколько раз мы от него отдалялись, — если мы будем продолжать устремляться к нему, он в конце концов станет частью нас. Вернее, это мы станем его частью: мы сольемся с нашей целью, и она станет побудительной и направляющей силой, которая будет вести нас по жизни и благословлять ее.

Никогда не падайте духом. Какой бы крутой ни была духовная лестница, никогда не думайте, что вы не сможете по ней подняться. Одним из самых вдохновляющих и утешающих ободрений, которые мы слышали от Мастера, были такие слова: «Святой — это грешник, который никогда не сдавался». Мы должны вспоминать их всякий раз, когда переживаем неудачу и чувствуем, что не достигли своей духовной цели. Залог успеха будущего святого в том, что он никогда не сдается и всегда возобновляет свои попытки, сколько бы раз он ни упал и сколько бы ошибок ни совершил.

Не сдаваясь ни при каких обстоятельствах, мы демонстрируем Богу свою безусловную любовь, преданность и жажду по Нему. Бог будет доволен нами, когда убедится, что мы жаждем только Его и только лишь в Нем ищем опору. И тогда, несмотря на все наши слабости и недостатки, Он возьмет нас за руку и «будет ходить с нами, беседовать с нами и говорить, что мы родные Ему»[3].

---

[3] Перефразированные строки из хвалебной песни Остина Майлза «В саду».

Научитесь вести себя правильно

Выдержки из разных выступлений

Гурудэва Парамаханса Йогананда говорил нам, что его гуру, Свами Шри Юктешвар, часто давал ему такой совет: «Научись вести себя правильно». Когда Гурудэва сказал мне это в первый раз, я подумала: «Так это же очень легко: мне просто нужно каждый день быть вежливой и доброй. Делов-то!» Но все оказалось не так просто: я должна была научиться очень многому! Умение вести себя правильно, наряду с правильным умонастроением, играют в жизни ключевую роль.

Ни один искатель истины не продвинется на пути к Богу, пока не начнет заниматься самоанализом и избавляться от порочных, негативных склонностей, которые побуждают его осознавать себя как эго, как физическое тело, и говорить вещи наподобие: «Это мое!», «Меня обидели», «Я это, я то». Такое мышление ошибочно. Но чем больше человек медитирует, тем больше он осознает, что он не делатель. Единственный Делатель — Бог. Духовный искатель должен молиться: «Господи, помоги мне стать Твоим инструментом, всегда готовым к действию. Направляй этот инструмент Своей мудростью, чтобы он мог выполнять все задачи, которые Ты перед ним ставишь; чтобы он послужил Тебе, как этого хочешь Ты».

Недостаточно просто лишь воздерживаться от порочных действий. Недостаточно просто контролировать свои эмоции, дабы не наговорить недобрых слов в стрессовой ситуации. Недостаточно прикусить язык, но в уме при этом таить злобу и недобрые мысли. Мы должны преодолеть свои негативные склонности. Если неправильные действия заслуживают того, чтобы их не совершать, они заслуживают и того, чтобы о них не думать. Откажитесь как от неправильного действия, так и от мысли о нем.

Добро и зло не могут мирно сосуществовать в человеке

Все духовные искатели, вознамерившиеся найти Бога, время от времени проходят через состояние, когда они придерживаются одновременно и хороших, и дурных привычек. Проанализировав свои мысли, такие искатели обнаружат, что хотя они и горят желанием найти Бога и искренне стараются выработать в себе хорошие привычки к медитации и духовным поступкам, тем не менее они не решаются оставить свои плохие привычки: злобу, переменчивость настроения, а также свои «нравится — не нравится». Но в жизни, посвященной Богу, балансировать между добром и злом невозможно. Такой подход просто не работает. Мы должны принять это как факт, иначе мы никогда не начнем прилагать реальные усилия к тому, чтобы избавиться от переменчивого настроения и дурных привычек. Если духовный искатель будет все глубже погружаться в медитацию и выполнять все свои дела с мыслью о Боге, он постепенно начнет укреплять свои хорошие склонности и привычки. А по мере того как они будут становиться все крепче, плохие привычки станут ослаблять свою хватку.

Поэтому в своих поисках Бога и в стремлении быть хорошими мы должны прийти к заключению, что нам необходимо отказаться от зла. Добро и зло не могут мирно сосуществовать в человеке. Рано или поздно конфликт между ними лишит вас покоя ума. Я помню, как часто Гурудэва говорил ученикам: «Если вы думаете, что сможете найти Бога, продолжая потакать своей злобе, ревности и эгоистическим желаниям, то вы ошибаетесь. Вы не сможете этого сделать!»

Прилагайте все усилия, чтобы преодолеть свои недуховные качества, и не опускайте руки, если это растянется надолго. Бога не интересует, сколько времени нам требуется на то, чтобы исправить свои недостатки. Он прежде всего заинтересован в том, чтобы мы *постоянно сопротивлялись* нашим порочным склонностям как в мыслях, так и на деле. Если мы будем всеми силами стремиться к тому, чтобы усовершенствовать себя, а также медитировать глубже и дольше, время от времени мы будем обнаруживать, как освобождаемся от тяжкого бремени в своем сознании — плохой привычки или склонности. Зачастую такое происходит, когда мы меньше всего этого ожидаем.

Преобразующая сила мимолетного контакта с Богом

Гурудэва говорил нам: «Если бы вы хотя бы мельком узрели Божественную Мать, вы оставили бы все свои неблагородные желания и устремления. Вы бы уже не захотели ничего другого». Это правда; но это не значит, что на вашем пути не будет искушений. Духовный искатель проходит через многочисленные искушения и испытания; но, однажды почувствовав любовь Бога, он уже способен отделять зерна от плевел. Он не желает ничего, что могло бы вызвать у него чувство разлуки с Богом. Если богоискатель будет уделять слишком много внимания материальным вещам, он почувствует, что Бог уходит из его сердца, и примет решение больше медитировать.

Если он имеет привычку критиковать других или обижаться, у него появится мысль: «Почему я все время недоволен? Почему я ничего не делаю, чтобы изменить себя? Почему я трачу время на оправдание своего мнения, своих взглядов и убеждений, если все это время может быть посвящено Богу?»

Самообладание делает нас невозмутимыми

Достичь самообладания — значит возвыситься над своим телесным сознанием, научиться быть выше своих желаний, привычек и плохого настроения. Когда что-то пытается нарушить покой вашего ума, знайте, что это Бог вас испытывает и дисциплинирует. Если это испытание способно вывести вас из себя, увести ваше внимание от Бога, расстроить или ввергнуть вас в эмоции; если оно вызывает у вас чувство жалости к себе, — тогда вы нашли слабое звено в цепи своего сознания.

Настоящий богоискатель всегда погружен умом в Божественную Мать — в Ее безмятежность, в Ее покой. Чтобы достичь такого благодатного состояния, мы должны стремиться к самообладанию, в котором ничто не может нарушить наш внутренний покой. Относитесь ко всем повседневным испытаниям по-философски и адаптируйтесь к новым ситуациям. Уподобьтесь пробке, плавающей в океане: сколько бы волны ни бросали ее, она всегда остается на поверхности. Как бы сурово ни обходилась с вами жизнь, вы не должны позволять себе погружаться в океан печали, в океан иллюзии.

Трудности предназначены для того, чтобы сделать нас сильнее

Осознайте, что вам еще нужно немало пройти на пути, ведущем обратно к Богу. Вот почему очень важно возвыситься над пустяковыми проблемами повседневной жизни. Не придавайте значения булавочным уколам трудностей. Они уводят ваше внимание от главной задачи: найти Бога, обрести с Ним единство через правильные поступки и проявление Его божественных качеств.

Дорога жизни усеяна камнями испытаний и страданий. Не стоит ожидать, что Бог уберет их с вашего пути; но вы можете попросить Его дать вам сил и мудрости, дабы вы не споткнулись о них. Если бы Бог создал жизнь, лишенную препятствий, мы были бы очень слабыми. Он хочет, чтобы, преодолевая трудности, мы становились сильнее.

Для обретения такой силы мы должны следовать одной простой формуле: все больше любить

Божественную Мать. Когда наше чувство к Богу растет, каждая гора трудностей превращается в маленькую горочку. И все, что раньше казалось невозможным, становится осуществимым.

Самая могучая сила в мире

Любовь — самая могучая побудительная сила в мире, а наивысшее выражение любви в мироздании — это любовь Бога. Чем больше вы сосредотачиваетесь на любви Божественной Матери — даже если вы не всегда чувствуете ее в своем сердце — и чем чаще просите Ее позволить вам почувствовать Ее любовь, желая дарить ее другим, тем скорее пробудится в вас эта любовь. Она воистину несравненна! Радость благодатной божественной любви — это бальзам от всех болезней человечества.

Не успокаивайтесь ни на секунду, ни днем ни ночью, пока не почувствуете любовь Бога в своем сердце. И, когда это случится, вам откроется безмерное понимание сути вещей. Вы поймете, что Бог не наделил мир совершенной любовью, пониманием и дружбой, чтобы мы смогли получить их от Него Самого. Он очень сильно нас любит, ведь Он не хочет, чтобы мы обрели здесь полную внутреннюю удовлетворенность и довольствовались лишь преходящей радостью, забыв о Нем навсегда.

Любите Бога, любите Его глубоко — всем своим сердцем, всем своим умом и всей своей душой; любите Его так, чтобы и днем и ночью, чем бы вы ни занимались, мысль о Нем всегда присутствовала на заднем плане вашего ума. Гурудэва часто говорил: «Следите за своими мыслями. Проанализируйте, сколько времени вы тратите на пустые, глупые и негативные мысли, и сколько времени вы проводите в размышлениях о Боге».

Какие бы дела вы ни выполняли и чем бы вы ни увлекались, не удовлетворяйтесь до тех пор, пока любовь Бога не станет главенствовать в вашем сердце, а мысль о Нем — жить на заднем плане вашего ума. И даже в этом случае не удовлетворяйтесь: вы должны прийти к наивысшей цели каждого богоискателя — совершенному единению с Богом, которого достигли все великие души.

Как познать Бога

Фрагменты из разных выступлений

Так как мы сотворены по образу и подобию Бога, мы не сможем испытать полную внутреннюю удовлетворенность до тех пор, пока не воссоединимся с Ним. Когда нам случается искать совершенную любовь в людях, мы терпим неудачу. Гурудэва Парамаханса Йогананда часто напоминал нам: «Все, за исключением Бога, принесет вам разочарование». Вот почему так важно наполнять свое сознание мыслью о Боге.

Сознание мирского человека пребывает в основном в копчиковом, крестцовом и поясничном центрах позвоночника[1], оно редко поднимается выше. Всякий

---

[1] Йога учит, что внутри человека — в его мозгу и позвоночнике — находятся семь тонких энергетических центров жизни и сознания: *муладхара* (копчиковый центр), *свадхистхана* (крестцовый центр), *манипура* (поясничный центр), *анахата* (грудной центр), *вишуддха* (шейный центр), *аджна* (продолговатый мозг и центр Христа в межбровье) и *сахасрара* (тысячелепестковый лотос в головном мозге). Без специфической энергии, заложенной в этих центрах, тело было бы просто статичной массой плоти. Основные физические инстинкты и импульсы человека соотносятся с тремя низшими спинномозговыми центрами. Высшие центры — колыбель божественных чувств, вдохновения и духовного восприятия. Согласно природе мыслей и

раз, когда человек потакает своему плохому настроению или отрицательным эмоциям, его сознание опускается до трех низших центров в позвоночнике.

Сознание божественного человека пребывает преимущественно в грудном (сердечном) центре, где он ощущает чистую любовь к Богу и ко всему человечеству, в области продолговатого мозга, где он постигает все мироздание как священную вибрацию Бога, слыша ее как космический звук *Аум*[2], а также в центре Христа *(Кутастхе)*[3], где его сознание расширяется, что дает ему возможность непосредственно ощущать свое единство с Богом в каждом атоме мироздания. Всякий раз, когда мы проявляем доброту, прощение, понимание, терпение, мужество, веру и любовь, наше сознание сосредотачивается в этих высших спинномозговых центрах.

Самоанализ как способ наблюдения за своим духовным ростом

Одним из способов, посредством которых мы можем точно определить, растем мы духовно или

желаний человека, его сознание перемещается и сосредотачивается в соответствующем центре энергии и активности.

[2] «Слово», или «шум вод многих», в Библии (см. Ин. 1:1, Откр. 19:6, Иез. 43:2).

[3] Центр духовного восприятия, расположенный в межбровье.

нет, является беспристрастный самоанализ. Вполне возможно, что у нас сложились определенные критерии оценки нашего духовного развития, которые не соответствуют истине. Мы верим, что мы хорошие, только потому, что мы хотим в это верить. Нам нужно более пристально изучать свои мысли. Парамахансаджи учил, что во время выполнения своих повседневных обязанностей мы иногда должны делать паузу и спрашивать себя: «Где сейчас мое сознание?» Ответ зачастую служит нам пробуждающим откровением. Если наше сознание не погружено в безмолвное общение с Богом, в любовь к нашим собратьям, в ощущение расширения сознания, которое приходит как результат внутреннего слушания звука *Аум*, тогда мы должны признать, что на духовном пути нам предстоит пройти еще немало.

Медитация преображает нашу жизнь

Самый первый шаг — медитация. Это самое главное, ибо только посредством медитации, глубокой и регулярной, мы можем точно определить, приближаемся ли мы к божественному состоянию. Зачастую мы просто обманываем себя, думая, что мы его уже достигли. Медитация помогает нам обойти стороной ловушки самообмана.

Благодаря медитации мы забываем о себе и думаем о наших отношениях с Богом, а также о служении Богу, живущему в людях. Богоискатель должен забыть о своем маленьком «я»: только тогда он сможет вспомнить, что он сотворен по бессмертному Божьему образу. Библия говорит: «Остановитесь и познайте, что Я — Бог». Это и есть йога. «Остановиться» — значит отстраниться умом от своего маленького «я» и физического тела, от всех желаний и привычек, которые тянут наш ум в низшие спинномозговые центры, где отождествление с телом ощущается особенно остро. И только когда человек сосредочит свое сознание в высших центрах восприятия, он сможет осознать, что он сотворен по Божьему образу и подобию.

Не противьтесь долгим медитациям. Чем больше вы медитируете, тем сильнее будет ваше желание медитировать. Чем меньше вы медитируете, тем оно будет слабее.

Если вы приложите усилия и выработаете в себе привычку к медитации, вы увидите, как преобразится ваша жизнь. Вы привнесете в нее духовное равновесие, а это очень важно. Вы будете чувствовать, что вас ведет Бог, что Он с вами, что Он поддерживает вас. Это на самом деле так. Наша проблема в том, что мы этого *не осознаем*. Перестав отождествлять себя с телом, мы осознаем, что это Бог поддерживает нас, что это Его энергия течет в наших телах, что это Его разум работает в нашем сознании.

В этом и состоит суть медитации: необходимо забыть свое смертное сознание и вспомнить, что мы — бессмертная душа. В сознании души кроется сила и способность достичь всего, чего мы пожелаем.

Никогда не падайте духом. Проблемы — это лишь напоминание о том, что наши сердца нуждаются в Боге. Приветствуйте каждую проблему. Если бы в жизни все было гладко, мы бы не ощущали потребности в Боге. Мы бы о Нем и не вспоминали. Мы ищем утешения лишь тогда, когда мы повержены какой-либо трудностью. Обычный человек ищет убежища в семье и друзьях, но тот, кто любит Бога, бросается в ноги Божественной Матери: в Ней он находит утешение и свободу.

Привязанность к Богу ослабляет материальные привязанности

Начинайте свой день правильно: первым делом общайтесь с Богом в медитации. И заканчивайте свой день правильно: когда все остальные уже спят, вновь погружайтесь в глубокую медитацию. Всей душой молите Божественную Мать явиться вам. Боритесь за Ее внимание. Молитесь Ей всем сердцем

— пусть даже в течение пяти-десяти минут — или мысленно повторяйте Ее имя. После медитации ложитесь спать с мыслью о Ней. Такая практика поможет возвысить ваше сознание. Вы почувствуете божественное спокойствие — струящийся поток мира и покоя внутри вас.

Когда вы сделаете Бога путеводной звездой своей жизни, когда вы почувствуете, что ваше утреннее и вечернее общение с Богом стало главной составляющей вашего распорядка дня, тогда вы начнете привязываться к Нему все сильнее, а ваша привязанность к миру станет ослабевать. Вы не потеряете интереса к жизни, но при этом жизненные перипетии больше не будут связывать вас. Господь Кришна учит: «Будь же йогом»[4]. Это значит, что вам нужно настолько прочно укрепиться в сознании Бога, чтобы ваша любовь и преданность Ему оставались неизменными в любых обстоятельствах.

Духовный искатель, стремящийся познать Бога, должен работать над своим поиском добросовестно и долго; в своей вере в Бога он должен уподобиться ребенку. Если посреди рабочего дня вы можете сделать паузу и тут же ощутить божественный покой,

---

[4] Бхагавад-Гита VI:46 (перевод Парамахансы Йогананды из книги «Бхагавадгита: Беседы Бога с Арджуной»).

струящийся внутри; если в своем сердце вы чувствуете любовь к Богу и ко всем людям, тогда вы можете сказать, что вы прогрессируете на духовном пути.

Бог — наш вечный попутчик

Духовный искатель должен относиться к Богу как к своему попутчику, чувствуя, что все свои дела он делает вместе с Богом. Нам нужно осознать, что мы никогда не были и не будем одни. Бог был с нами с начала времен, и Он будет с нами во веки веков. Развивайте более тесные отношения с Богом, воспринимайте себя как Его дитя, Его друг, Его преданная душа. Мы должны наслаждаться жизнью, сознавая, что разделяем любой наш опыт с Тем, Кто в наивысшей степени добр, Кто нас понимает и любит. Только Богу ведомы наши мысли; Он видит их даже прежде, чем они возникнут в нашем уме. И даже если мы поступили неправильно, Он не отдаляется от нас — если только мы продолжаем Его искать. Это та любовь и то понимание, которых ищет каждый человек. Но и мы должны делать свою часть работы. Наш возлюбленный Гурудэва, Парамаханса Йогананда, как-то сказал:

«Бога можно найти только через нескончаемую преданность. Когда вы получите от Него все материальные дары, но откажетесь довольствоваться ими;

когда вы будете настойчиво жаждать Дарителя, а не Его даров, вот тогда Он придет к вам... Мы ходим по людным дорогам жизни и время от времени видим знакомые лица, но они уходят — одно за другим. Такова жизнь. Сейчас мы с вами видим друг друга, но когда-нибудь мы потеряем друг друга из виду. В этом трагическом мире души проходят через испытание огнем иллюзии, и иногда они сгорают в нем. Но те, кто побеждает иллюзию, говоря: „Все, что я хочу, — это познать Тебя, Господи!", находят Бога и обретают свободу».

Вручите свои проблемы Богу

Главный международный центр SRF,
Лос-Анджелес, Калифорния,
31 марта 1961 года

«Медитируйте, медитируйте и медитируйте!» — говорю я всем вам. Работа — на втором месте. Пусть даже вы очень заняты, вы должны следовать примеру Гурудэвы, который всегда был чрезвычайно загружен работой для Бога, но при этом медитацию ставил на первое место. Помните об этом. Я всегда особо это подчеркивала, и наш Гуру тоже всегда акцентировал на этом внимание.

Подумайте, сколько времени в своей жизни вы тратите на пустые разговоры или бесполезное муссирование негативных мыслей. Лучше посвятите это время Богу. Возможно, вы несете тяжкое психологическое или эмоциональное бремя — как и любой другой человек, еще не обретший единство с Богом, — но вы никогда не дойдете до Бога, если будете продолжать жаловаться и отравлять окружающих своей негативностью.

Когда у вас возникает какая-либо проблема, делайте все, чтобы ее разрешить, но при этом выбрасывайте из головы беспокойство. Как это сделать? Мысленно припадите к стопам Господа и посвятите Его в свою проблему. Бог знает о вашей проблеме еще до того, как вы о ней расскажете. Еще прежде, чем вы вручите свою проблему Богу, Он знает, какой крест вы на себе несете. И чем дальше вы будете отстраняться от Его стоп, тем тяжелее будет ваш крест. До вашего сознания я хочу донести лишь одну-единственную мысль: в этом мире вы должны иметь дело только с Богом и Гуру. Вручите им свои проблемы. Больше медитируйте на Бога. И вы почувствуете такое блаженство, такую радость, такую любовь!

Старайтесь проявлять в своей жизни больше радости, бодрости духа, понимания, сострадания, любви. Все это приходит только с медитацией — регулярной и постоянно углубляющейся. Обретя божественную сонастроенность в медитации, вы увидите, как Бог и Гуру будут направлять вас во всех ваших делах. Когда ваша жизнь согласуется с Богом и Гуру, все в ней будет хорошо. Вы будете ощущать нескончаемую внутреннюю радость. И никакие внешние трудности не смогут лишить вас этой радости.

Если вы приучаете себя думать, что ваше счастье зависит от внешних условий и что в ваших проблемах повинны другие, тогда хочу вас заверить, что вы не понимаете смысла вашего пребывания в ашраме. Если вы не можете проявить бодрость духа, радость и любовь в своей жизни в ашраме, винить в этом вы должны только себя. Бог помогает тем, кто помогает самому себе. Но Он не может войти в сомневающееся сердце; Он не может явить Себя в сознании, омраченном горечью; для Него нет места в жизни пессимистичного богоискателя. Помните об этом!

Здесь у вас есть и время, и возможность найти Бога. Такая духовная атмосфера способствует этому как нельзя лучше. Но свой внутренний рай вы создаете сами — и никакие обстоятельства и условия жизни не могут лишить вас этого священного права.

Жаждите Бога всем сердцем

Я всегда стремилась жить по принципу, которому научилась много лет назад у нашего благословенного Гуруджи, — принципу, выраженному святым Франциском в таких словах: «Учитесь принимать критику, осуждение и обвинения молча, без желания отомстить, даже если они ложны и несправедливы».

Сколько мудрости в этом совете! Вы несправедливы к своей душе, если критикуете других и бываете слишком чувствительны к порицанию или похвале. Какая разница, что думают о вас люди? Вам нужно одобрение Бога. Пусть у вас будет лишь одно желание — Бог, и только Бог. Его ведь очень трудно найти, если вы не чистосердечны, мои дорогие. Если ваш ум вязнет в болоте мелочности, критицизма и осуждения своих собратьев, вы совершенно точно не найдёте Бога в этой жизни. Зачем тратить время впустую? У вас нет времени. Чем старше вы становитесь, тем больше это осознаёте.

Если вы жаждете Бога, жаждите Его всем сердцем. Всецело вручите себя Богу, доверьтесь Ему на все сто процентов: меньшего Он просто не может принять и не примет. Это доказал Христос. Он вручил Богу даже своё тело — ценнейшее сокровище человека; без гнева и горечи он сказал Ему: «Отче! Прости им, ибо не знают, что делают».

Нам нужно следовать божественному примеру прощения и сострадания Христа. Но, прощая, мы не должны думать: «О, я такой хороший, такой благородный: я великодушно прощаю своих врагов». Духовная гордыня опасна. В вашем сердце должно быть истинное сострадание и истинная любовь. Но пока мы не полюбим Бога, нам их не обрести. Прежде всего ищите Его. Любите Его всем сердцем, всем умом и всей душой, и не удовлетворяйтесь ничем, пока не обретёте эту божественную любовь. Взывайте к Богу день и ночь, говорите с Ним непрестанно, жаждите Его каждое мгновение, и вы увидите, какие чудесные изменения произойдут в вашей жизни!

О духовных целях общества Self-Realization Fellowship

Сжатое изложение заключительной речи на Международной ассамблее SRF, приуроченной к золотому юбилею общества, Билтмор-боул, отель Билтмор, Лос-Анджелес, Калифорния, 12 июля 1970 года

С тех пор как я впервые увидела моего Гуру, Парамахансу Йогананду, почти сорок лет назад, я была счастлива возложить к стопам Господа мое сердце, мой ум, мою душу, мою смертную оболочку в надежде на то, что Он найдет применение жизни, которую я Ему отдала. Все эти годы были наполнены сладостной душевной удовлетворенностью: я словно не отрываясь пила из фонтана Божественной Любви. В этом нет моей заслуги: это благословение нашего Гуру, — благословение, которым он одарил всех, кто готов принять этот дар.

Я прошу всех вас молиться за меня, и, продолжая служить вместе с вами великому делу Self-Realization Fellowship/Yogoda Satsanga Society of India, я рассчитываю на вашу благосклонность и ваши благословения.

О духовных целях общества Self-Realization Fellowship

Мы вносим свой вклад в начало великого духовного возрождения, которое окажет влияние на весь мир. Я часто перечитываю записи бесед Гурудэвы со всеми нами. Еще в 1934 году он сказал, что придет время, когда это великое послание Индии охватит весь мир, потому что оно содержит в себе бессмертные истины — саму основу жизни и всех религий. Распространение учения, которое несет духовное освобождение, является целью общества Self-Realization Fellowship и миссией, возложенной на Парамахансу Йогананду Махаватаром Бабаджи.

Давайте кратко рассмотрим некоторые пункты из «Целей и идеалов Self-Realization Fellowship».

Распространять среди народов мира знание об определенной технике обретения прямого личного контакта с Богом. Первая и главнейшая задача общества Self-Realization Fellowship — распространять знание об определенной духовной науке, посредством которой последователи всех религий могут непосредственно общаться с Богом и самолично убедиться в том, что Бог существует, а не просто читать об этом в священных писаниях или узнавать из уст великих учителей.

Гурудэва говорил нам: «Я могу рассказать вам,

каков джекфрут[1] на вкус, описать, какой он внутри и из чего состоит, как это мог бы сделать ботаник. Но рассказывай я о нем хоть тысячу лет, вы все равно не познали бы вкуса джекфрута. А вот если бы я дал вам его попробовать, вы бы сразу сказали: „А-а-а, теперь я знаю, что такое джекфрут!"»

То же касается и наших отношений с Богом. Бессчетное количество слов, бесконечные обсуждения, бесчисленные трактаты о Боге сами по себе недостаточны. Благословенны те, кто их слышит, читает и внимает им. Но превыше всего то, что мы должны «попробовать» Истину. Мы должны испытать Ее на собственном опыте. Таково послание Парамахансы Йогананды.

Раскрыть полную сочетаемость и сущностное единство изначального христианского учения, каким его принес в мир Иисус Христос, и изначального учения йоги, каким его принес в мир Бхагаван Кришна. Показать, что истины, изложенные в этих учениях, являются общей научной основой всех истинных религий. Сколько войн на протяжении веков было развязано во имя религии! Истина едина для всех, потому что Бог один, пусть люди и величают Его разными именами. Миссия Парамахансы Йогананды

---

[1] Широко распространенный в Индии фрукт.

состоит в том, чтобы показать, что есть общая дорога к Богу, один маршрут, по которому должны следовать приверженцы всех религий, если они хотят достичь Самореализации, то есть богопознания. Об этом говорится в следующей Цели.

Указать людям единую божественную дорогу, к которой в конечном счете ведут пути всех истинных религий, — дорогу ежедневной, научной и вдохновенной медитации на Бога. Тридцать лет назад Гуруджи сказал: «Придет день, когда церкви, храмы и мечети опустеют». Виновата в этом не религия, а ее последователи. Если человеку нравится посещать культовые сооружения лишь для того, чтобы слушать слова об истине и ненадолго воодушевляться ими, а затем возвращаться домой и продолжать жить, как и раньше — по указке своей богозабывчивой природы, то есть проявляя плохое настроение, эгоизм, нервозность, напряженность, страхи и чувственность, — какую же тогда ценность представляет его религия? Миссия общества Self-Realization Fellowship — вдохновить каждого человека построить священный Божий храм в своем собственном сердце, где он мог бы ежедневно общаться в глубокой медитации с Самим Господом.

Продемонстрировать превосходство ума над телом и превосходство души над умом. Наша цель

— продемонстрировать, что человек не связан этой крохотной телесной клеткой. Иисус сказал: «Не заботьтесь для души вашей, что вам есть и что пить, ни для тела вашего, во что одеться»[2]. Не уделяйте слишком много внимания этой физической оболочке. Больше полагайтесь на силу ума и силу Бога, которая кроется в душе. Мы не физические и даже не ментальные существа, хотя и проявляем себя в этом мире через тело и ум. Мы — душа, индивидуализированное выражение Бесконечного Духа. Это наша истинная сущность. Этот идеал подчёркивает важность того, что мы должны освободить себя от всех сознательных и подсознательных кандалов, которые приковывают душу к телу и эмоциям и лишают нас покоя.

Освободить людей от тройного страдания: физических болезней, дисгармонии ума и духовного неведения. Только богопознание может навсегда освободить человека от всех его страданий. Праведная деятельность тела, ума и души, уравновешенная праведной медитацией — это и есть формула достижения тройной свободы.

Всячески способствовать культурному и духовному взаимопониманию между Востоком и Западом

---

[2] Мф. 6:25.

и поощрять взаимный обмен их наилучшими достижениями. Хотя мир и разделен на Восток и Запад, сегодня Бог показывает человеку, что тот уже больше не может жить в заточении узких границ своей нации. Наш Гуру говорил: «Бог сотворил землю, а человек разделил землю на государства с их придуманными границами»[3]. Бог показывает нам, что пора покончить с этими эгоистическими границами. Но их нельзя взорвать или уничтожить грубой силой. Есть только один способ упразднить эти границы, и вы демонстрируете его своим присутствием здесь. Границы исчезнут, когда их затопит всеобщая любовь к Богу как к нашему общему Отцу. Он должен стать общим идеалом для всех народов, общей целью всех людей на земле.

Растущее в мире признание Бога как единственного Источника и Хранителя жизни разбивает оковы предубеждений. Мы уже начинаем понимать, что другие люди от нас вовсе не отличаются: они в точности такие же, как мы. Я объехала этот мир уже четыре раза и посетила почти все крупные страны, и в людях каждой нации я вижу ту же искренность,

---

[3] Парамахансаджи цитировал эти и другие строки из своего стихотворения «Моя Индия» в речи на банкете в отеле Билтмор 7 марта 1952 года перед тем, как вошел в *махасамадхи*.

те же цели и потребности, те же интересы. Общество Self-Realization Fellowship должно стать знаменосцем божественного братства. Живите этим идеалом, когда вернетесь домой. Пусть все предубеждения исчезнут. Проявляйте ко всем дух братства — истинное отражение Бога, живущего в вас.

Воссоединить науку с религией путем осознания единства принципов, лежащих в их основе. Между наукой и религией на самом деле нет противоречий. В конечном итоге и наука, и религия придут к единому заключению: существует только одна Причина. Ученые-материалисты постоянно пытаются найти причину возникновения этого мироздания. Некоторые из них отрицают существование Бога. Но даже атеист во время тяжелого жизненного испытания непроизвольно взывает: «Боже, Боже, Боже!» Он бессознательно тянется к Вечному Принципу, который придает жизни ощущение целостности.

Жизнью управляет Вечный Принцип, в котором нет случайностей. Мы собрались здесь сегодня потому, что нам было предназначено собраться здесь сегодня. И подобно тому как солнце, луна и звезды движутся в пространстве с предназначенной им скоростью, так и жизнь каждого из нас управляется и охраняется этим великим законодательным принципом — Богом. «Не две ли малые птицы продаются за ассарий? И ни одна из них не упадет на землю без воли Отца вашего»[4].

Поощрять «простую жизнь и возвышенное мышление»; распространять дух братства среди всех народов, раскрывая им вечную основу их единства — их родство с Богом. Искать Бога и отвергать то, что Парамаханса Йогананда называл «ненужной необходимостью», — не значит становиться бедным. Он говорил: «Я не люблю слово „бедность": оно имеет негативную окраску. Я верю в простую жизнь. Мой идеал — простота». Имеется в виду простота в сердце, простота речи, простота быта; чистота, которая исходит от неусложненной жизни и простого ума; чистота, которая рождается во взаимоотношениях с Богом, несущих вам такое осознание: «Господи, я склоняюсь к Твоим стопам. Я довольствуюсь тем, что Ты мне даешь и со мною делаешь».

Возвышенное мышление подразумевает, что мы должны пребывать в возвышенном состоянии ума, откуда наше сознание может мгновенно обращаться к Богу. Ум должен быть избавлен от сплетен, негативности и всего того, что повергает сознание в состояние нервозности и беспокойства. Ум, наполненный

---

[4] Мф. 10:29.

мыслью о Боге, всегда спокоен и ясно видит человеческую природу и суть переживаемого опыта.

Сведя жизненные условия к самому необходимому для счастливого и духовно возвышенного существования, мы обнаружим, что достигли общего знаменателя жизни — Бога. Мы осознаем, что все мы произошли от Бога, что это только Его сила поддерживает нас, и что однажды мы вернемся к Нему. Мы увидим себя частью огромной семьи Божественного Родителя, и все люди станут нам родными независимо от их расы, религии и социального статуса. Только представьте себе, какая красота и какой покой воцарятся в мире, когда эта истина будет признана всеми!

Преодолевать зло добром, печаль — радостью, жестокость — добротой, неведение — мудростью. Мы не сможем прогнать темноту метлой, но тьма рассеется, как только мы зажжем свет. Аналогично этому, лишь свет положительных качеств и деяний, свет Самореализации, сможет рассеять темные, негативные силы этого мира.

Радость, которую я вижу во всех вас сегодня, вызывает у меня восхищение. Когда я только пришла в ашрам, я думала, что поиски Бога — занятие настолько серьезное, что мне точно будет не до смеха. Но Гуруджи сказал мне: «Всегда излучай радость и будь бодра духом, ибо это природа твоей души. В этом мире ты должна быть настолько счастливой, чтобы ты не знала, что такое печаль, потому что печаль нереальна. Только Бог реален — и Он есть радость. Найти Бога — значит покончить с печалью». Я навсегда запомнила эти слова. Поэтому, когда я вижу богоискателей с широкой улыбкой на лице и то, как, собравшись вместе, они весело смеются, мое сердце ликует: я вижу, что мы следуем идеалу нашего Гуру.

Служить человечеству как своему высшему «Я». Идеал последователей Self-Realization Fellowship — больше жить мыслью о том, сколько хорошего можно сделать ближнему, и меньше — мыслью «я-мне-мое». Посмотрите, сколько радости получили те из нас, кто внес свой вклад в организацию этой Ассамблеи, сделав мероприятие радостным и духовно значимым событием для наших членов и друзей со всех концов земли! Своим бескорыстием вы помогли создать божественную атмосферу братства. Вы служили другим, забыв об усталости, проблемах, стрессе, без которых не обходится ни одно грандиозное мероприятие. Вы воистину выразили идеал «Служить человечеству как своему высшему „Я"». Я молюсь о том, чтобы каждый присутствующий здесь человек проникся этим идеалом бескорыстия, ибо только служа другим, мы учимся чувствовать Бога и зреть Его во всем и вся.

Пятидесятая годовщина создания общества Self-Realization Fellowship — это событие, которое каждый из нас запомнит надолго. Вернувшись домой, вы часто будете вспоминать это сладостное ощущение божественного братства, которое все мы испытали здесь. Вы увезете с собой незримую частичку наших сердец, и я верю, что и вы оставите здесь частичку своего сердца. Нас связали узы духовной дружбы — прочные божественные отношения, и, если мы будем их подпитывать, они станут еще крепче, они станут великой магнетической силой, которая привлечет многих других на священный путь Self-Realization Fellowship.

В заключение позвольте мне прочитать следующие слова нашего Гуру:

«Мое тело уйдет, но моя работа будет жить. И дух мой будет жить. Даже после ухода я продолжу работать со всеми вами над распространением Божьего послания во имя спасения мира. Готовьтесь узреть славу Божию. Заряжайтесь пламенем Духа. Если бы Бог сказал мне сегодня: „Пошли домой!", я бы бросил все свои дела — организацию, здания, планы, людей — и без оглядки поспешил бы подчиниться Ему. Управлять миром — это Его обязанность. Это Он Вершитель всего — не вы и не я».

Собрание духовных советов

*Вдохновенные слова духовного руководства
из разных выступлений Шри Дайя Маты
(выступления в Главном международном центре SRF
в Лос-Анджелесе отмечены только датой)*

Бог — самое драгоценное сокровище

25 мая 1961 года

Когда вам одиноко, взывайте к своему Небесному Отцу. Когда вы жаждете понимания, бегите к Нему. Вы и представить себе не можете, какой потрясающий Друг, изумительный Доброжелатель и несравненный любящий Родитель ищет вашей любви!

Но сделать первый шаг и начать искать Его должны вы сами. Бог не станет навязывать Себя Своим детям. Он ждёт, пока они сами начнут искать Его. На вашем пути к Нему Он будет предлагать вам *все что угодно*, но только не Себя. Он будет постоянно предлагать вам разного рода «заменители», чтобы посмотреть, удовлетворит ли вас это. Если удовлетворит

— значит, вы не продвигаетесь на своем духовном пути. Мудрый богоискатель, подобно неугомонному ребенку, отбрасывает каждую земную безделушку и продолжает взывать к Богу. Только такой богоискатель находит Его, и никакой другой.

Я молюсь о том, чтобы все вы были неугомонными детьми Небесного Отца, неустанно взывающими к Нему в своих мыслях. Не позвольте своему уму увязнуть в болоте бесполезных мирских отвлечений, которые никогда вас не удовлетворят. Не растрачивайте на это свою жизнь, мои дорогие! Жаждите Бога каждое мгновение своей жизни. Горите желанием найти Его. Превратите все свои желания в одно пламенное желание — обрести Бога. Это пламя поглотит все, что препятствует вашему освобождению.

Когда на вашем пути встают мирские соблазны, молитесь: «О Господь, если земные наслаждения так привлекательны, насколько заманчивее должен быть Ты!» Бог — самое драгоценное сокровище. Каждое священное писание говорит об этом. Используйте свое духовное распознание, чтобы отмести менее значительные устремления, и ищите лишь это бесценное, вечное Сокровище.

Бог есть решение всех проблем

3 мая 1956 года

Бог есть решение всех наших жизненных проблем. Мы должны больше полагаться на Него. Мы должны обращаться к Нему за руководством и помощью в разгадке всех жизненных загадок.

Когда-нибудь нам все равно придется оставить это тело, зачем же тогда придавать так много значения материальному? Придайте наибольшее значение поискам Бога и служению Ему. Служить Богу, полностью вручив себя Ему, и осознавать, что свои мирские обязанности вы выполняете единственно для Него, — это своего рода медитация, способ поиска Бога. Мы должны суметь найти Его в глубине своего сознания и сделать Его своим постоянным попутчиком.

Гурудэва учил нас собираться небольшими группами и вместе медитировать, вместо того чтобы проводить время в пустых разговорах. Вы тоже обнаружите, что от совместной медитации, равно как и от медитации в уединении, вы получаете намного больше, чем от разговоров.

Не заостряйте свое внимание на жизненных мелочах. Ваша главная забота — отношения с Богом. Ваши эмоции, ваши привычки и то, что вы называете своими правами, — все это не так уж и важно. Пусть Бог беспокоится обо всем этом. Позаботьтесь о своей сонастроенности с Ним, а Он позаботится о вас. Таково божественное соглашение между Матерью и ребенком. Заключив его, держите свое слово и никогда не сомневайтесь в существовании божественного закона, который отвечает за все остальное.

Наши единственно реальные отношения — это отношения с Богом и Гуру. Крепко держитесь за их руку. Святая Тереза из Лизье говорила: «На небесах я буду заниматься сотворением добра на земле». Таким же было и обещание Мастера. Единственное его желание — помочь нам найти Бога. Всякий, кто обратится к нему за руководством и попросит о помощи, непременно почувствует его направляющее присутствие. Вы должны иметь веру, вы должны прилагать усилия, вы должны медитировать, и тогда вы достигнете совершенной сонастроенности с вездесущей помощью Гуру и его благословением.

Психологическое сражение между добром и злом

12 июля 1956 года

Какими бы суровыми ни были ваши жизненные испытания, помните: вас хранит Божественная

Мать. Для нас не должны быть неожиданностью возникающие на духовном пути трудности и внутренние борения. Рано или поздно они встают на пути каждого богоискателя. Но мы должны встречать их мужественно и с абсолютной уверенностью в том, что милосердная любовь Божественной Матери и Ее защита всегда с нами.

Внутри нас постоянно идет сражение между добром и злом. Гурудэва говорил, что духовный искатель находится посреди двух сил: с одной стороны его тянет к себе Сатана как зло и негативные силы, а с другой — Бог как добро и позитивные силы. Ни добро, ни зло не могут овладеть царством нашего сознания, если только мы сами не дадим им такую власть. Господь дал нам свободу принять или отвергнуть как добро, так и зло — иными словами, быть на стороне Бога или же на стороне Сатаны.

Божественная Мать стоит за каждым из нас. Она направляет нас через нашу совесть и всеми возможными способами пытается помочь нам принять правильное решение в этом психологическом сражении между добром и злом. И какое это чудесное благословение, что Божественная Мать отвечает даже на малейшее усилие духовного искателя, стремящегося найти Бога, почувствовать Бога, быть с Богом.

Иногда мы не сознаем ответ Божественной Матери, но, если посреди наших внутренних борений мы просим у Нее помощи, Ее милосердие — с нами. Она направляет наши действия, поддерживает наши усилия и оберегает нас Своей вездесущей любовью.

Самореализация обретается во внутренней тишине

*Ашрам Ананды Мойи Ма в Калькутте,
18 января 1959 года*

Самореализация — это единство души с Богом. Во все времена просветленные души обретали опыт, свидетельствующий о том, что истинным смыслом всех религий и их наивысшей целью является Самореализация. «Радостная мать» Ананда Мойи Ма, мой Гурудэва Парамаханса Йогананда и все другие великие святые указывают на эту единственную цель.

Мы не должны потеряться во внешних формах религии — ритуалах и догматах. *Пуджи*, мессы и ритуалы должны главным образом вдохновлять верующих искать Бога внутри себя. А иначе от внешних форм поклонения не будет никакой пользы.

Бог — это вечно сущее, вечно сознательное, всемогущее и всегда новое Блаженство, *Сатчитананда*. Душа — это вечно сущее, вечно сознательное, всемогущее и всегда новое Блаженство, проявляющее Себя как индивидуализированная Сущность. Человек может постичь это посредством медитации. Только глубоко погрузившись в свой внутренний покой, мы можем познать свое истинное «Я». Найдите укромное место у себя дома или в ашраме и медитируйте там, погружаясь внутрь себя и познавая, кто вы есть на самом деле. И тогда вы поймете, что вы сотворены по Божьему образу и подобию. Из Радости мы пришли, ради Радости живем и в Радости родимся вновь. Когда мы это осознаем, вот тогда мы достигнем Самореализации. Чтобы прийти к такому состоянию, необходимо ощущение внутренней блаженной тишины. Мы никогда не сможем познать Бога посредством слепой веры или внешних форм поклонения. Для того чтобы найти Бога — нашу Цель, мы должны практиковать глубокую медитацию. Обретите Бога сейчас, и вы будете с Богом отныне и вовеки.

У нас не так уж много времени, чтобы тратить его впустую

*Ашрам Self-Realization Fellowship,
Голливуд, Калифорния, 16 декабря 1959 года
Выступление Шри Дайя Маты по возвращении из Индии,
где она посещала ашрамы Парамахансы Йогананды*

Наш путь к Богу состоит из двух частей — служения и медитации. Гуруджи говорил: «Я верю в равновесие». Он учил нас быть спокойно активными и активно спокойными. Он учил нас находить Бога как посреди наших многочисленных дел, так и в тишине медитации. Счастлив тот, кто обрел это равновесие. Такой духовный искатель знает Бога, ибо Сам Бог одновременно активен и неактивен: Он невообразимо занят в Своей роли Творца и невыразимо спокоен как абсолютный блаженный Дух.

Наш идеал — поиск Бога в медитации и радостное служение Ему. И неважно, каким образом мы Ему служим. Работаем ли мы на кухне, учительствуем или пишем книги — это не имеет значения. Важно лишь определиться, делаем ли мы это, чтобы порадовать Бога, или только ради себя.

Я горячо молюсь, чтобы каждый из нас стремился почувствовать внутри всевозрастающую тоску по

На пляже у Энсинитского ашрама SRF, выходящего на Тихий океан

«Я никогда не просила и не жаждала духовных переживаний. Все, что я хочу, — это любить Бога и чувствовать Его любовь. Она приносит мне радость, и другой награды в жизни я не ищу».

В горах Кашмира. Пахалгам, 1961 год

«По-настоящему живет только тот, кто просыпается на заре полный энергии, радости жизни и желания забыть о себе и проявить свое высшее „Я", которое есть Бог, живущий в нем. В противном же случае человек просто существует».

Божественному Возлюбленному. Медитируйте глубоко. Это то, о чем нужно помнить всегда. Даже если вы медитируете лишь пять минут, эти пять минут должны быть всецело отданы Богу. Но если есть такая возможность, медитируйте дольше. Не ищите себе оправданий, чтобы не медитировать регулярно, каждый день. День и ночь жаждите Бога. Словами не описать ту радость, которую приносят такие отношения с Богом.

Около полутора лет назад я временно оставила ашрамы Мастера в Америке, чтобы посетить его ашрамы в Индии. В голове у меня была только одна мысль: «Ты — моя жизнь, Ты — моя любовь…». Душа моя пылала огнем божественной любви. Возвращалась я с тем же чувством. У нас не так уж много времени, чтобы тратить его впустую. Гуруджи говорил: «Жизнь словно росинка, скатывающаяся по лотосовому лепестку времени». И я часто думаю о том, что, едва сдвинувшись с места, эта росинка начинает скатываться вниз все быстрее и быстрее. Для многих из нас большая часть жизни уже не впереди, а позади. Я остро чувствую безотлагательную необходимость использовать это время с пользой, чтобы успеть познать Божественного Возлюбленного, живущего внутри нас.

Нам нужно страстно желать Бога, нам нужно гореть желанием найти Его, исполнившись преданной любви и пламенного стремления служить Ему.

В своем служении Божественному Возлюбленному вы не должны бояться принести в жертву даже свое тело, если это будет необходимо. Бог поддержит вас. Он наша сила. Он наша жизнь. Он наша любовь.

И, когда вы медитируете, пусть весь ваш ум будет поглощен Богом. Когда вы думаете о Боге, освобождайте свой ум от всех других мыслей и погружайтесь все глубже и глубже в вездесущность Бесконечного Возлюбленного. Именно от Бога исходит вся любовь, которая когда-либо пробуждалась в сердце человека: любовь ребенка к матери и матери к ребенку, любовь друга к другу, любовь мужа к жене. Все формы любви берут свое начало в едином Источнике. Ищите этот Источник. У вас уже есть все необходимое, чтобы найти Бога. Больше ничего не нужно. Гурудэва принес нам учение. Но прилагать усилия мы должны сами.

Я часто вспоминаю прекрасные слова Мастера, которыми все мы должны жить:

> Божественный Возлюбленный,
> Мне нечем Тебя одарить,
> Ведь все на земле Тебе принадлежит.
> Но я не опечален, что нечего мне дать,
> Ибо нет того, чем мог б я обладать.
> К Твоим стопам я возлагаю
> Свою жизнь и руки, свои мысли, речь —

Ведь все они, Возлюбленный,
Принадлежат Тебе, принадлежат Тебе.

Гурудэва жил согласно этому идеалу. Будет прекрасно, если мы, ученики, последуем его примеру.

Горите жаждой по Богу

18 января 1960 года

На духовном пути необходимо преодолеть два препятствия: леность и недопонимание. С годами мы зачастую забываем, почему встали на духовный путь. Мы обретаем привычки поверхностного поклонения и не поддерживаем внутренний огонь жажды по Богу. Мы начинаем гнаться за новыми целями, но при этом ленимся использовать свободное время правильно, а именно для глубоких поисков Бога.

Вы просто ищете оправданий, когда говорите: «Если бы я жил в других условиях; если бы меня лучше понимали; если бы не случилось этого и не случилось того, — сегодня я был бы ближе к Богу». Если вы так рассуждаете, вы просто не понимаете главного. Если вы не находите Бога, виноваты в этом не внешние обстоятельства или другие люди, а вы сами. В высшем смысле, никакой человек и никакие внешние условия не могут удержать нас от познания Бога, если мы упорны в своем стремлении избавиться от лени, безразличия и недопонимания. Воспламените в себе любовь к Божественному Возлюбленному, и, если вы еще не чувствуете этой любви, вините себя, а не других.

Когда я поступила в ашрам Центра «Маунт-Вашингтон», у меня было много проблем как с самой собой, так и с другими. Я сильно расстроилась, когда обнаружила, что даже в ашраме нельзя скрыться от этих трудностей. Но во мне горел огонь страстного желания познать Бога. Я видела величественные сны о том, как нахожу Бога в этой жизни. И я стала размышлять: «Могут ли обстоятельства, окружающая обстановка или люди лишить меня желания познать Бога? Если могут, значит, я не так уж и сильно Его жажду». И с этой мыслью я решила самым добросовестным образом направить свои усилия в нужное русло.

Очень печально, когда люди впадают в застой: внешне они как будто живут духовной жизнью, а внутренне позволяют безразличию гасить огонь их любви к Богу. Духовному искателю нужно без промедления исправлять такое положение дел. И днем и ночью он должен устремлять свой ум к Божественному: с Бога начинать, Богом заканчивать, с Богом быть всегда.

Божественная любовь делает каждую душу уникальной

*Речь, произнесенная по приезду из Индии,
Главный международный центр SRF,
20 июля 1964 года*

Божественная любовь есть узы, связывающие нас даже крепче, чем узы семейные. Чем больше я живу, тем больше осознаю, что это единственная сила, способная удержать людей вместе. Приобретение и выражение божественной любви — это жизненная обязанность, данная нам Самим Богом. Эта любовь уже таится в наших душах. Как роза естественным образом источает сладкий аромат, так и душа естественным образом источает аромат божественной любви. Снова и снова, как здесь, так и в Индии, я напоминаю ученикам бессмертные слова Гуруджи, которые выражают послание великих святых всех времен: «Только любовь сможет занять мое место».

В своих путешествиях по миру я разговаривала со многими людьми, и я обнаружила, что любовь — это единственное послание, на которое откликаются все. Самый правильный подход ко всем людям лежит в выражении божественной любви, и именно такой путь наш благословенный гуру, Парамаханса

Йогананда, предначертал всем нам.

Каждый из нас уникален в глазах Бога. И перед Ним мы все равны: никто не выше и не ниже другого. Мы все особо дороги Ему, потому что, когда Он сотворял каждого из нас, Он думал только о нас, и ни о ком другом. Так что все мы неповторимы в Его мысли, в Его великом сознании. Эта уникальность души и есть то, что мы должны найти внутри себя, а затем и выразить. И нет лучшего способа выразить эту уникальность, чем через божественную любовь, через данную нам Богом способность любить безусловно и бескорыстно. Когда мы это поймем и начнем практиковать, нам станет намного легче продвигаться на духовном пути. И когда мы испытаем божественную любовь, которая приходит к нам от Бога, наша жизнь станет такой яркой, какой ее не способны сделать ни обладание властью, ни слава, ни самое полное удовлетворение чувств.

Позвольте Богу помочь вам нести вашу ношу

22 марта 1956 года

Бога находит не слабак, а тот, кто говорит: «Господи, я вручаю Тебе свою жизнь, я вручаю Тебе

свое сердце. Распоряжайся мною, как Тебе угодно».
Однажды я спросила Гурудэву:

— Какой настрой ума поможет мне нести ношу, которую я чувствую на своих плечах?

— Прежде всего, — ответил он, — не думай, что это ноша. Служение Богу — благословенная привилегия.

Приучайте свой ум относиться к любой работе, которую поручает вам Господь, как к божественному благословению — даже если это просто мытье полов.

Мастер добавил:

— Всегда напоминай себе, что это Бог вершит все дела, а не ты. Ты лишь инструмент Его воли. Прими решение быть восприимчивым инструментом, всегда готовым к действию.

Когда он сказал мне эти две вещи, я подумала: «Он дал мне объяснение — теперь мне необходимо все это практиковать». И, должна сказать, благодаря этому я смогла осилить ношу куда более тяжелую, чем та, которая казалась мне непосильной. И все вы сможете осилить более тяжелую ношу, чем та, которая, как вы думаете, вам не по силам.

Настраивайте свое сознание на Божественную Мать: Она поможет вам нести вашу ношу так, что весь вес будет на Ее плечах. Это будет уже не ваша ноша. А когда приходит время медитировать, выбрасывайте из головы все посторонние мысли, включая мысли о теле. Внутри должен быть абсолютный покой. Этого можно добиться, если приложить усилия. Но главное — вам нужно молиться о любви Божественной Матери. Тогда духовное усилие будет даваться легко. Используйте свои выходные дни, чтобы уединяться и медитировать, обновляя свою духовную силу. Если вы медитируете глубоко и регулярно, это полностью изменит вашу жизнь.

Рассчитывайте только на Бога

7 февраля 1956 года

Бога нужно любить всем сердцем. Тогда вы не будете испытывать чувство одиночества и зависеть от человеческих отношений. Отношения с Богом несравненны.

Это хорошо, когда мы любим других, но рассчитывать мы должны не на людей, а на Бога. Мы неизбежно потеряем всех, за кого держимся. Возможно, этой данностью Господь хочет нам сказать, что, если мы намереваемся Его обрести, мы должны отдать Ему все наше внимание. Как это прекрасно — взывать в ночи к

Божественному Возлюбленному нашей души; как прекрасно говорить Богу все, что мы жаждем сказать, зная, что Он нас понимает и безмолвно отвечает нам.

Сейчас я уже осознаю, почему Гурудэва не говорил с нами о наших личных проблемах. Он хотел говорить с нами только о Боге и обсуждать вопросы исключительно духовного характера. Он советовал нам не зацикливаться на своих личных проблемах и заверял нас, что мы можем преодолеть все эти проблемы поиском Бога. Когда к нему приходили за советом ученики SRF, он говорил с каждым из них по целому часу, и я думала: «Ну не странно ли? А обитателям ашрама он очень редко позволяет делиться с ним своими проблемами». Но он не хотел иметь с нами такие взаимоотношения. Он обучал нас идти напрямую к Богу. Время от времени мы получаем некоторое ободрение, когда делимся друг с другом своими проблемами; но когда мы нуждаемся в божественной силе, мы должны идти напрямую к Богу, и ни к кому другому.

Гуру есть божественный проводник, который пропускает через себя мудрость и милосердие Господни. Подобно тому как птица выталкивает из гнезда своего птенца, чтобы тот самостоятельно научился летать, так и гуру побуждает ученика установить личные отношения с Богом. По той же самой причине Бог отбирает у богоискателя все, что мешает тому почувствовать Божье присутствие. Он лишает его всякого рода поддержки — и человеческой, и материальной, пока богоискатель не придет к высшему осознанию: «Бог моя сила, Бог моя любовь, Бог мой друг и возлюбленный. Он для меня все. Когда я не чувствую Его присутствия, я лишаюсь всего и становлюсь нищим. Когда же Он со мной, я полон любви, радости, мужества и силы».

Если мы обращаемся к людям в поисках утешения, мы можем на время успокоиться и повеселеть, но рано или поздно Бог отнимет у нас и эту опору. Мы должны положиться на Бога. Лишь Он один вечен, и Он хочет, чтобы мы искали силу только в Нем.

Дайте Богу шанс

8 сентября 1955 года

Нам нужно дать Богу шанс проявить Себя в нашей жизни. Но у Него нет такой возможности, если одна частичка нашего сердца принадлежит Ему, а другая — миру. Мы должны оставить все позади и сделать решительный шаг в Бесконечность. Святые говорят, что это совсем не трудно и что, когда мы обращаем наши мысли и нашу любовь внутрь себя, мы находим вечного, любящего, радостного Спутника, который незримо всегда с нами.

Помню, когда я заходила в гостиную Гуруджи, я часто видела, как его глаза сияли словно алмазы, излучая божественную любовь. Все присутствовавшие при этом ученики могли почувствовать, что он общается с Богом. Иногда в таком состоянии он начинал говорить. Мы слышали его шепот, обращенный к Божественной Матери.

И хотя внутренне он всегда был погружен в Бога, я не знаю другого человека, который бы делал все с такой же радостью, как Мастер. Не существовало такой работы, которая казалась ему монотонной. К решению любой задачи он подходил творчески, и что бы он ни делал, он проявлял к этому огромный интерес, потому что Бог всегда был в его сознании. Единственным его желанием было порадовать Господа.

Снова и снова Мастер повторял нам свой духовный совет: глубоко медитируйте каждый день и *чувствуйте* присутствие Бога. Мы здесь не для того, чтобы постичь великое йогическое учение Самореализации лишь интеллектуально — мы здесь для того, чтобы *жить им*. Милостью Мастера мы имеем эту благословенную возможность.

Как ускорить свое духовное развитие

7 марта 1956 года

Незадолго до своего ухода из жизни Гурудэва оставил всем своим ученикам несколько наставлений о том, как можно ускорить свое духовное развитие. В них он затронул ряд вопросов.

Он посоветовал нам быть более серьезными и в то же время более жизнерадостными: «Будьте счастливы и жизнерадостны внутри, но при этом не будьте легкомысленны и не шутите сверх меры. Зачем терять свое внутреннее восприятие из-за пустой болтовни? Ваше сознание подобно бидону молока. Наполняя его покоем медитации, вы должны стараться удержать этот покой в себе. Шутки зачастую приносят ложное удовольствие, которое пробивает брешь в вашем бидоне. Из-за этого молоко вашего внутреннего покоя и счастья вытекает наружу».

Мастер говорил, что нам не следует спать слишком долго, и что лучше использовать эти высвободившиеся часы для глубокой медитации и общения с Богом. «Сон — это всего лишь бессознательный способ наслаждения покоем Божьего присутствия. Медитация же — состояние сознательного покоя, более освежающего, чем тысяча миллионов снов».

«Не тратьте свое время впустую, — говорил Мастер. — Никто не подарит вам глубокой жажды по Богу, которая сделает вас непоколебимыми на вашем пути к Нему. Вы должны развить это чувство сами. Не углубляйтесь в построение логических цепочек и не пытайтесь давать всему рационалистическое объяснение. И самое главное: никогда не сомневайтесь в том, что Бог придет к вам. Заканчивая свои дела, посвящайте свое время Богу в медитации, и тогда вы почувствуете Его блаженство и Его божественную любовь внутри себя».

Божественная любовь побуждает к правильной деятельности

11 июня 1968 года

Правильная деятельность, уравновешенная медитацией, — это жизненный идеал, в который я верю всем сердцем. Правильная деятельность дарует единую радость сердца, ума и души, и у вас уже нет чувства, что вы делаете одолжение Богу — есть лишь радостное ощущение служения Ему. Человек, занимающийся правильной деятельностью, не жаждет плодов своего труда: он обретает радость, делая все для Бога. Такую радость вы испытываете, когда влюблены. Вы не можете жить без любви к кому-то. Каждый человек от любви расцветает. И самый лучший способ насладиться наивысшей любовью в этой жизни — отыскать внутри себя Единого Космического Друга, Вечного Возлюбленного нашей души. Таков мой опыт. Для меня Бог — единственная реальность в этом мире.

Мудр тот, чей ум постоянно погружен в Космического Возлюбленного. Вы не познаете всю прелесть Его любви, пока не научитесь быть с Ним все время: гулять с Ним, говорить с Ним и чувствовать, что Он вам родной. Только тогда вы познаете настоящую радость, только тогда вы познаете настоящую любовь в ее наивысшей и наипрекраснейшей форме.

Истина «Бог есть любовь» является основной в послании нашего Гурудэва Парамахансы Йогананды. Это правда, что учения Self-Realization Fellowship являют собой путь мудрости, путь духовного труда, путь блаженства; но для меня они — путь божественной любви. Божественная любовь так сильно преображает человека, что он уже не может мыслить в узких рамках «я-мне-мое», он живет мыслью «Только Ты, Господи, только Ты».

Каждый из нас должен проникнуться этим посланием любви, пропустить его через свою душу и постараться жить им.

Иллюзия смертного сознания

*Длительная рождественская медитация,
23 декабря 1960 года*

Чтобы достичь наилучших результатов в медитации, очень важно отстраниться от осознания своего тела и от всех беспокойных мыслей. Мы сможем это сделать, если полностью осознаем, что мы не тело и не ум. В своих бесчисленных прошлых инкарнациях мы износили множество тел и умов. Постарайтесь перенести свое сознание за пределы отождествления с телесным костюмом и умом, которые даны нам лишь на время. Мы бессмертная душа, сотворенная по образу любящего Господа.

Почувствуйте в своем сердце такую жажду по Богу, какой вы еще не испытывали. Мы прожили много жизней, блуждая по дорогам желаний: мы желали признания, славы, красивой жизни, — всего того, что по мирским меркам имеет ценность. Во время сегодняшней медитации выбросьте из головы все мысли, кроме одной: «Господи, я сотворен по образу Твоей мудрости, Твоего блаженства, Твоей любви. Я Твое дитя. Освободи меня от иллюзии, из-за которой мне кажется, будто я смертное существо. Позволь мне увидеть себя таким, каким видел себя наш Гурудэва и все великие святые, — как Твое дитя, Твое возлюбленное дитя».

Служить Богу — это привилегия

9 октября 1964 года

В этом мире нет незаменимых людей. Бог легко может обойтись и без нашего служения Ему. Снова и снова я вспоминаю слова, которые мне сказал Гуруджи много лет назад: «Никогда не делай так, чтобы у Божественной Матери возникло чувство, что ты делаешь Ей одолжение». Тогда эти слова глубоко тронули меня, а сейчас они обрели еще больший смысл. Я осознала, что служить Божественной Матери — как это делаем мы, продолжая работу Гурудэвы — это редкая привилегия. Но если мы думаем, что делаем много, мы демонстрируем неправильный подход к делу. Каждый миг своей жизни мы должны быть глубоко благодарны за ниспосланное нам благословение — возможность служить Ей.

Служить нужно с правильным умонастроением. Без него вся наша работа, какой бы значительной она ни была, не представляет для Божественной Матери никакого интереса. Мы можем кормить нищих, давать ценные советы или выполнять бесконечное количество важных поручений, но если при этом мы думаем: «Я делаю столько добрых дел! Это ли не прекрасно, что я могу делать все это ради других? И как признательны мне за это люди!», то наше умонастроение нельзя назвать правильным.

Мастер часто напоминал нам: «Божественная Мать видит ваше сердце». Она надеется, что мы не будем озабочены мыслью о том, угодили ли мы людям, а вместо этого будем желать угодить лишь Ей. Людские сердца переменчивы: сегодня они нас любят и уважают, а завтра могут исключить из своей жизни. Человеческая преданность не отличается постоянством. Поэтому мы должны занимать свои мысли только тем, что поистине важно, — желанием угодить Богу, нашему Вечному Другу.

Наши цели в новом году

Январь 1967 года

Приступая к работе в наступившем году, давайте будем помнить о необходимости использовать каждую доступную нам минуту для того, чтобы улучшить и усовершенствовать себя как Божье дитя. Психологически сейчас самый подходящий момент для того, чтобы проанализировать свои прошлогодние поступки и оценить свои успехи на духовном пути. Мы должны всерьез задуматься над тем, что мы хотим изменить в себе и в своей жизни, а затем приложить все усилия, чтобы достичь поставленных целей. Нам нужно записать на бумагу и ежемесячно освежать в памяти принятые нами новогодние решения: это поможет нам реализовать наши устремления в наступившем году и следить за тем, как мы продвигаемся к намеченным целям.

Пусть в этом году мы более глубоко осознаем, что поиски Бога — единственный способ разрешить все наши проблемы. Мы должны взрастить в себе всевозрастающее чувство Его присутствия.

Единственные реальные отношения — это отношения с Богом и гуру, который есть Его проводник. Это Бог дисциплинирует нас на духовном пути, это

Бог дарит нам Свою любовь. Будьте преданны Ему! И держитесь за учения Самореализации как за руку нашего благословенного Гуру. Единственное, чего он горячо желает, — это помочь нам воссоединиться с нашим Небесным Отцом.

Любовь связывает нас воедино

Обращение к собравшимся на праздновании 18-й годовщины основания ашрама Self-Realization Fellowship в Голливуде, Калифорния, 21 апреля 1969 года

Наш Гурудэва Парамаханса Йогананда постоянно пребывал в сознании божественной любви, и это то, что свело нас всех вместе. Прочной, но нежной нитью этой любви он связал всех нас в благоухающую гирлянду преданности и любви, чтобы возложить ее к стопам Того, Кто есть Источник всей Любви, Высший Возлюбленный наших душ. Он воспламеняет в наших сердцах жажду по Богу, устремляя наши умы к единому идеалу: любовь к Богу стоит на первом месте, и любить ближнего нужно в духе этой любви. Именно эту любовь он имел в виду, когда сказал мне: «День и ночь упивайся Божьей любовью до беспамятства. И дари эту любовь всем».

Божественная Мать как воспитатель

1 марта 1956 года

Природа Божественной Матери многогранна. И та сторона, которой Она поворачивается к нам, есть не что иное, как отражение состояния нашего сознания. Когда мы сонастроены с Ней, Она — счастливая любящая Мать. Когда мы не сонастроены с Ней, Она кажется нам строгим воспитателем. Но Она вовсе не желает нас наказывать. Наши страдания порождаются нашей разлукой с Богом. Это мы строим заградительный барьер, когда забываем о Боге, когда потакаем своим плохим привычкам, когда с головой погружаемся в мирские дела, эмоции и плохое настроение. Божественная Мать никогда не покидает нас — это мы покидаем Ее. Вот тогда Она и представляется нам строгим воспитателем — но только потому, что мы сами обрываем связь с Источником всего того, что хорошо и правильно.

Поэтому когда нам кажется, что Божественная

Мать ускользает от нас и исчезает из нашего поля зрения, мы должны вспоминать, что проблема кроется вовсе не в Ней, а в нас. Возможно, наш ум поглощен беспокойством — а это духовный грех, потому что беспокойство свидетельствует об отсутствии веры, об отсутствии доверия к Богу. Или же мы чрезмерно чувствительны — а это оттого, что мы отождествляем себя с эго и считаем себя смертным существом, а не отражением Бога, душой. А бывает, что мы просто увлекаемся погоней за мирскими благами. Именно тогда Божественная Мать покидает нас. Она говорит: «Туда, где Я, дитя Мое, должен ты прийти». Божественная Мать прячется от нас не с тем, чтобы нас наказать, а для того, чтобы побудить нас возвыситься сознанием до божественных сфер, где обитает Она. Она хочет, чтобы мы непрестанно старались улучшить себя.

И Мастер дисциплинировал нас подобным образом. Стоило нам подумать, что мы перепрыгнули заданную высоту и возвысили свое сознание до определенного уровня, как он поднимал планку еще выше. Для того чтобы осилить новую высоту, мы должны были постоянно совершенствоваться, мы должны были отбросить ограничивающее нас телесное сознание и эмоции, которые привязывают нас к этой смертной оболочке.

Цель гуру, божественного учителя, состоит в том, чтобы помочь нам возвыситься над своей низшей природой. Он помогает нам избавиться от эго, нашего маленького «я», и вспомнить, что мы созданы по бессмертному образу Бога — вечно сущего, вечно сознательного, всегда нового Блаженства и всегда новой Любви. Это то, чем мы являемся на самом деле, и нам должно быть стыдно, если мы не способны проявлять свою истинную природу в каждый миг своего существования. Мы должны стремиться к совершенству. Тогда Божественной Матери не нужно будет поворачиваться к нам стороной воспитателя, и Она будет постоянно проявлять Себя в Своей чистой форме: как радостная, добрая, любящая и понимающая Мать.

Как проявить в себе все самое лучшее

Часовня ашрама имени Джанакананды,
Главный международный центр SRF,
28 февраля 1962 года

Если вы еще не почувствовали глубокую тоску по Богу, не падайте духом. Сделайте правилом медитировать с каждым днем все глубже и глубже, даже если в вашем распоряжении лишь пять минут. Как говорил Гуруджи, взывать к Богу нужно так же отчаянно, как утопающий жаждет глотка воздуха. Если вы ощущаете крайнюю необходимость в Боге, вы познаете Его в этой жизни. Для того чтобы развить это чувство, вы должны ежедневно медитировать, а также взращивать в себе другие хорошие привычки.

Вы не можете прогнать темноту из комнаты метлой или мухобойкой. Зажгите свет, и тьма исчезнет. Аналогично этому, подавление плохих привычек — не самый эффективный способ избавления от них. Лучше зажгите в себе свет понимания: оно приходит в результате практики глубокой медитации и сознательного самоконтроля. Свет самодисциплины и мудрости рассеивает мрак плохих привычек.

Все в этом мире существует как мысль. Поэтому, если вы желаете избавиться от какой-то плохой привычки, внушайте себе мысль о противоположной, хорошей привычке. Допустим, вы склонны к критицизму. Как только вы ловите себя на мысли, что ищете недостатки в другом человеке, начинайте думать о его хороших качествах. Очень часто критицизм порождается завистью, неуверенностью в себе или самомнением. Не чужие недостатки должны вас заботить, а ваши собственные. Критицизм разрушает ваш внутренний покой.

В каждом человеке ищите только хорошее. Это не значит, что мы должны быть наивными идеалистами и закрывать глаза на проступки окружающих — такое отношение свидетельствует об отсутствии духовного распознания. С другой стороны, мы можем стать такими критиканами, что уже просто не сможем видеть хорошее в людях.

Человек полон несовершенств. Но зачем на них сосредотачиваться? Мастер всегда принимал ученика таким, какой он есть, и сосредотачивался на том, чтобы пробудить в нем самое лучшее. И знаете, как он это делал? Он дарил ученику любовь и понимание. То же должны делать и мы. Помочь друг другу измениться к лучшему мы можем только одним способом: если будем проявлять и дарить всем божественные качества нашей души — любовь и понимание.

Сила духовного распознания

21 марта 1962 года

Единственный способ сбежать из зловещего колеса кармы, в котором мы без конца крутимся подобно белке в колесе, — следовать духовному пути и идеалам, предначертанным нашим благословенным

Гурудэвой, и быть абсолютно уверенным, что его благословение и руководство всегда с нами. Гуру вездесущ в Боге, поэтому он всегда рядом — прямо за темнотой наших закрытых глаз. Он безмолвно присматривает за нами. Если мы будем удерживать в себе это осознание, делающее нас восприимчивыми к его вездесущей помощи, мы сможем более искусно орудовать мечом духовного распознания, которым нас вооружила мудрость его учений. Мы должны смело обрубать те мирские отвлечения, которые склоняют наш ум к материальным мыслям, погружают его в материалистическое сознание. И мы должны сделать сознательный выбор в пользу жизненных идеалов, приближающих нас к Богу. С помощью силы духовного распознания мы учимся делать то, что следует и когда следует, действуя спокойно и благоразумно — не под влиянием каких-то внешних обстоятельств, а под руководством разума и воли, данных нам Богом.

Каждый день нам нужно анализировать себя, задаваясь вопросами: «Делаю ли я духовные успехи? В каком направлении я иду? Что я сделал сегодня мыслью, словом и делом, чтобы продвинуться на пути к Богу? Какие плохие привычки все еще уводят меня от Бога?»

Если медитацией и непрестанным духовным усилием мы постоянно напоминаем себе, что мы не смертные существа, а бессмертная душа, то со временем мы разорвем цепи, которые столь долго приковывали нас к ограниченному телесному сознанию и миру нескончаемых перемен, приносящих нам опустошение. Начав сбрасывать эти оковы, мы можем мельком узреть себя как души, сотворенные по образу и подобию Божьему. И чем чаще мы будем зреть этот божественный образ внутри себя, тем отчетливее будем чувствовать в своем сердце Его любовь, в своем уме — Его мудрость и в своей душе — Его радость.

Следите за своими мыслями и поступками

28 января 1962 года

В конце нашей медитации Гуруджи обычно говорил: «Сохраняйте спокойствие и внутреннюю отстраненность. Покидая свой уголок для медитации, как можно чаще отдыхайте в мысли о Боге». В этой мысли мы черпаем силу, мудрость и великую любовь, которую жаждет наша душа. Укрепитесь умом в Боге: Он единственное, что неизменно в этом изменчивом мире.

Когда человек познает свою истинную природу, он становится бурлящим океаном внутренней радости. Ему так хочется удержать эту радость в себе, что он старается ее особо не демонстрировать, дабы не лишиться ее.

Всегда будьте добры и относитесь ко всем с любовью. Держитесь подальше от ограниченных, мелочных мыслей. Если люди не проявляют к вам доброты, постарайтесь заслужить ее своей любовью. Если это не действует, тогда вручите эту проблему Богу и забудьте о ней. Только так можно поладить с окружающими в этом мире.

Каждый из нас должен стремиться проявлять божественную любовь. Нас не должно волновать, проявляют ли такую же любовь другие. Мы никогда не преодолеем свое маленькое «я», если будем подстраиваться под поведение окружающих. Мы должны стараться поддерживать в себе возвышенное сознание. Если этот прекрасный идеал закрепится в вашем уме и вы будете сосредоточенно прилагать усилия, у вас уже не останется времени на то, чтобы думать, следуют ли этому идеалу другие. Вас должны беспокоить только ваши собственные действия, только ваше состояние сознания; вас должно беспокоить, стремитесь ли вы внутренне припасть к ногам Божественного Возлюбленного.

Образец духовной жизни

Январь 1961 года

Как узнать, прогрессируете ли вы духовно? Вы прогрессируете, если чувствуете глубокую тоску по Богу. Вы прогрессируете, если в медитации вы способны брать под контроль свой ум и направлять все свое внимание на объект медитации. Вы прогрессируете, если ощущаете океан покоя внутри и вокруг себя; если в повседневной жизни вы преисполняетесь неослабного желания делать добро, а также то, что правильно; если в вашем сознании всегда присутствует мысль: «Боже, благослови меня, веди меня, помоги мне понять, какова воля Твоя. Помоги мне найти Твою любовь».

В каком-то смысле Бога найти очень просто, потому что это образ жизни. Просыпаясь утром, думайте только о Боге. В течение дня выполняйте все свои дела и обязанности, стараясь по мере своих сил избегать злобы, эгоизма, критицизма, обиды и недовольства, а также осознавая, что во всех жизненных ситуациях вы имеете дело с Богом. Он ваша поддержка. Он ваша защита. Он ваша сила. Он ваша любовь. В первую и в последнюю очередь старайтесь радовать именно Его. Радуя Бога, вы будете радовать Гуру и всех своих собратьев. И перед тем как лечь спать, глубоко медитируйте.

Часто, когда мы были очень уставшими, Гуруджи смотрел на нас и говорил: «Ничего, вам будет полезно как следует поработать для Бога. Но это не может служить оправданием для того, чтобы не медитировать ночью. Поменьше спите. Если у вас есть только пятнадцать минут на медитацию, используйте их по-максимуму. Снова и снова выбрасывайте из головы все мирские мысли и погружайтесь в великий океан Божьего присутствия внутри себя».

Вы легко найдете Бога, если у вас есть лишь одно устремление, лишь одна цель, — и это Сам Бог. Его будет сложно найти, если вы позволяете своему уму блуждать в лабиринтах маловажных, второстепенных вещей. Осознайте, чего вы хотите, и стремитесь к этому всем сердцем. Если вы хотите Бога, горите желанием найти Его. Если ваше тело становится препятствием на вашем пути или же сопротивляется вам, дисциплинируйте его. В медитации приказывайте себе сидеть прямо и, не шевелясь, следите за своим дыханием[1]. Не позволяйте своему уму склоняться ко сну. Когда вы медитируете, ум должен быть «наэлектризован», все ваше внимание должно словно пылать огнем. Если вы спросите, как достичь такого состояния, я дам вам очень простой совет: нужно развивать

---

[1] Имеется в виду особая йогическая техника медитации, практикуемая учениками Self-Realization Fellowship.

личные отношения с Богом, разговаривая с Ним каждое мгновение своей жизни.

Наш ум всегда на чем-то сфокусирован: на наслаждении, на боли, на интересных идеях или на личностях. Вместо этого фокусируйте его на Боге. Будьте влюблены в Бога и днем и ночью. Если вы не чувствуете к Нему такой любви, непрестанно молитесь о ней. Как это прекрасно — быть влюбленным в Бога! По вашему сознанию будто течет река безмолвия, радости и нежности, соединяя все ваше существо с огромным океаном Божьего присутствия внутри, вовне, — повсюду.

Секрет счастливой жизни

18 декабря 1962 года

Единственное истинное убежище от всех наших бедствий — это мир внутри нас[2]. Чем дольше вы пребываете в божественном осознании внутреннего мира во время медитации, тем больше вы хотите в нем оставаться. Легко понять, почему великие

---

[2] «И не скажут: вот, оно здесь, или: вот, там. Ибо вот, Царствие Божие внутрь вас есть» (Лк. 17:21).

йоги пребывают в медитативном состоянии часами, днями и даже годами. Только когда человек глубоко погружается внутрь себя, он осознает, что начинает жить по-настоящему и соприкасаться с Единственной Реальностью. Ему совсем не хочется покидать этот внутренний рай и выходить из этого состояния сознания. И только память о данных ему Богом обязанностях в этом мире заставляет его делать это.

Господь вовсе не хочет, чтобы мы сбегали от мирской жизни в лес и там искали Его в уединении. Мы должны найти это уединение внутри себя. Когда мы возвращаемся из медитативного состояния обратно в этот мир, мы пребываем в возвышенном состоянии сознания и способны лучше исполнять Божью волю. Самый лучший способ обрести покой в этом мире — не привязываться к результатам своего труда, но при этом выполнять свои обязанности самым добросовестным образом, сосредоточенно и с огромным энтузиазмом, стремясь добиваться результатов не для себя, а только для того, чтобы исполнить Божью волю.

Однажды Гурудэва сказал мне: «Секрет счастливой жизни очень прост. Всегда мысленно говори себе: „Господи, не моя воля, но Твоя да будет. Это Ты Вершитель всего — не я"». Если вы стремитесь жить этой мыслью, со временем вы достигнете состояния непривязанности, состояния огромной внутренней свободы. У вас останется лишь одно желание, одна просьба к Богу: «Господи, лишь Твою волю я хочу исполнять. Я буду удовлетворен в любом случае, ведь я не желаю ничего для себя. Любую работу, которую Ты мне даешь, я хочу выполнять единственно для того, чтобы порадовать Тебя».

Любовный роман с Богом

7 апреля 1955 года

Будьте настолько сильны внутри и погрузитесь в мысль о Боге настолько глубоко, чтобы все остальное потеряло для вас всякое значение. Тогда ничто не сможет вывести вас из внутреннего равновесия — ни боль, ни досадное происшествие. Это лишь испытания. Страдания тела побуждают нас вспомнить о Божественной Матери и о нашей истинной природе в Ней. Испытания физической болью в конце концов учат нас молиться: «О Божественная Мать, пусть это тело измучено болью и я не ведаю, что ждет меня впереди, одно я знаю точно: я не тело, я — бессмертная душа, временно обитающая в этом смертном теле». И когда ваш ум мучают сомнения, а душа чувствует неудовлетворенность, это своеобразное напоминание, что мы должны обратиться к Бесконечному Источнику за защитой, за исполнением сокровенных желаний, за любовью, которую нам не могут дать никакие человеческие отношения. Никто, кроме Бога, не может полностью утолить внутреннюю жажду человеческого духа.

От Бога мы произошли, для Бога должны самоотверженно жить и работать, и в объятиях нашего Возлюбленного Отца мы однажды растворимся вновь. Поразмышляйте над этой истиной и всегда держите ее перед своим мысленным взором.

Ничего не бойтесь. Не бойтесь проблем со здоровьем. Не бойтесь чем-то пожертвовать и не бойтесь полностью вручить себя Богу. Это великий урок, который должен усвоить каждый верующий. Зачем так беспокоиться об этом временном теле? Вручите его Богу.

Я помню те времена, когда я пятилась назад, так как слишком много думала о себе. Но какую потрясающую свободу мы ощущаем, когда переступаем через этот барьер и осознаем, что это Божественная Мать ежесекундно насыщает нас жизнью через каждый наш вдох, каждый удар нашего сердца! Чего же нам бояться, если Она — с нами?

В каждом из нас живет та же Божественная Искра, что и во всех святых. Бог любит нас ничуть не меньше, чем их. Где же тогда искать причину наших проблем?

Только внутри себя. Если мы не чувствуем любовь Бога, это оттого, что наша собственная любовь к Нему недостаточно глубока. Опять же, причина кроется в нас самих. Нам некого винить — ни обстоятельства, ни наши жизненные условия, ни окружающих. Мы просто должны глубже медитировать.

Вставая утром с постели, первым делом медитируйте. Если необходимо, мысленно подстегните свое тело, чтобы оно вам подчинилось. В конце концов, тело дано вам лишь на несколько десятилетий, чтобы послужить инструментом для вашей бессмертной души, вашего истинного «Я». И точно так же дисциплинируйте свой ум. Стоит вам обрести контроль над своим телом и умом, и вы обнаружите, что почувствовать Божье присутствие очень легко.

Чем бы вы ни занимались, ничто не может помешать вам мысленно разговаривать с Богом. Пока у вас еще есть время, здоровье и возможность завязать любовный роман с Богом, сделайте это. Не удовлетворяйтесь до тех пор, пока не будете чувствовать в своем сердце прилив Божьей любви всякий раз, когда вы думаете о Божественной Матери. «Скоро ли настанет день, о Мать, когда я Тебя буду слезно призывать?» Всякий раз, когда Гуруджи пел это песнопение, мое сердце исходило тоской: «О Божественная Мать, скоро ли настанет этот день?»

Только Божья любовь реальна. Наша самая высокая обязанность в жизни — обрести эту любовь и пробудить ее в сердцах людей. Только лишь ради этой цели и существует общество Self-Realization Fellowship. Будучи последователями этого духовного пути, вы всегда должны держать этот идеал перед своим внутренним взором.

КНИГИ ПАРАМАХАНСЫ ЙОГАНАНДЫ НА РУССКОМ ЯЗЫКЕ

«Автобиография йога»

«Там, где свет»

«Вечный поиск»
Первый том собрания лекций, эссе и неформальных бесед Парамахансы Йогананды

«Как говорить с Богом»
Характеризуя Бога как трансцендентного всеобъемлющего Духа, Отца, Мать, Друга и всеобщего Возлюбленного, Парамаханса Йогананда показывает, насколько близок Господь к каждому из нас, а также объясняет, как сделать молитвы настолько интенсивными и убедительными, чтобы они смогли принести ощутимый ответ от Бога

«Научные целительные аффирмации»
В этой книге Парамаханса Йогананда представляет основательное разъяснение науки аффирмации. Он доступно объясняет, почему аффирмации эффективны, а также каким образом задействовать силу слова и мысли не только с целью исцеления, но и для привнесения желаемых перемен во все сферы жизни. В книге, помимо прочего, содержится огромное многообразие аффирмаций

«Метафизические медитации»
Более трехсот вдохновенных медитаций, одухотворенных молитв и аффирмаций Парамахансы Йогананды

«Религия как наука»
По словам Парамахансы Йогананды, в каждом человеке живет неотвратимое желание преодолеть все страдания и обрести неиссякаемое счастье. Объясняя, каким образом можно утолить это желание, он в то же время говорит об относительной эффективности разнообразных подходов, применяемых для достижения этой цели

«Закон успеха»
В этой книге Парамаханса Йогананда разъясняет динамические принципы достижения целей

«Внутренний покой»
Практичное и вдохновляющее руководство, основу которого составляют выдержки из лекций и печатных трудов Парамахансы Йогананды. Эта книга рассказывает о том, как стать «активно спокойным» посредством медитации и «спокойно активным» посредством сосредоточения на безмятежности и радости нашей внутренней сущности, живя при этом динамичной и сбалансированной жизнью, несущей удовлетворение

«Высказывания Парамахансы Йогананды»
Мудрость Парамахансы Йогананды, запечатленная в его чистосердечных, проникнутых любовью наставлениях всем тем, кто приходил к нему за духовным руководством

«Жить бесстрашно»
Парамаханса Йогананда объясняет, как сломить оковы страха и преодолеть психологические преграды, стоящие на нашем пути. Книга «Жить бесстрашно» ярко демонстрирует, какими мы можем стать, если просто лишь поверим в божественность нашей подлинной сущности — души

«Быть победителем в жизни»

В этой замечательной книге Парамаханса Йогананда рассказывает, как достичь высочайших жизненных целей, раскрыв свой безграничный внутренний потенциал. Он дает практические советы по достижению успеха, описывает эффективные методы обретения неувядаемого счастья, а также учит, как преодолеть пессимизм и инерцию путем использования динамической силы собственной воли

«Почему Бог допускает зло»

В книге «Почему Бог допускает зло» Парамаханса Йогананда раскрывает тайны *лилы* — Божественного спектакля жизни. Его комментарии даруют утешение и силы, которые так необходимы во времена испытаний. Читатель поймет, почему Господь задумал двойственную природу мира, в которой переплетены добро и зло, а также узнает, как можно возвыситься над самыми сложными обстоятельствами

ДРУГИЕ ИЗДАНИЯ
SELF-REALIZATION FELLOWSHIP

«Отношения между гуру и учеником»
Шри Мриналини Мата

«Проявление Божественного сознания в повседневной жизни»
Шри Мриналини Мата

В издательстве «София» (www.sophia.ru) можно приобрести следующие книги:

«Автобиография йога»

«Бхагавадгита: Беседы Бога с Арджуной»
— *Новый перевод и комментарии*
В этом монументальном труде Парамаханса Йогананда раскрывает суть самого известного священного писания Индии. Исследуя психологические, духовные и метафизические глубины, он проливает свет на продолжительный путь души к озарению посредством царской науки Богопознания.

КНИГИ ПАРАМАХАНСЫ ЙОГАНАНДЫ НА АНГЛИЙСКОМ ЯЗЫКЕ

Autobiography of a Yogi

God Talks with Arjuna: The Bhagavad Gita
A New Translation and Commentary

The Second Coming of Christ:
The Resurrection of the Christ Within You
A Revelatory Commentary on the Original Teachings of Jesus

The Yoga of the Bhagavad Gita

The Yoga of Jesus

The Collected Talks and Essays
Volume I: **Man's Eternal Quest**

Volume II: **The Divine Romance**

Volume III: **Journey to Self-realization**

Wine of the Mystic:
The Rubaiyat of Omar Khayyam — A Spiritual Interpretation

Songs of the Soul

Whispers from Eternity

Scientific Healing Affirmations

In the Sanctuary of the Soul:
A Guide to Effective Prayer

The Science of Religion

Metaphysical Meditations

Where There Is Light:
Insight and Inspiration for Meeting Life's Challenges

Sayings of Paramahansa Yogananda

Inner Peace:
How to Be Calmly Active and Actively Calm

Living Fearlessly:
Bringing Out Your Inner Soul Strength

The Law of Success

How You Can Talk With God

Why God Permits Evil and How to Rise Above It

To Be Victorious in Life

Cosmic Chants

АУДИОЗАПИСИ ПАРАМАХАНСЫ ЙОГАНАНДЫ

Beholding the One in All

The Great Light of God

Songs of My Heart

To Make Heaven on Earth

Removing All Sorrow and Suffering

Follow the Path of Christ, Krishna, and the Masters

Awake in the Cosmic Dream

Be a Smile Millionaire

One Life Versus Reincarnation

In the Glory of the Spirit

Self-Realization: The Inner and the Outer Path

ДРУГИЕ ИЗДАНИЯ
SELF-REALIZATION FELLOWSHIP
НА АНГЛИЙСКОМ ЯЗЫКЕ

The Holy Science
Swami Sri Yukteswar

Only Love:
Living the Spiritual Life in a Changing World
Sri Daya Mata

Finding the Joy Within You:
Personal Counsel for God-Centered Living
Sri Daya Mata

Intuition:
Soul Guidance for Life's Decisions
Sri Daya Mata

God Alone:
The Life and Letters of a Saint
Sri Gyanamata

"Mejda":
The Family and the Early Life of Paramahansa Yogananda
Sananda Lal Ghosh

Self-Realization
Журнал, основанный Парамахансой Йоганандой в 1925 году

DVD-фильм

AWAKE:
The Life of Yogananda.
Фильм производства CounterPoint Films

Каталог всех печатных изданий, а также аудио- и видеозаписей Self-Realization Fellowship доступен на сайте www.srfbooks.org.

БЕСПЛАТНЫЙ ОЗНАКОМИТЕЛЬНЫЙ МАТЕРИАЛ

Крийя-йога и другие научные техники медитации, которым обучал Парамаханса Йогананда, а также его руководство по всем аспектам сбалансированной духовной жизни представлены в серии уроков для домашнего изучения — *Self-Realization Fellowship Lessons*. Если вы желаете запросить бесплатный ознакомительный материал по *Урокам SRF*, пожалуйста, посетите веб-сайт www.srfbooks.org.

Self-Realization Fellowship
3880 San Rafael Avenue
Los Angeles, CA 90065-3219-USA
Phone +1(323) 225-2471 • Fax +1(323) 225-5088
www.yogananda.org

О ПАРАМАХАНСЕ ЙОГАНАНДЕ

«В жизни Парамахансы Йогананды в полной мере проявился идеал любви к Богу и служения человечеству... Хотя большую часть своей жизни Йогананда провел за пределами Индии, он все же занимает особое место среди наших великих святых. Его работа продолжает приносить свои плоды и сияет все ярче, привлекая людей всего мира на путь духовного паломничества».

— из сообщения индийского правительства, посвященного выпуску памятной марки в честь Парамахансы Йогананды

Парамаханса Йогананда широко известен как один из наиболее выдающихся духовных деятелей нашего времени. Он родился в Северной Индии в 1893 году; более тридцати лет — вплоть до своей кончины в 1952 году — он прожил в Соединенных Штатах, куда был приглашен в 1920 году для участия в Международном конгрессе религиозных либералов в Бостоне в качестве делегата от Индии. Своими духовными учениями, а также примером своей собственной жизни, он внес неоценимый вклад в признание Западом духовной мудрости Востока.

Его знаменитая «Автобиография йога» являет

собой одновременно блестящий портрет духовного учителя мировой величины и основательное введение в древнюю науку йоги с ее многовековой традицией медитации. Неизменный бестселлер со своего первого появления в печати более шестидесяти лет назад, эта книга переведена на более чем сорок языков и широко используется в колледжах и университетах в качестве авторитетного пособия. Став современной духовной классикой, «Автобиография йога» сумела проложить свой путь к сердцам миллионов читателей во всем мире.

В наши дни духовная и гуманитарная работа, начатая Парамахансой Йоганандой, продолжается обществом Self-Realization Fellowship — международной религиозной организацией, основанной им в 1920 году. Работой общества руководит брат Чидананда. Помимо издания письменных трудов Йогананды, его лекций, неформальных выступлений и всеобъемлющей серии уроков для домашнего изучения (*Уроки SRF*), общество курирует работу храмов, ретритов и медитационных центров, действующих по всему миру, а также работу Всемирного круга молитвы и монашеских общин Ордена Самореализации.

ЦЕЛИ И ИДЕАЛЫ
Self-Realization Fellowship

как их сформулировал его основатель Парамаханса Йогананда

Брат Чидананда, президент

Распространять среди народов мира знание об определенной технике обретения прямого личного контакта с Богом.

Учить, что цель жизни состоит в эволюции сознания — расширении ограниченного человеческого, смертного сознания до Божественного Сознания путем работы над собой. С этой целью создавать во всем мире храмы Self-Realization Fellowship для общения с Богом и поощрять создание личных Божьих храмов в домах и сердцах всех людей.

Раскрыть полную сочетаемость и сущностное единство изначального христианского учения, каким его принес в мир Иисус Христос, и изначального учения йоги, каким его принес в мир Бхагаван Кришна. Показать, что истины, изложенные в этих учениях, являются общей научной основой всех истинных религий.

Указать людям единую божественную дорогу, к которой в конечном счете ведут пути всех истинных религий, — дорогу ежедневной, научной и вдохновенной медитации на Бога.

Освободить людей от тройного страдания: физических болезней, дисгармонии ума и духовного неведения.

Поощрять «простую жизнь и возвышенное мышление»; распространять дух братства среди всех людей и народов, раскрывая им вечную основу их единства — их родство с Богом.

Продемонстрировать превосходство ума над телом и превосходство души над умом.

Преодолевать зло добром, печаль — радостью, жестокость — добротой, неведение — мудростью.

Воссоединить науку с религией путем осознания единства принципов, лежащих в их основе.

Всячески способствовать культурному и духовному взаимопониманию между Востоком и Западом и поощрять взаимный обмен их наилучшими достижениями.

Служить человечеству как своему высшему «Я».

www.ingramcontent.com/pod-product-compliance
Lightning Source LLC
Chambersburg PA
CBHW020052200426
43197CB00049B/135